나남신서 · 1523

# 아! 마켓! 돈!

## 시장의 충격과 반응

윤만하 지음

나남
nanam

# *The Signals of Macro-Financial Crisis*

*by*

Man-ha, Yoon

nanam

# 맨 처음에

이 글은 다른 조직에서 파견온 두 젊은이와 함께 두 분의 선생님에게 강의를 받는 데서 시작한다. 그런 다음에 두 젊은이들과 함께 팀을 이뤄 우리들에게 주어진 일을 하게 된다. 두 젊은이가 어디서 왔는지 궁금해 할 필요는 없다. 우리 곁에 항상 있는 사람이다.

선생님들의 강의는 먼저 국제적 자금시장, 자본시장, 외환시장, 그리고 상품시장이 지나온 발자취를 돌아보면서 시장을 둘러싼 금융환경이 변화하는 과정과 시장참가자들이 진화하는 과정을 다룬다.

다음으로 금융시장에 충격이 가해지는 상황에서 시장의 반응을 본다. 위기에 접어들어 누구도 믿지 못하게 되는 신뢰의 붕괴로 이어지고, 자금의 흐름이 멈추면서 시장이 붕괴되어가는 과정을 다룬다.

마지막으로 금리와 규제의 충격, 그리고 시장의 충돌상황에 주안점을 두면서 시장에서 형성된 가격과 자금흐름에 어떠한 이상현상이 보이고 위기에의 진입과 탈출 이전에 어떤 시그널이 나타나는지를 파악한다.

이런 강의를 통하여 시장의 움직임은 연속되며, 결코 단절되지 않는다는 사실을 접하게 된다. 2007년 발생한 서브프라임 사태에 따른 세계적 금융위기의 원인이 신흥국의 자본축적이냐, 아니면 선진국의 저금리 지속이냐 하는 논쟁을 더 거슬러 올라가보면 아시아 금융위기일 수도 있고, 플라자 합의일 수도 있다. 콜럼버스가 신대륙을 발견하고 머나먼 우리의 선조들이 동굴을 빠져 나와 집을 짓기 시작한 데까지도 연결시킬 수 있다.

해변에 서 있노라면 파도가 밀려오지만 모르는 사이에 바닷물은 밀려나간다. 여기 이 글은 시장의 밑바닥에 도도히 흐르는 연속적이며 순환적인 흐름을 꿰뚫어 보도록 과거의 시장과 돈의 움직임을, 현재와 미래의 시장과 돈의 움직임으로 연결시키려고 시도했다. 그리하여 시장에 참가하는 우리의 개인투자가나 기관투자가들이 시장변화의 조짐을 미리 감지하도록 시장가격변동의 시그널을 포착하는 방법을 제시했다.

내용을 충실히 전달하기 위해 수년 동안 메모해 둔 전문적 자료를 들춰보고 많은 시간 동안 시장의 시그널을 찾아내려고 데이터와 씨름하였다. 과거와 현재와 미래를 연결하는 또 다른 작업으로 먼 옛날 읽었던 소설이나 동화이야기의 줄거리도 인터넷에서 다시 찾아보았다. 딱딱한 줄거리가 되지 않도록 누군가에게 들었던 우스개도 함께 실었다. 문학에 대해 잘 알지 못하고 역사에 대해서도 제대로 공부해보지 못했다. 더구나 학문적 지식에 대해서도 그리 밝지 않다. 그러다보니 써내려가는 도중에 이게 문학작품을 쓰는 건지, 역사소설을 쓰는 건지, 학술논문을 쓰는 건지 알 수 없었으나 누구나 읽을 수 있는 글이 되도록 형식의 굴레를 벗어던졌다.

이러한 파격을 그대로 받아들여 책으로 발간해 준 나남출판의 조상호 대표이사님과 방순영 부장님, 그리고 이 글을 쓰는 데 도움을 준 주변의 많은 분들께 감사를 드린다. 이 글을 읽는 누구에게나 도움이 되길 바라면서.

2010년 10월

윤 만 하

나남신서 · 1523

# 아! 마켓! 돈!

시장의 충격과 반응

## 차 례


• 맨 처음에 5

제 1 편
**시장에 숨어 있는 손**

1. 돈의 국제적 이동과 시장위기 11
2. 금융시장 중심지의 변천 21
3. 국제증권시장의 전개 34
4. 금본위제의 국제외환시장 43
5. 변동환율제의 국제외환시장 57
6. 국제상품시장의 확대 71
7. 국제금융시장에의 참가자 90

제 2 편
**시장위기로부터의 메시지**

1. 시장버블에의 진입과 탈출 109
2. 정책협력 실패에 의한 시장위기 129
3. 강한 달러가 빚은 아시아 참극 147
4. 서브프라임 사태가 프라임 사태로 165
5. 금융위기에 대한 정책적 대응 190

제 3 편

## 이상한 시장에서의 수상한 낌새

1. 시장변화를 읽는 투자분석 207
2. 시장위기가 자라나는 토양 238
3. 시장위기 발발과 탈출의 조짐 260
4. 우리 시장에 나타나는 독특한 신호 276
5. 자산가격변동과 동조화 291
6. 부동산시장에서의 시장위기 304

• 금융위기연대 315
• 도움을 받은 책과 보고서 331

제 1 편

# 시장에 숨어 있는 손

2010년 4월 10일 토요일

## 1. 돈의 국제적 이동과 시장위기

강의실 창 밖 화단에는 철쭉꽃이 활짝 피어 있다. 벌써 날씨가 무더워 창문을 열어두어야 했다. 지구 온난화 문제가 여기저기에서 화두인 것도 무리가 아니라는 생각이 든다.

우리 다섯 사람은 서로 마주볼 수 있도록 강의실 책상을 돌려 둥글게 둘러앉았다. 장년의 두 분이 맞은편 앞쪽에 앉고, 내 좌우로 젊은 남녀가 한 사람씩 앉았다.

맞은편 왼편의 머리가 새하얀 분이 먼저 말하기 시작했다.

"각자 불러줄 이름 정도는 알고 가도록 하자. 다들 알고 있겠지만 여기서는 자신의 성명과 신상에 대해서는 정확하게 알릴 필요가 없고 다른 사람의 신상에 대해 굳이 알 필요도 없다. 나는 여러분들에게 수세기에 걸친 국제금융시장 흐름의 변화에 대해 매주 토요일 약 2개월 동안 설명해 줄 이도원이라고 한다."

그러면서 명함을 한 장씩 모두에게 나누어 준다. 앞면에 한글과 한자로 이도원(李到圓)이라고 쓰여 있다.

"이름이라는 것은 내가 만든 것도 아니고 단지 다른 사람들에게 불리도록 만들어진 것이다. 내 이름은 호적이나 주민등록에 등재된 이름이 아니다. 살아가는 도중에 필요에 따라 수시로 바꾼다. 일본에 출장 갈 때는 李到円으로, 그리고 중국에 출장 갈 때는 李到元으로 된 명함을 가지고 간다."

명함에는 이름만 있을 뿐 기관이름도, 전화번호도 없다. 명함 뒷면에는 영어로 Re-turn이라고 큰 글씨로 덩그렇게 쓰여 있다.

맞은편 오른쪽의 안경 낀 분이 뒤를 이어 명함을 나누어 준다. 앞면에 한글과 한자로 리수구(李守求) 라고 쓰여 있다. 뒷면에는 Risk라고 쓰여 있다.

"리수구라는 이름도 내가 만든 이름이다. 여기 몸담고 있는 곳에서만 쓰고 있다. 나는 이도원 선생님의 강의가 대략 끝나갈 무렵 국제금융시장 변화에 대한 시그널을 포착하는 방법에 대해 설명하게 된다. 금융급변, 또는 시장위기 때에 그 진입과 탈출의 징후를 사전에 파악하는 방법이다. 이 선생님의 강의가 현재의 시각으로 과거를 재조명하는 내용이라면, 내 강의는 현재의 시각에서 미래를 예상하는 내용이다."

이도원 선생이 말을 이었다.

"우리 두 사람의 강의를 받는 것과 별도로 리 선생님과 함께 시장에서의 움직임과 관련된 모의투자 실습을 하게 될 것이다. 이런 과정을 거치면서 여러분들은 과거와 현재와 미래의 시장을 넘나들게 된다. 그러다 보면 시장을 보는 눈이 생기고 시장에 대해 이해할 수 있을 것이다. 이런 시장에 대한 안목과 인식을 바탕으로 여러분들이 맡은 임무를 차질없이 수행할 수 있다고 본다. 두 젊은이들은 현재 소속기관이나 본명을 밝힐 필요는 없고, 여기서 부르게 될 이름이나 알려주게나."

"당분간 적당한 이름을 만들기 전까지 '돈키호테'라고 불러주시기 바랍니다. 짧게는 '호테'라고 불러주시고요."

"본명이 아마 기호태인 모양이지?" 이도원 선생이 물었다.

"아니요, 친구들이 부르는 별명입니다. 저는 우리나라에서 찾아보기 힘들 정도로 정상적 사고방식과 행동양식을 가진 건실하고 표준적인 사람이라고 자부합니다. 그런데 주변의 많은 친구들이 제 말과 행동을 이해하지 못해 늘 안타깝게 생각하고 있습니다." 모두 함께 웃었다.

"저는 주변에서 '당나귀'라고 불립니다. 당차면서 나긋하고 귀엽다고 해서요. 저를 탐탁하지 않게 생각하는 친구들은 당치않고 나약하고 귀찮은 존재라고 놀립니다."

"당나귀! 당신은 나의 귀염둥이!" 호테가 순발력 있게 끼어들었다.

리수구 선생님이 나중에 다시 만나자고 말하면서 자리를 뜨자 이도원 선생님의 강의가 시작되었다.

강의를 시작하기에 앞서, 내가 만든 용어 몇 개를 미리 이야기해 두겠다. 국가적 금융경제위기에서는 시장가격 폭락, 신용위축, 유동성 함정 등을 개별적으로 구분하는 의미가 없다. 이 금융위기는 아무도, 아무것도 믿지 못하는 신뢰상실에서 온다. 국제협력에 대한 신뢰, 정책당국에 대한 신뢰, 거래상대방에 대한 신뢰, 시장가격에 대한 신뢰가 무너지면서 총체적 위기가 온다. 이들을 통칭하여 '금융위기' 또는 '시장위기'라고 부른다.

지금부터 우리가 배우는 분야는 개별 거래기업이나 개별 투자금융상품을 분석하는 'Micro-financial Risk Management' 분야가 아니다. 한 국가의 시장위기를 분석하는 'Macro-financial Risk Management' 분야라고 할 수 있다. 시장위기의 진입과 탈출이 어떻게 이뤄지는지, 그리고 그때 나타나는 시그널은 무엇인지를 알아가게 된다. 그러려면 과거의 시장위기가 어떤 패턴으로 진전되었는지 먼저 이해할 필요가 있다.

많은 학자들은 시장에서는 수요와 공급에 의해 가격이 결정되며 가격의 불균형이 생기면 '보이지 않은 손'(*Invisible Hand*)에 의해 균형으로 조정된다고 말한다. 과연 그런가? 국부펀드 등과 같은 공적자금운용기관, 은행과 보험회사와 투자은행 등과 같은 기관투자가, 기업 등의 연기금과 헤지펀드 등의 민간투자조직, 그리고 집단화한 개인투자가 등이 시장에서 큰손으로 작용한다. 이들 시장참가자들은 각자의 이해관계를 좇아가면서 시장을 움직인다. 나는 이들을 '숨어 있는 손'(*Hidden Hand*)이라고 부른다. 이들은 시장상황에 따라 이리저리 이동하면서 모습을 바꾸어간다. 그리고 이들끼리 이합집산하면서 자금의 조달과 운용에서 담합과 도피가 이뤄진다.

현재의 국제금융시장 움직임을 이해하기 위해 지금 시장에서 일어나는 현상이 머나먼 과거의 시장에서도 일어났다는 사실을 염두에 두면서 현재의 시각에서 과거에 있었던 사람과 돈의 이동부터 되돌아보자.

## 국제화 진전과 정체의 반복

역사의 흐름 속에 수많은 크고 작은 국제적 민족이동이 있고, 이 이동에는 자발적 이동도 있으나 비자발적 이동도 있다. 비옥한 농토나 종교적 자유를 찾아 이주하거나 주변국의 침입이나 정치권력의 압력으로 살던 터전을 떠나는 등 다양한 이유가 있다.

세계사는 4~6세기에 유럽에서 일어난 게르만 민족의 대이동을 크게 다룬다. 서쪽으로 진출해온 훈족(Hun族)에게 밀려 흑해의 북쪽에 살던 게르만 계의 고트족(Goths族)이 다뉴브강을 건너 로마제국의 영토 안으로 이주한다. 고트족의 인구증가에 따른 토지부족과 로마제국의 내부적 혼란도 대이동을 촉발하는 요인이 되었다고 한다.

민족이동의 결과가 기존사회와 문화에 미치는 영향력은 이동의 규모와 속도 등에 따라 달라지며, 또한 기존사회의 개방성 정도에 따라 그 영향에 차이가 있다. 기존민족의 사회문화에 충격을 주는가, 서서히 융화하여 다른 사회문화를 형성하는가, 아니면 아무런 영향을 주지 못하는가는 이동규모와 속도가 중요한 역할을 한다.

국제화 측면에서 19세기 이전의 노동인력과 국제자금의 역학관계를 되돌아보면, 노동인력의 경우 1820년대까지 아프리카의 노예들이 강제로 신대륙으로 이송되고 그 이후 1세기 동안 많은 유럽인들이 경제적 이유와 사회적 불안으로 아메리카로 이주한다. 이 시기에는 국가 간 상호교역증대와 함께 국제적 자금이동도 급속히 진전된다.

20세기에 들어 제 1차, 2차 세계대전을 거치는 도중에는 인력과 자금의 이동이 정체된다. 세계대전 이후 인력과 자본의 국제적 이동이 점차 회복되고 1980년대 이후 급진적 국제화 과정을 걷는다. 그리고 국제적으로 빈번한 금융위기와 외환위기가 함께 일어난다. 이는 국제화가 진전되면 될수록 금융위기가 빈번해진다는 것을 말해 준다(〈그림 1-1, 2〉).

인력의 이동에서 한 가지 중요한 점은, 두뇌집단과 국부의 이동이 함께 일어난다는 것이다. 어느 한 자료에 의하면 1880~1914년까지 유럽 인구의 5분의 1이 미국으로 이동하면서 세계 예금의 3분의 1이 함께 이동했다고 한다. 사회혼란을 피하고 자유로운 연구를 위해 조국을 떠난 사람들은 새로운 발명을 통해 이주한 국가를 부흥시키는 역할을 하기도 한다.

**선생** 최근의 예를 들면, 미국 실리콘밸리 인텔사의 앤드루 그로브 회장은 1956년 소련의 헝가리 침공으로 스무 살 때 단 20달러를 들고 오스트리아로 국외 탈출했다고 한다. 그다음에 난민선을 타고 미국으로 건너간다. 구글의 공동창립자 세르게이 브린은 러시아 출신으로, 여섯 살 때 아버지를 따라 미국으로 간다. 야후의 공동창업자 제리양은 대만 출신으로, 열 살 때 어머니를 따라 미국으로 간다. 이 사람들이 우리나라로 왔다면 어떤 사람이 되었을까?

**나귀** 부모님들이 아이들을 데리고 자기 나라로 다시 되돌아갔을 거예요. 애들이 공부하는 데 학원비가 너무 비싸요.

**선생** 과거의 역사를 보면 사람과 물건과 돈의 국제적 이동이 점차 확대되다가 국제적 블록화가 진전된다. 그리고는 국가 간의 갈등이 깊어지면서 국제적 분쟁과 헤게모니 쟁탈전이 격화된다는 점에 관심을 기울여야 한다.

〈그림 1-1〉 미국으로의 이민자 추이

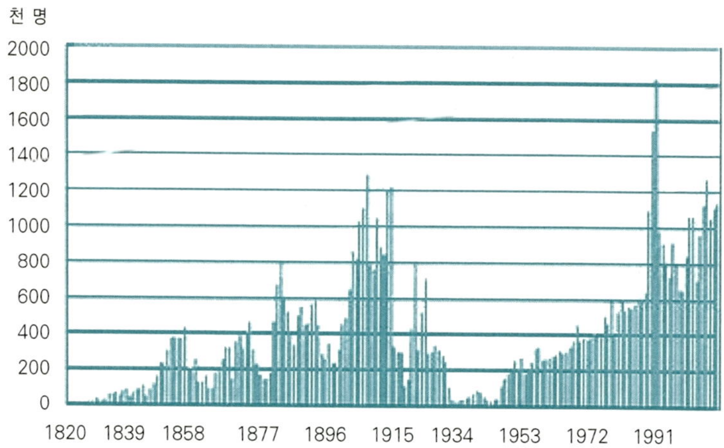


자료: U.S. Department of Homeland Security.

〈그림 1-2〉 국제화 과정에서의 금융위기

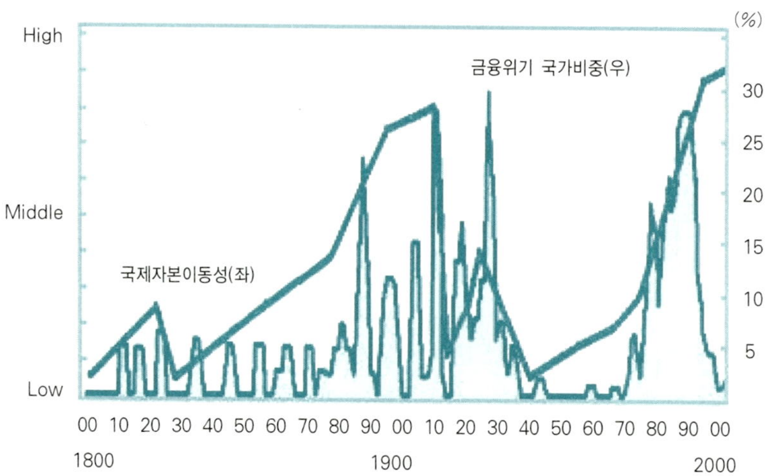


자료: Carmen M. Reinhart & Kenneth S. Rogoff, *This Time is Different: A Panoramic View of Eight Centuries of Financial Crises*, NBER.

## 돈의 이동에 동승한 시장위기

국제적 자금이동은 민족이동처럼 정치적 동기나 경제적 동기에 의해 일어난다. 자금이동의 정치적 동기는 전쟁배상금의 지급이나 식민지나 동맹국에 자금을 지원하는 등 전략추구의 목적에서, 경제적 동기는 더 높은 수익률의 자산에 투자하는 등 자발적 이윤추구의 목적에서 이뤄진다.

경제적 동기에 의한 자금이동 중 직접투자와 같은 장기적 자금이동은 국내금융시장에 큰 충격을 주지 않으나 단기적 자금유출입은 신속한 움직임으로 인해 국내시장에 치명적 영향을 주기도 한다. 단기적 자금이동은 이동한 국가에서 오래 머물거나 정착하지 않고 언젠가는 되돌아갈 것이라는 데 있다. 그리고 떠나간 자금이 다시 되돌아오지 않으면 그 나라는 금융위기와 외환위기를 겪게 된다.

우리와 관련된 최근의 사례를 보면, 미국의 서브프라임 사태는 2008년 3월 베어스턴스 합병과 같은 해 9월 리만브라더스의 파산으로 이어진다. 이를 계기로 국제금융시장에서 급속한 신용위축이 파급되면서 국제유동성 위기로 확산된다(〈그림 1-3〉).

우리나라에서도 외국인들이 보유한 주식을 매각하자 주가가 급격히 하락한다. 또한 매각자금을 회수해가면서 원화가치가 대폭적으로 하락한다. 그리고 국제유동성 부족으로 금융기관들이 외화자금 조달에 어려움을 겪으면서 빌리는 외화에 지급하는 이자 프리미엄이 급하게 상승하는 상황이 된다.

한편, 어떤 나라들은 국내외적인 정책적 목적이나 과다한 자본축적으로 금리를 낮게 유지한다. 그러나 경우에 따라 높게 유지할 때도 있으며, 이 경우 국제적 자금이 고금리자산으로 이동하고 시장의 균형에 뒤틀림이 생기면서 많은 시장위기들이 발생한다. 어떤 나라들이 고금리를 유지하여 환율을 강세로 만들면 이 나라로 자금흐름이 쏠리면서 다른 나라는

〈그림 1-3〉 은행 금융기관의 대출 변동

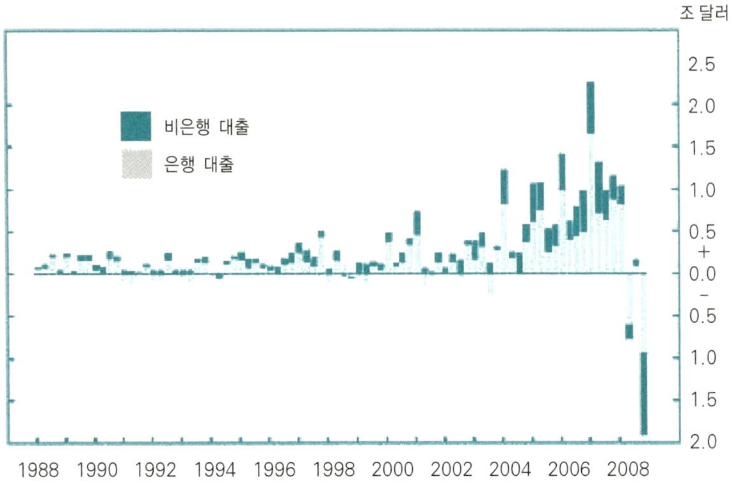


자료: Bank for International Settlements.

유동성부족과 자금배분의 왜곡이 발생한다. 그리하여 돈이 없는 나라들은 외환위기와 금융위기를 겪게 되는 경우가 많다.

자금이 다른 나라로 이동하여 국내시장에 얼마나 큰 금융 경제적 영향을 주고, 그 영향을 지속하였는지는 얼마나 큰 규모와 빠른 속도로 움직였는가와 밀접하게 관련된다. 자금이동의 충격은 자금의 규모와 속도에 비례한다. 학창시절, 과학시간에 배웠던 힘의 크기는 질량에 비례하고 속도의 제곱에 비례하는 형태일 것이다.

## 자금이동의 규모와 속도와 마찰

질량과 속도 등 힘의 크기에 하나 더 추가할 것이 마찰계수다. 돈(錢)의 움직임 방향에 이동규모와 이동속도, 그리고 이동마찰을 머리에 그리면서 내 강의를 들어주기 바란다.

그러면서 이 움직임에 결정적으로 영향을 미치는 것이 제반 금리정책 방향과 금융규제 상황이라는 것을 곧 알게 될 것이다. 그동안의 국제적 버블진입과 탈출은 각국의 금리정책과 규제정책에 깊숙이 연관되어 있다. 이는 금리를 낮추거나 규제를 풀면 시장버블이 발생할 가능성이 높아지게 된다. 반대로 금리를 높이거나 규제를 가하면 시장버블이 붕괴할 가능성이 높아지게 된다(〈그림 1-4〉).

금융규제는 자금이동의 용이성을 제약하는 마찰계수로 작용한다. 실물자산의 국제화와 함께 금융자산의 국제화가 진전되어 국제적 자금이동이 쉬워지면서 이로 인해 시장위기가 빈번해지거나 대규모화하는 경향이 있다. 국제자본의 이동성이 커질수록 투기자본이 이에 가세하기 때문이다. 이에 따라 국제자금의 유출입을 규제하자는 이야기가 나오고 있다.

자본유출입 규제의 과거 사례를 보면, 칠레가 1991년부터 1998년까지 유입자금의 일부를 일정기간 무이자로 중앙은행에 예치하도록 한 적이 있다(Encaje). 1998년 아시아 위기에는 말레이시아가 외화유출을 막기 위해 국내자산 매각자금을 1년간 외화로 교환하지 못하도록 하기도 한다.

2006년에 들어 태국은 단기성 투기자금의 유입을 억제하기 위해 신규 해외유입자금의 일부를 중앙은행에 무이자로 예치하는 무이자외화예치제도를 전격적으로 도입한다.

2009년 말경 대만은 해외투자가들의 환투기를 억제하기 위한 목적으로 외국인투자가들의 정기예금 예치를 금지한다. 브라질은 대규모 투기자본의 유입을 억제하기 위해 국내주식 및 채권에 대한 해외투자자금에 대하여 2%의 세금을 부과하겠다고 발표한다.

이런 가운데 투기자금을 규제하고 부족한 세원을 확보할 목적으로 은행세를 도입하자는 논의가 활발하게 진행된다.

〈그림 1-4〉 주요 위기시의 정책금리 운용

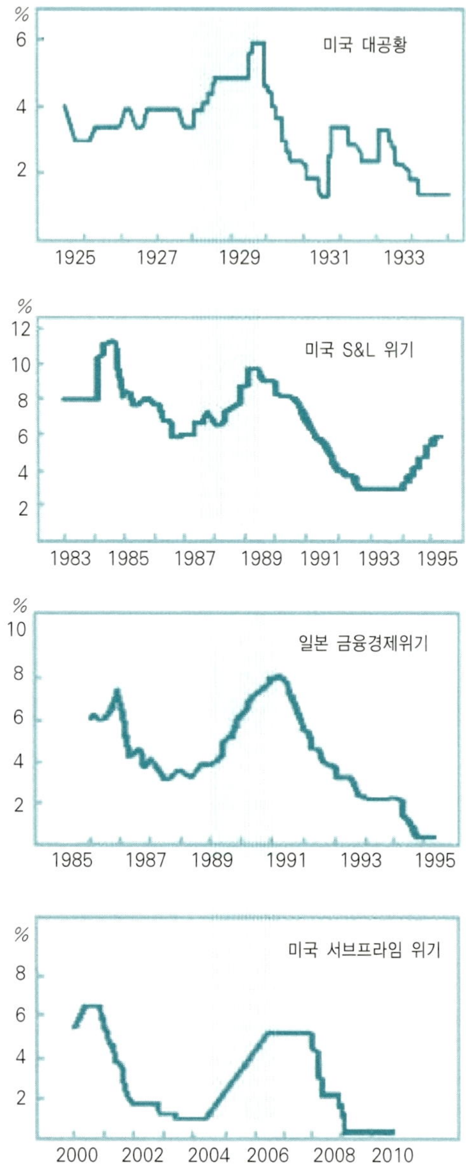


자료: FRB & BOJ.

**선생** 단기적 투기자금의 유출입을 억제하기 위한 Tobin稅에 대해 어떤 나라들은 반대하는 입장이다. 영국 등은 단기적 투기자금의 이동에 대한 억제보다 부족한 세원을 확보할 목적으로 Tobin稅 도입을 검토하고 있다.

**나귀** 국제적 금융위기를 극복해가는 과정에서 빈번한 국제적 자본유출입을 규제하여 향후 시장위기 촉발을 억제하자는 좋은 취지인데 왜 반대하나요?

**선생** 자유로운 자본이동을 저해할 소지가 있고, 문제는 세금을 회피하는 거래가 생겨나거나, 이 세금부과가 자금을 조달하는 측에 전부 전가될 가능성도 있다는 점이다.

**호테** 1990년대 후반 아시아 금융위기 때 IMF 프로그램을 따르지 않고 외화 유출입을 규제한 말레이시아에 대해 사후에 시장에서는 높은 평가를 했다는데요.

**선생** 국가가 지급을 보장한다거나 하는 방식과 함께 해외투자가들을 충분히 이해시켜 신뢰를 쌓게 되면 자금유출입 규제에 대한 반발을 무마할 수 있을 것으로 본다. 그리고 들어오는 자본을 규제하기보다는 나가는 자본을 규제하는 것이 시장위기를 잠재우는 데 효과적이라고 생각한다.

## 2. 금융시장 중심지의 변천

### 경제 주도권과 함께한 국제금융시장

국제무역금융의 중심지는 세계경제의 주도권과 함께 한다. 국제무역금융시장의 중심지가 되려면 교통 수송수단의 확보문제, 에너지자원의 확보문제와 정보통신수단의 확보문제 등이 조화롭게 선행되어 해결되어야 한다.

선박 건조기술의 발전과 해외시장의 식민지화에 의한 급속한 교역신장, 그리고 유럽대륙의 잦은 전쟁으로부터 멀리 떨어져 있던 영국이 19

〈그림 1-5〉 세계 경제력의 변천

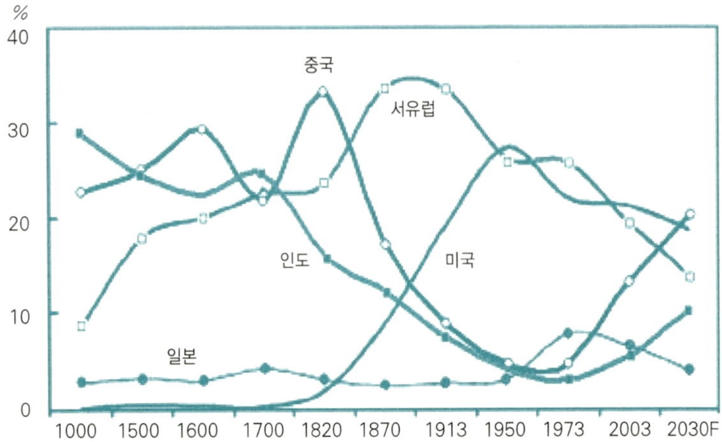


자료: Angus Maddison, *The West and Rest in the World Economy*.

세기 세계경제의 주도권을 쥐게 되면서 The City(런던)가 국제금융 중심지로서 역할을 담당한다. 그리고 20세기에 들어서는 전쟁의 승리자는 전쟁 당사자가 아닌 제 3자라는 말처럼, 영국과 유럽이 전쟁의 소용돌이에 휩싸이자 미국 뉴욕의 월스트리트(Wall Street)가 새로운 국제금융 중심지로 변모한다.

세계경제의 주도권과 관련하여 지금 보여주는 〈그림 1-5〉는 과거 1천 년 동안 주요국의 경제력 변천을 그린 것으로, 19세기에는 해가 지지 않는 나라 영국을 포함한 서유럽 국가들의 경제가 중국과 인도의 경제력을 능가하기 시작한다.

이후 열강들의 식민지 무역사업이 서로 충돌하고 국제적 블록화가 확대되면서 20세기 전반에 제 1차, 2차 세계대전을 거치게 된다. 1800년대 후반 이후에는 미국의 경제력이 급격한 신장세를 보이면서 양 세계대전을 거치는 과정에서 세계경제의 주도권이 미국으로 넘어간다.

그동안 인도와 중국은 식민지배와 이데올로기 지배 아래 경제력이 쇠퇴하지만 2000년대에 들어서 급격히 회복되고 있다. 어떤 사람들은 돈은 동쪽에 있다 하더라도 금융 헤게모니는 점차 서쪽으로 이동한다고 말한다. 과연 세계경제의 주도권이 미국에서 깊고 넓은 태평양을 건너 서쪽 나라인 아시아로 다시 옮겨올까? 문제는 그 과정에서 일어나게 될 혼란이라고 본다.

## 교역중심지 베니스에서 앤트워프까지

국가 간 무역거래에 따른 국제금융거래가 이뤄지면서 중세 이후 국제금융의 중심지는 국제무역의 중심지와 함께 성장한다. 이 과정에서 국제무역의 활동영역을 확대하는 데 중요한 역할을 담당한 것이 교통수단의 발전으로, 항해술과 선박건조기술이 국제경쟁력을 좌우하는 원천이 된다.

어릴 적 우리 동네로부터 십리 정도 떨어진 곳에 5일장이 열리는 시골장터가 있었다. 바다에 가까운 강의 하구에 있어서 생선이나 젓갈의 거래가 많았으며, 황소를 매매하는 장소도 있었다. 시골의 5일장치고는 상당히 큰 장터였다. 당시 시골사람들은 대부분 걸어서 이 시골장터에 다니곤 했다.

세월이 흘러 자갈길이 포장도로로 바뀌고, 마을 사람들이 30여 킬로미터 떨어진 중소도시로 시외버스를 타고 시장을 보러 다니기 시작하면서 이 시골장터의 상가들은 문을 닫기 시작했다.

가정에 자가용 승용차가 일반화되면서 더 먼 대도시의 마트에 가서 물건을 사오기도 하고 아침에 고속버스나 비행기를 타고 서울의 시장이나 백화점에서에서 필요한 물건을 사 시골로 내려가는 사람들도 많아졌다.

요즘 젊은이들은 집에 앉아 인터넷으로 물건을 사, 상거래가 이뤄지는 장소의 개념을 무너뜨리고 있다. 인터넷에 의한 통신수단의 발전으로 상가가 한군데에 모여 있을 필요성도 대폭 줄어들었다. 이처럼 환경의 변화로 시장이 이동하고 있다.

14세기에 이탈리아 베니스는 지중해와 흑해를 무대로 독점적 중계무역을 영위하면서 국제무역과 금융 중심지로 번창해간다. 이때 중계무역으로 거래되는 견사와 향신료는 조그만 배로 적은 양만을 수송하였기 때문에 매우 비싼 값으로 거래된다.

당시 독점적인 중계무역지인 베니스는 100여 명의 노예가 노를 저어 항해하는 갤리(*galley*) 선을 이용하여 견사와 향신료를 수송한다. 조정경기에 나오는 배처럼 생긴 약 50m 길이의 갤리선은 당시의 다른 배와는 달리 항해속도가 빨라 해적을 따돌릴 수 있었다. 그러나 많은 노예선원으로 노를 저어 항해하다보니 2~3일에 한 번은 물과 식량을 싣기 위해 지중해 근처 항구에 들러야 하므로 근해에서만 항해할 수밖에 없었다.

그 후 15세기에 이르러 포르투갈이 거대한 돛을 단 범선인 갤리언(*galleon*) 선으로 인도양을 항해하면서 견사와 향신료 등을 대규모로 수송할 수 있게 된다. 항해선박의 개발에 신속히 대처하지 못한 베니스는 대서양과 인도양을 장악한 포르투갈에 뒤처지면서 몰락의 길로 접어든다. 포르투갈은 북아프리카의 식민지 무역사업을 시작으로 디아스가 희망봉(케이프타운) 을 발견하고 바스코다가마가 인도를 발견함에 따라 아프리카와 아시아를 연결한 무역거점을 독점한다. 이후 에스파냐(스페인) 도 콜럼버스의 아메리카 신대륙 발견(1492년) 과 마젤란의 세계일주 항해를 계기로 해외진출을 본격화하여 식민지 무역사업을 전개하기 시작한다.

그 결과 상용선단에 의해 동양과 서양의 무역거래로 부흥하던 베니스의 힘이 약해지면서 벨기에 북부도시 앤트워프가 국제금융 중심지의 뒤를 잇는다. 앤트워프에서는 1455년 구텐베르크가 발명한 활판인쇄술을 활용하여 데이터 자료와 문서를 작성하는 획기적 정보전달의 지평선을 연다.

선생 명작 《베니스의 상인》은 이 당시를 배경으로 만들어졌다. 누가 그 줄거리를 이야기해볼래?
나귀 베니스의 상인은 친구의 결혼자금을 마련하기 위해 그동안 앙숙으로 지내던 고리대금업자에게서 돈을 빌리고 돈을 갚지 못하면 상인의 심장에서 제일 가까운 1파운드의 살을 도려내겠다는 고리대금업자와의 계약에 서명하게 됩니다. 그러나 돈을 갚지 못한 상인에게 베니스는 엄격히 법을 집행해야 하는 상황에 처합니다. 그때 친구 아내로서 남장으로 변장한 젊은 변호사가 고리대금업자에게 계약대로 1파운드를 넘지 않도록 살을 도려내되 한 방울의 피도 흘리지 않아야 한다고 변론함으로써 돈을 갚지 못한 상인은 위기를 모면하게 됩니다. 그 후 상인의 배 세 척이 물건을 싣고 무사히 도착했다는 소식이 들어옵니다.
선생 그 후 베니스는 돈을 빌리고 빌려주는 거래에 심장에 가까운 살을 도려내는 계약을 하지 못하도록 금지한다. 자, 그럼 이 소설의 주인공인 베니스 상인 안토니오를 악역으로 만들어 이런 규제를 회피하는 방법으로 이후에도 돈을 빌리는 이야기를 한 번 만들어볼래?
나귀 베니스의 상인은 다른 고리대금업자에게서 돈을 빌리면서 허벅지에서 1파운드의 살을 피가 흘러도 자기가 직접 도려내 주겠다는 계약을 체결합니다. 그리고는 상인은 예전의 판례를 들먹이며 차일피일 미루면서 돈을 갚지 않게 됩니다.
선생 좋아! 호테가 그 뒷이야기를 더 만들어볼래?
호테 드디어 이 문제도 재판에 회부되자 재판관은 상인에게 당초 맺은 계약을 그대로 지키도록 명합니다. 상인은 돼지 뒷다리에서 1파운드의 살을 도려내어 자기의 살이라고 우기며 고리대금업자에게 보냅니다. 그러나 재판 과정에서 증거로 제시된 살은 사람의 살이 아니라고 판명됩니다. 다시 1파운드의 허벅지살이 고리대금업자에게 보내진 며칠 후 한적한 숲속 길에서 목이 졸리고 허벅지살이 도려내진 어떤 남성의 사체가 발견됩니다.

선생 더 진전되다가는 탐정 셜록 홈스까지 등장하겠군. 금융규제의 실효성 문제와 관련하여 금융위기의 재발을 막기 위한 대부분의 금융규제는 영원토록 유지되지는 못한다. 이해관계자의 로비에 의해 규제가 해제되거나 규제를 회피하는 새로운 금융상품이 개발되어 거래된다. 한 예로 BIS 자기자본규제를 회피하기 위해 대출자산을 증권화하여 유동화한다. 과거의 긴 역사를 보면 금융규제당국이 어떠한 규제를 발동하건 시장은 이 규제를 회피할 수 있는 상품이나 방법을 개발해낸다는 것이다. 그리고 규제되지 않는 금융혁신 또는 금융빅뱅은 버블을 조장하여 금융위기를 불러일으키는 힘으로 작용해온다.

## 금융중심지 제노바에서 런던, 뉴욕까지

혼동을 없애기 위해 국제자금시장, 국제외환시장, 국제자본시장, 국제상품시장 모두 포함해 국제금융시장이라고 하자. 국제자본시장에는 채권시장과 주식시장을 포함한다. 국제금융시장은 자금이 모이고 흩어지는 금융의 중심지이다. 이 중심지는 예전에 무역 등 교역의 중심지에서 정보의 중심지로 변하고 있다. 다시 말해 국제금융시장은 교역운송의 중심지에서 정보통신의 중심지로 변하고 있다.

국제자본은 국제금융 중심지로 이동한 후 배분되는 과정을 거친다. 은행금융기관이 자금의 수요자와 공급자를 연결해 주는 역할을 하는 것처럼 국제금융 중심지에서는 국제자금의 공급자와 수요자의 거래를 연결한다. 이는 산지의 농산물이 대도시의 도매상에 집결된 다음 소매상으로 배분되는 것과 같다.

국제자본이 국제금융 중심지로 모이지 않거나 국제자본이 모인 다음 배분되지 않는 상황이 발생하는 경우, 또는 어떤 지역으로만 자금배분이 쏠린 경우에는 국제적이거나 특정지역에 금융위기가 발생한다. 세계대전 이전의 상황을 보면 영국과 미국의 경상수지가 악화되면 배분되는 자금이 작아지면서 이곳저곳에서 금융위기가 발생한다.

16세기 무역거래는 유럽 상인이 아프리카의 노예를 아메리카로 데려가 금(金)과 은(銀)을 채취하고 이 금은을 가지고 아시아에서 향신료 등을 매입하여 유럽으로 가져가는 무역거래가 성행한다. 이 도중에 아메리카 대륙에서 은이 대량으로 생산되어 은 가치가 하락하자 1560년경 금 거래가 활발하게 이뤄지던 제노바로 국제금융의 중심이 이동한다. 제노바는 복식 회계부기를 도입하여 국제금융시장으로서의 체계를 갖추게 된다.

1580년에 포르투갈이 에스파냐에 합병되고 해외진출에 뛰어든 영국이 에스파냐의 무적함대를 격퇴한다(1588년). 때를 같이하여 유럽 열강의 경쟁적 식민지 개척시대가 열리고 무역과 국제금융 중심지가 네덜란드와 영국 등 서유럽으로 이동하기 시작한다.

17세기 초에 이르러 네덜란드 암스테르담이 주식회사 형태로 자금을 조달하고 1620년경에는 국제금융의 중심지로 발돋움한다. 그러나 영국에 네덜란드의 해군이 격파되면서(1734년) 네덜란드가 제해권을 상실하고, 에너지 자원을 목재에 의존하던 암스테르담은 에너지 확보에 문제가 생기면서 더 이상 중심도시로의 확대가 어려워진다.

영국은 1790~1810년 사이 유럽대륙의 전쟁으로 인한 반사이익까지 얻는다. 나폴레옹 전쟁 등 대륙에서의 정치적·군사적 불안으로 네덜란드의 해운업자들이 대거 런던으로 이동하면서 부(富)의 이동이 함께 이뤄진다. 그리고 영국은 식민지를 확장하고 산업혁명에 의한 공업국가로 발돋움한다.

19세기 후반 국제적인 자금공여국은 영국과 프랑스로서, 영국은 1870년대 이후 제 1차 세계대전 이전까지 자본을 수출하여 대규모 해외자산을 축적한다. 이리하여 1910년대 초반에는 영국의 해외자산이 각국 해외자산 총액의 거의 절반을 차지하게 된다.

〈그림 1-6〉 영국의 경상수지

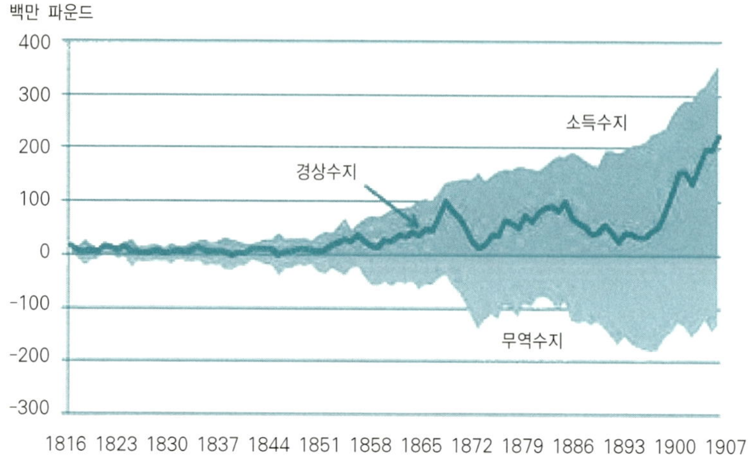


자료: Brian R. Mitchell, British Historical Statistics.

영국은 경상수지 흑자로 벌어들인 자금을 주로 북미와 남미에 투자한다. 각국의 산업개발에 투자하기보다는 주로 정부채나 철도와 광산 등 기간산업에 집중 투자한다. 철도산업에 투자한 목적은 식민지에서 농산물과 광산물 등을 용이하게 수송하기 위함이다. 하나 더 추가하자면 로마가 길을 만든 것처럼 식민지 통치를 위해 군사적 병력의 신속한 이동에도 그 목적이 있다.

당시 영국은 해외투자자산으로부터 막대한 소득을 벌어들인다. 영국 자본의 해외로의 이동은 낮은 국내 투자수익에서 탈피하기 위한 자발적인 이동과 함께 영국 식민통치의 급격한 팽창에 따른 정치적·전략적 이동이 결부되어 일어난다. 해외에 투자한 자산으로부터 얻게 되는 소득수지는 제 1차 세계대전 전까지 지속적으로 증가하면서 무역수지의 적자를 메운다(〈그림 1-6〉).

19세기 말에 이르러 영국은 자본수출에 의존하면서 국내자본형성이

〈그림 1-7〉 영국의 대외투자(1913년)

단위: 백만 파운드

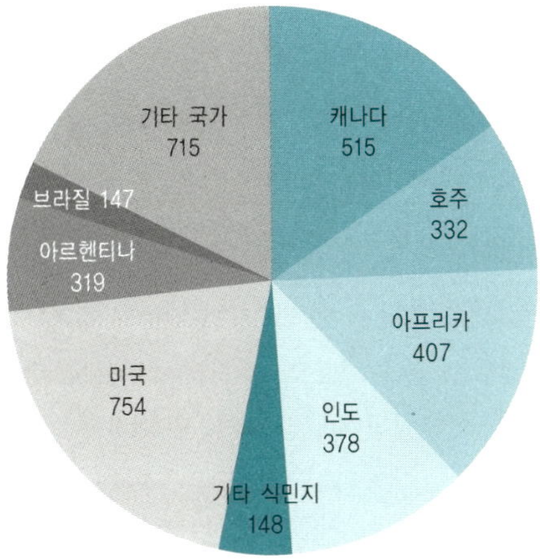


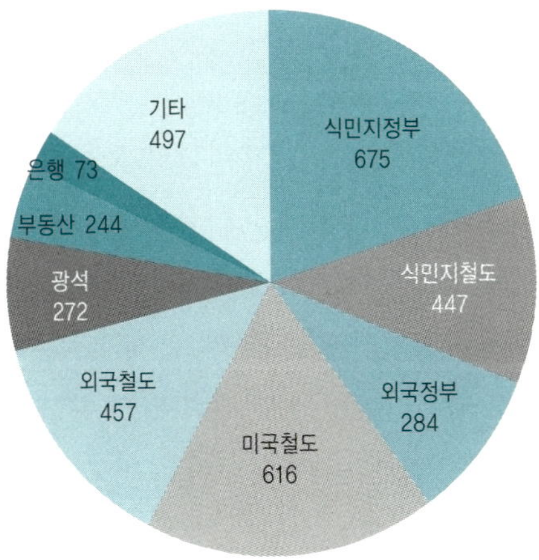


자료: William N. Goetzmann & Andrey D. Ukhov, *British Investment Overseas 1870~1913*, NBER.

지연되고 수출경쟁력이 급속히 악화된다. 제조업에서 금융업과 운송업과 서비스업으로 산업을 전환하면서 산업자본보다는 금융자본이 국민경제를 주도한다. 영국자본의 활동무대는 주로 식민지에 집중되고 영국의 식민지는 본국자본에 의한 생산기지 역할을 수행한다. 이에 따라 본국의 생산경제는 공동화될 수밖에 없는 상황이 된다. 이 틈에 유럽과 미국은 생산을 공업화하는 산업정책을 전개한다.

> 19세기 후반에 영국이 제조업 중심국에서 탈피하면서 미국이 강력한 신흥국으로 등장한다. 100년 후 1980년대에는 미국도 생산거점을 해외로 이동하면서 산업공동화가 일어난다. 이는 1960년대 이후 독일과 일본의 제조업이 팽창하고 신흥국과 경쟁하면서 비싼 제품을 만들 하등의 이유가 없기 때문이다. 이제는 미국이 제조업 중심국에서 탈피하면서 중국, 인도 등 아시아가 해외자본에 의한 생산기지의 역할을 수행하는 상황으로 전개되고 있다.

20세기에 들어서면서 영국이 세계대전의 소용돌이에 휘말려들고 미국은 세계대전에 참가하는 국가에 군수물자와 군비를 지원하면서 세계 최대의 채권국으로 등장한다. 양 세계대전의 사이에 국제적 자금수요에 대응하지 못한 런던금융시장은 힘이 약해진다. 이 틈에 세계경제의 주도권이 미국으로 넘어가고 미 달러의 지위가 향상되면서 미국 뉴욕의 월스트리트가 새로운 국제금융의 중심지로 변모한다.

### 유로시장 등 다원화하는 시장

최초의 유로달러 탄생은 우리나라와 관계가 있다. 6·25 전쟁 당시 소련은 미국에 맡긴 달러를 인출하여 영국과 프랑스에 예치한다. 이후에도 미소 냉전의 대립으로 소련은 미국의 자금동결을 우려하여 서구에서 자금을 운용하게 된다. 1950년대 말에 이르러 유로달러시장이 성립되면서 런던이 국제금융시장으로 재도약하는 기회를 맞이한다.

당시 유로시장이 확대된 데는 여러 요인이 있다. 미국이 금리규제(레귤레이션 Q)와 달러방어정책으로 대외 투융자를 규제하자 자금이 런던으로 이동한다. 그리고 1957년 파운드 위기로 영국정부가 런던의 금융기관들에게 무역결제통화로 파운드를 사용하지 못하게 하자 금융기관들은 달러자금으로 활발하게 거래하는 등 외화표시거래에 집중한다. 그 후 유로시장의 확대는 1980년대에 이르러 라틴아메리카의 잃어버린 10년의 원인으로 작용한다.

최근에는 세계적 금융자산의 축적과 증권거래의 활성화 등 시장의 환경변화를 배경으로, 자금을 운용하는 투자가의 입장에서는 보다 유리한 시장을 선택하여 국제적 투자를 도모하고 있다. 그리고 자금을 조달하는 기업의 입장에서는 보다 유리한 시장을 선택하려는 움직임이 있다.

이러한 시장선택은 금융인력, 세금제도, 시장규제, 사회인프라 등이 크게 작용한다. 뉴욕과 런던 다음으로 홍콩, 싱가포르, 취리히, 프랑크푸르트, 시드니, 도쿄 등에서 국제적 금융거래가 활발히 이뤄지고 있다.

## 강의 후

**반장** 오늘처럼 앞으로 약 3개월 동안 매주 토요일 오후 2시부터 나와 함께 강의를 받게 될 것이며 나와 함께 맡게 될 일들은 차차 알게 될 거다.

(그동안 면접으로 이 두 사람과 많은 이야기를 나누었기 때문에 처음부터 말을 내리기 시작했다. 그때 나귀의 휴대폰 벨이 울렸다. 통화를 하려고 자리에서 일어나 강의실 입구로 향했다.)

**반장** 한 가지 물어보겠는데 호테는 사귀고 있는 여성이 있는가?

**호테** 그다지 많지 않습니다. 아니 혼자 몰래 좋아했던 사람밖에 없습니다.

반장 누군데?

호테 작년 이맘때쯤 제가 매우 좋아하는 가수가 있었는데 공연장 화장실 복도에 서서 마주치기를 기다렸지요. 그런데 운 좋게도 무대에서 내려와 제 쪽으로 걸어오는 그녀를 보게 되었습니다. 그리고는 뛰어가 사인을 부탁했습니다.

반장 그런데?

호테 반으로 접혀진 종이에 사인을 하려고 볼펜을 들더니만 매우 일그러진 표정을 지으면서 종이와 볼펜을 냅다 내팽개치더군요.

반장 아니, 왜?

호테 제가 내민 종이가 혼인승낙서였거든요.

반장 그건 얼마 전에 일본에서 실제로 일어난 일이잖니?

(정말 동키호테답다, 라고 생각하면서 웃음을 터트리자 그도 겸연쩍은 듯이 따라 웃었다. 많은 지원자 중에 이 두 사람을 고른 것은 모두 쾌활한 성격이었기 때문이다. 이번에는 붙임성과 재빠른 순발력을 중점적으로 참작하여 이들을 선정하였다.)

나귀 반장님은 부를 이름이 뭐예요?

반장 그냥 반장이라고 불러도 돼. 필요하다면 내가 지은 맨허튼으로 부르던지.

나귀 미국에서 자라셨어요? 아니면 원정출산?

반장 아니, 우리 부모님은 일본을 제외하고는 한국의 산과 강을 떠나 보신 적이 없어.

호테 허튼 반장님! 모시고 계신 부모님이 친부모님이십니까? 요즘 드라마에는 출생의 비밀이 항상 들어가거든요.

(끼어든 호테의 말에 아랑곳하지 않고 대화내용을 바꾸기로 했다.)

반장 자! 매주 종이 한 장에 소설을 써 오는 숙제가 있어.

호테 소설이요? 반장님, 그냥 말로 하면 안 될까요? 전 글쓰기라면 도통 … 참 그렇지! 나귀 씨, 매주 금요일 제가 저녁 사면 안 될까요? 써준 글 건네받게.

**나귀** 전 금요일에 매우 바빠요.

**반장** 그다지 어렵지 않아. 우리가 읽었던 동화나 소설의 이야기가 끝난 후 그 주인공이 그 후에 어떻게 되었는지 후속편을 간단히 써오는 거야. 예컨대, 이 선생님이 강의 중에 나누었던 《베니스의 상인》처럼, 아니면 영화 〈터미네이터〉 속편처럼 그 후 이야기가 어떻게 전개되었는가를 창작력을 발휘해 적어오는 거다.

**호테** 숨어 있는 그림 찾기가 더 재미있지 않나요? 앞으로 하게 되는 일하고 무슨 연관이 있습니까?

**반장** 미리 알려주면 그 목적에 맞는 글만 써올 게 분명하니까 나중에 알려 주기로 하지. 그리고 써온 글은 유출되지 않도록 세 부만을 만들어 우리들만 읽고 각자 보관한다. 어느 누구에게도 알려지면 처음부터 다시 숙제를 해야 한다.

**호테** 뭔가 거대한 책략과 음모가 숨어 있는 것 같아. 나귀 씨 그렇죠? 그럼 목요일 저녁은 어때요?

**나귀** 목요일은 금요일보다 더 바쁘거든요. 그리고 수요일은 목요일보다 더 바쁘고 …

## 3. 국제증권시장의 전개

### 증권시장에서의 채권거래 등장

증권거래가 전개되는 역사를 거슬러 올라가 보면 증권거래는 주식거래에서 시작한 게 아니라 채권거래에서 시작한다. 국제채권시장은 16세기에 이탈리아에서 형성되기 시작하였으며 17세기에 이르러 영국 런던이 자생적 국제채권시장으로 발전한다. 주식거래는 1602년 네덜란드 암스테르담에서 동인도회사 설립이 그 시초가 된다. 1693년에는 영국 정부가 자금을 차입하는 데 의회가 보증해 주는 제도도 도입된다.

17세기 초반에 유럽 열강들은 해외시장을 개척하기 위해 동인도회사와 같은 무역회사를 설립하면서 주식을 발행하기 시작한다. 처음에는 프랑스의 미시시피회사(Mississippi Company)와 영국의 남해회사(South Sea Company)처럼 국가의 채무상환비용을 줄이기 위해 정부가 발행한 정부채권을 회사의 지분으로 전환하는 형태로 발전한다.

1711년 영국은 남아메리카의 스페인 식민지와 농산물무역과 노예무역 사업을 독점하는 회사로 남해회사를 설립한다. 남해회사를 민영화 형식으로 1천만 파운드의 정부채무를 주식으로 전환한다. 정부채권을 남해회사 주식으로 전환하는 의회의 승인을 얻자마자 주가는 급등한다. 이에 국왕에서 귀족들까지 주식거래에 몰두하고 외국인들도 이 주식투자에 가세한다. 그러나 1720년에 이르러 영국 남해회사는 프랑스 미시시피회사와 함께 붕괴되고 만다.

18세기 중엽에는 런던과 암스테르담에서 국제간 증권거래 규모가 증대한다. 오스트리아 채권도 런던, 암스테르담, 제네바 등에서 거래가

〈그림 1-8〉 영국의 주가와 버블붕괴

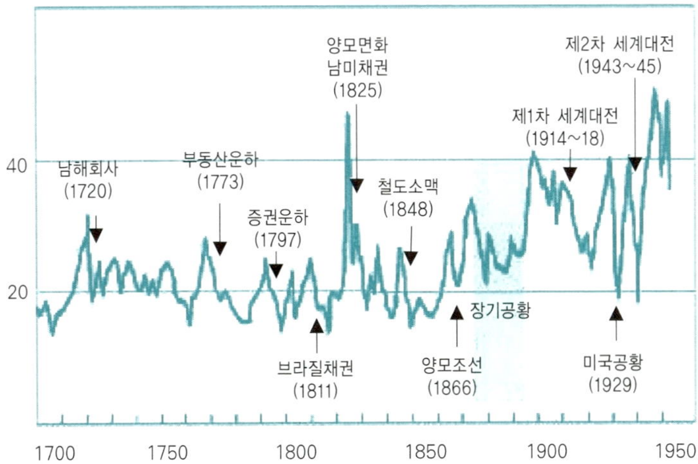


자료: Brian R. Mitchell, British Historical Statistics.

이뤄진다. 1820년대에는 많은 외국정부가 런던시장에서 국채를 발행하여 자본을 조달하게 되는데, 특히 남아메리카 정부가 발행한 채권이 활발히 거래된다. 이즈음에 런던시장에서 거래되는 증권종목은 주식보다는 영국과 외국의 국채가 대부분을 차지한다.

몇 번의 크고 작은 버블이 있은 뒤 1822년부터 남아메리카의 광산에 대한 주식과 채권, 그리고 양모, 면화, 소금, 쌀, 고무, 커피 등 실물상품에 대한 거대한 투자 붐이 일어난다. 그러나 1825년에 광산증권 등 남미증권이 폭락하고 만다(〈그림 1-8〉).

1820년대 영국의 남미투자에서 보듯이, 선진국들은 국내 투자수익률이 낮거나 축적자본이 남아돌 때 자본과 금융기법을 앞세워 신흥국에 대한 투자를 증가시킨다. 그러나 상황이 반전되면 투자자본을 회수하여 신흥국의 경제가 파탄이 나는 경우가 많다. 20세기에 들어 1920년대 남미투자, 1980년대와 1990년대 남미와 아시아 투자가 그 대표적 사례이다.

〈그림 1-9〉 영국과 미국의 채권 이자율

자료: FRB & British Historical Statistics 등.

1880년대 이후에는 각국의 이자율 격차가 축소되는 현상이 나타나게 되는데 세계 자본시장의 통합과 국제적 자본이동의 증대에 기인한다. 잉여자금의 이동이 활발해지면서 자금 잉여국에서 자금 부족국으로 돈이 이동하게 되면 돈이 많아진 자금 부족국에서 이자율이 하락하는 상황으로 전개된다. 그리고 채무불이행에 대한 우려가 작아지면서 스프레드가 축소되고 각국 이자율간 동조화 현상이 함께 나타난다. 영국은 이 시점에서 장기공황상태(*Long Depression*)로 진입한다(〈그림 1-9〉).

이 현상은 2000년대 초반 선진국과 신흥 개도국 간 이자율 스프레드의 축소와 동조화 현상에서도 볼 수 있다. 얼마 있지 않아 서브프라임 사태를 계기로 국제적 금융위기로 전개된다. 이자율의 하락과 국가 간 스프레드의 축소는 자금운용주체들이 보다 많은 수익을 얻기 위해 위험자산에 대한 투자를 늘리는 레버리지거래와 파생금융거래를 부추긴다.

당시 자금이동의 확대는 각국이 금본위제를 도입함에 따라 환리스크가 축소된 데에도 기인한다. 최근의 인터넷 등 통신기술의 발달에 의한 자금이동의 국제화와 마찬가지로 에디슨의 전신기 발명(1871년)과 벨의 전화기 발명(1876년), 그리고 이와 함께 전보의 도입 등 통신수단의 발달이 국제적 자금이동에 큰 역할을 한다.

## 증권시장에서의 주식거래 확대

1776년에 독립한 미국에서는 최초 증권시장이 필라델피아에서 열리게 된다. 당시 거래는 경매인과 고객으로부터 주문을 받은 브로커가 채권의 매매를 체결해 주는 형태로 시작한다. 독립전쟁 채권을 차환 발행하는 뉴욕 연방채권의 경매가 하루에 두 번 정기적으로 이뤄진다. 이러한 경매에 의한 매매거래과정에서 1790년대에 국채와 은행주를 중심으로 투기 붐이 일어나기도 한다.

1812년 미연방정부는 수입원이던 관세수입이 영미전쟁으로 급감하자 재무성증권을 발행하여 소요자금을 조달한다. 전쟁 후 이 증권발행으로 인한 신용팽창과 금융완화로 버블이 발생하고 은행의 신용수축이 일어나면서 많은 기업이 도산하는 버블붕괴가 일어난다(1819년).

1820~1830년의 운하증권 열기 이후에는 철도증권의 매매가 활발히 이뤄지다가 1837년에는 가격폭락을 맞게 된다. 이 폭락으로 영국과 유럽 투자가는 미국시장을 경원시한다. 그러나 1852년경 캘리포니아에서 금광이 발견되었다는 소문이 돌고, 이 소문은 멀리 떨어진 영국에서 더욱더 확대 재생산되어 간다.

이에 영국의 투자가들이 미국의 철도회사 증권에 관심을 쏟으면서 1853년에는 많은 미국철도채권을 보유하게 된다. 그리고 일부 철도는 영국투자가가 사실상 지배하게 된다.

〈표 1-1〉 미국의 발행증권

| 구 분 | 종목수(개) | 금액(백만 달러) |
|---|---|---|
| 철도주식 | 360 | 433 |
| 철도채권 | 360 | 363 |
| 은행주식 | 985 | 266 |
| 州 채권 | 31 | 191 |
| 도시채권 | 460 | 92 |
| 연방채권 | 1 | 31 |
| 운하주식 | 16 | 26 |
| 운하채권 | 16 | 22 |
| 기타증권 | 105 | 33 |
| 계 | 2,334 | 1,457 |

주: 1856년 당시 증권별 구성.

〈그림 1-10〉 미국의 발행증권 구성

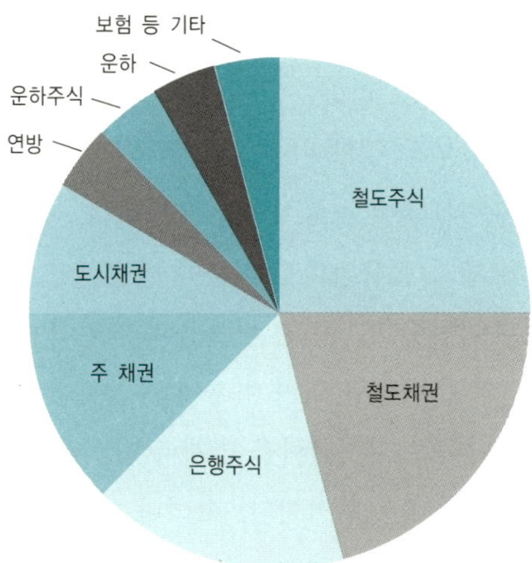


자료: Robert Sobel, *The Big Board, A History of the New York Stock Market*, 1965.

그러나 1857년 상반기에 미국 서부에서부터 주가가 하락하기 시작한다. 이 주가하락은 크리미아 전쟁(1853~1856년)과 유럽의 불황으로 인해 해외로부터 자금유입이 감소한 데 주로 기인한다. 철도증권과 은행주식이 폭락하는 가운데 주가하락에 따른 소동과 약탈을 방지하기 위해 군대까지 동원되는 상황도 발생한다.

남북전쟁(1861~1865년)이 끝난 후 미국은 중단되었던 철도건설에 박차를 가한다. 소요자금은 주식과 채권을 발행하여 영국 등 유럽에서 조달한다. 철도망이 확대되고 철도증권의 투자 붐이 다시 일어난다. 이리하여 1869년에 미국 대륙횡단철도가 완성된다. 그러나 이 철도증권의 붐도 1873년에 이르러 꺼지고 만다(〈그림 1-11〉).

> 유럽투자가들이 미국의 철도부설에 기여한 바가 크다. 철도버블이 붕괴되자 외국투자가들은 헐값에 증권을 처분하고 되돌아간다. 부설된 철도를 뜯어갈 수가 없기 때문에 철도를 따라 기차는 계속 달린다. 1980년대 후반에도 일본투자가들이 해외의 부동산을 매입한다. 1990년 일본 부동산과 주식버블의 붕괴로 자금조달의 어려움이 발생하자 매입한 부동산을 헐값으로 매각하고 철수한다.

제1차 세계대전으로 1914년 8월 증권거래소가 폐쇄되고 패전국 독일의 주가가 하락한다. 1917년 러시아 혁명 후 볼셰비키 정권은 해외차입금에 대한 채무불이행을 선언하기도 한다. 1930년대에는 미국의 대공황으로 시작된 국제적 금융공황으로 유럽 각국의 주가가 하락한다. 대부분의 동유럽과 남미국가들은 채무불이행을 선언한다. 그리고 제2차 세계대전 후에는 패전국 독일과 일본의 주가가 크게 하락한다.

이후 증권시장의 움직임의 특징 중 하나는 투자가들이 전쟁 등에 따른 증권가격의 하락에 대해 큰 두려움을 갖지 않게 된다는 것이다. 증권가격이 조만간 회복된다는 믿음과 혁명이나 전쟁이 증권거래소를 장기

〈그림 1-11〉 미국 철도주가 추이

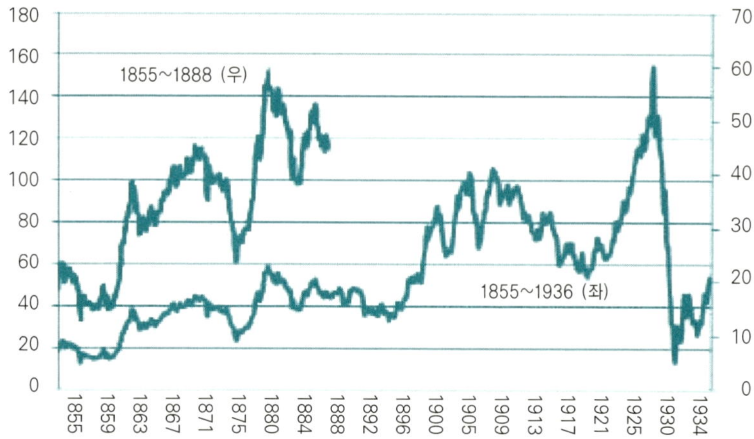


자료: NBER.

〈그림 1-12〉 영국과 미국의 주가추이

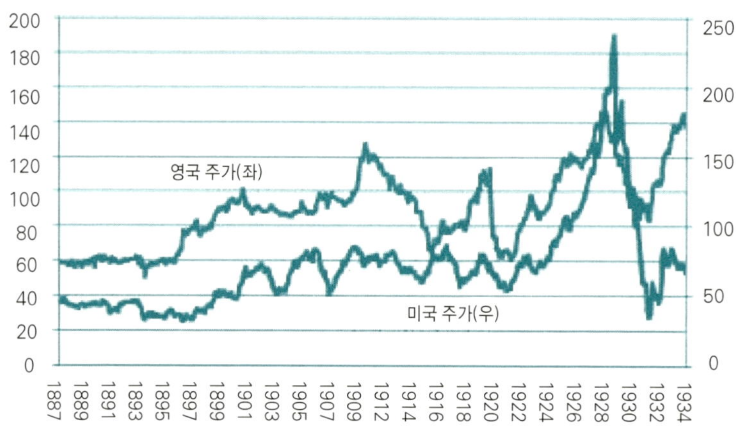


자료: NBER.

간 교란시키지 않는다는 경험이 작용한 것으로 보인다.

20세기 후반 이후에는 미국의 LTCM 위기와 서브프라임 위기, 일본의 금융위기 등의 사례에서 정부와 중앙은행이 개입하여 금융시장을 정상화시킬 것이라는 믿음도 가세하고 있다. 큰 충격에 대한 미약한 반응은 이와 같은 믿음과 경험에도 근거하지만 시간이 흐르면서 과거의 시장충격에 대한 투자가들의 망각에도 기인한다.

## 증권거래소의 발전과 국제적 통합

증권거래소는 1611년 네덜란드, 1724년 프랑스, 1801년 영국에 각각 설립된다. 미국은 1817년에 뉴욕증권거래소가 설립되고, 한국은 1921년에 설립된다. 수많은 투자가들의 기쁨과 슬픔을 가져다 준 증권거래소의 역사는 나중에 국제금융위기를 다루는 과정에서 다시 설명한다.

한편, 1971년 미국에서는 성장력이 높은 벤처기업을 상장하는 나스닥시장이 개설된다. 1980년대에 이르러 유럽에서도 제 2부시장 거래소의 개설이 줄을 잇는다. 1980년대 말의 경기후퇴로 문을 닫는 제 2부시장 거래소도 생기지만 1990년대에 이르러 본격적으로 활동을 시작한다.

이후에는 금융시장이 통합된 유럽에서 증권거래소 재편과 제휴가 이뤄지기 시작하고 이 움직임은 세계규모로 전개되고 있다.

2007년에는 시가총액으로 세계 최대인 뉴욕증권거래소(NYSE)가 유럽의 유로넥스트와 합병하여 NYSE유로넥스트를 출범한다. 이후 나스닥이 북유럽거래소와 연합한 OMX그룹과 경영을 통합한다. 그리고 런던증권거래소가 이탈리아 거래소와 합병교섭을 발표한다.

이러한 합병에는 거래규모의 확대만을 목적으로 하지 않고 취급업무의 강화와 다양화를 도모하고 있다. 종합적이며 안정적인 수익확보를 위해 수익적 보완관계에 있는 거래소와 합병한다. 그 예로, 현물주식의 매매에 강한 NYSE는 파생상품에 강한 유럽의 유로넥스트와 합병한다. 미 나스닥도 매매시스템의 기능강화를 목적으로 세계 유수의 시스템인 OMX와 합병한다.

각 거래소는 자율적 성장과 함께 합병을 통해 규모를 확대하고 시스템개발 공동화로 경쟁력을 높이고 있다. 세계적인 거래소 간 경쟁에서 이기기 위해서는 거래량을 증가시키고 거래수행능력(매매속도와 정확성과 시스템편리성)을 향상시키는 것이 중요하다. 거래소에 매매주문이 집중되면 시장의 유동성이 커지고 매매주문이 더 많아지는 사이클이 이뤄진다.

2008년 서브프라임 사태로 이어진 금융위기로 증권거래소 재편이 주춤하지만 세계의 주요거래소가 최종적으로 몇 개 그룹으로 집약되고 각 지역의 거래소는 경쟁력을 향상시키기 위해 거래상품을 확충하고 시스템투자를 확대하려고 한다.

**선생** 나귀와 호테는 채권이나 주식에 투자하고 있나?

**나귀** 직장에 다니면서 증권투자하기란 매우 어려운 것 같습니다.

**호테** 저는 그동안 모은 돈이 별로 없는 가난한 샐러리맨입니다. 부모님과 함께 살고 있는 집도 아버지 명의로 되어 있지요. 제 계좌의 월급은 어머니가 다 가져갑니다.

**선생** 여성의 시장참여에 대해 이야기하자. 영국 남해회사 주식투자 붐에는 주식모집 응모자 명단에 다수의 귀부인이 등장하고 있어 많은 여성들이 주식투자에 참여한 것으로 보인다. 당시 18세기에는 부동산 상속이 직계 남성에게만 허용된다. 이로 인해 여성에게는 주식이 상속되기도 한다. 프랑스의 미시시피회사 주식투자 붐이 일어날 즈음에는 한 여성이 주식투자사무소를 개설하기도 했다고 한다.

1870년대 미국의 철도채권과 주식 붐 시기에는 3인의 여성이 풀을 구성하여 증권회사를 설립하기도 한다. 1920년대 미국 브로드웨이에는 여성들만의 증권거래장소가 만들어진다. 옛적 우리나라에는 아주머니가 증권회사 객장에 주식을 사러 나타나면 주식 붐이 끝나는 시그널로 보는 시각이 있었다. 그러나 지금은 투자설명회 자리가 많은 여성으로 가득 찬다.

주부가 상대적으로 주식투자에 유리한 점도 있다. 가계의 지출을 담당하고 제품을 만드는 회사를 잘 알고 있다. 그리고 시시각각으로 변하는 시장상황에 재빨리 대응하기 위해서는 충분한 시간을 갖는 주부들의 시장참여가 당연한지도 모른다.

## 4. 금본위제의 국제외환시장

### 금본위제의 도입 그리고 붕괴

17세기와 18세기 국제교역이 유럽대륙을 중심으로 이뤄지다보니 네덜란드의 암스테르담이 중심적 국제외환시장이 된다. 19세기에 이르러 영국을 중심으로 국제 금본위체제가 확립되고 런던이 국제외환시장으로 발돋움한다.

당시 세계경제를 주도하던 영국은 1816년에 금은복본위제에서 금본위제를 채용한다. 금본위제는 일정량의 금의 가격으로 금과 통화의 교환을 인정하고, 자국 통화량을 금 보유량에 따라 늘리거나 줄이며, 대외결제는 금과 외화로 결제한다는 것을 주요 골자로 한다.

만약 인플레로 자국통화 가치가 금 가격 이하로 하락하는 경우 대외결제를 금으로 결제하는 것이 유리하게 된다. 금이 해외로 유출되어 보유금이 적어지면 국내통화를 감축하여 인플레를 억제한다는 메커니즘이다. 영국은 무역적자에는 금을 유출하고 무역흑자에는 유입된 금을 통화로 바꿔주는 통화정책을 편다.

19세기에 서유럽대륙은 나폴레옹 전쟁 등 많은 전쟁에 휩싸이고 미국은 남북전쟁(1861년)의 소용돌이에 휩싸인다. 영국은 전쟁으로부터 멀리 물러나 있는 상황으로, 서유럽 국가에 전쟁에 필요한 군수물자를 공급하여 돈을 벌게 된다. 더구나 세계의 많은 금이 정세가 안정된 영국으로 도피한다. 이웃나라의 불행은 영국의 행운이었다.

영국에 이러한 좋은 시절도 있었지만 1890년 아르헨티나 버블붕괴와 이에 따른 금융위기로 발생한 베어링 사태 때는 프랑스와 독일의 중앙은행에서 금을 차입하는 상황도 벌어진다. 그리고 1907년 금융위기 때는 프랑스 중앙은행에게 금을 지원받기도 한다.

> 베어링 은행은 투자한 아르헨티나 국공채가 지급불능사태에 휩싸여 1890년 파산에 이른다. 1998년 미 연준이 LTCM문제를 해결한 것처럼, 영란은행의 주도로 베어링 은행은 런던의 금융기관들이 지급보증을 해주면서 다시 살아난다. 베어링 은행은 약 100년 후 1995년에 한 직원의 투기적 금융파생거래에 의해 발생한 손실로 ING에 1파운드에 매각된다. 앞의 사건과 관련된 직원은 니콜러스 보우어(Nicholas Bouwer)이고 뒤 사건의 담당직원은 니콜러스 리슨(Nicholas Leeson)이다. 두 사람 다 니콜러스(Nicholas)다.

금본위제는 제 1차 세계대전의 발발로 일시 정지되었다가 나라마다 1919~1930년 사이에 다시 부활한다. 영국은 파운드의 기축통화 유지를 위해 금본위제에 복귀(1924년)했으나 프랑스가 자국통화 프랑에의 투기를 유도하여 해외 단기자금을 유치한 후 그 돈으로 영국에서 대량의 금을 흡수하자 재차 금본위제를 포기(1931년)한다.

미국은 1929년 주식 대폭락을 계기로 심각한 금융공황을 겪고, 이 시기에 국제수지 흑자로 금이 유입되지만 금을 화폐로 바꿔주지 않는 불태화 정책을 폄으로써 장기간의 디플레를 유발하는 상황이 된다.

1929년 이후 세계공황에 직면한 각국은 경제적 내셔널리즘을 강화하면서 금본위제도에서 이탈한다. 영국에 뒤이어 프랑스, 그리고 미국도 금본위제를 포기(1936년) 하면서 3국간 통화협정을 체결한다. 그러나 관리통화제도 아래 국내균형을 최우선시하고 경쟁적으로 자국통화를 평가절하한다. 각국이 이러한 무역보호주의와 경제블록화에 의한 경제전쟁으로 치달으면서 제 2차 세계대전 속으로 빠져 들어간다.

### 브레튼우즈에서 스미스소니언으로

제 2차 세계대전이 끝나갈 무렵, 세계경제의 안정과 성장을 도모하는 기관으로 IMF가 창설되고 미 달러의 강세를 배경으로 국제통화체제인 브레튼우즈 협정이 발효된다. 이 브레튼우즈 협정에서 각국의 환율을 달러화에 고정하고 금가는 1온스당 35달러와 교환하도록 결정한다.

그러나 이 체제의 커다란 결함은 세계무역의 확대에 부응하여 국제유동성을 충분히 공급하는 메커니즘이 없다는 점이다. 브레튼우즈 체제 아래서는 무역거래 등에 따른 국가간의 결제는 금으로 하거나 고정환율에 의한 미 달러로 하도록 되어있다. 미국은 각국이 보유한 미 달러를 정해진 환율로 금과 무조건 교환해 주어야 한다. 그러나 현실은 그렇지 않다. 세계무역의 확대에 따라 금과 미 달러의 수요가 매년 증가했으나 이 수요에 충분한 금 생산량이 지속적으로 따라주지 못하는 상황이 되고 만다.

더구나 미국의 대외수지가 흑자가 되면 국제유동성이 부족해져 무역거래의 원활한 확대를 저해하게 된다. 국제적인 유동성 공급을 위해서는 미국의 국제수지가 적자상황이 되어야 한다. 그러나 적자폭이 커지면 커질수록 금과 미 달러의 상대적 균형이 붕괴되고 결제통화로서 미 달러에 대한 신뢰가 사라지게 된다.

1950년대에 들어서는 유럽과 일본의 경제가 점점 커지는 반면, 미국의 국제수지는 해외군사지출, 대외원조와 해외직접투자 등으로 적자상황이 지속되었다. 이에 따라 1960년대 중반 이후에는 미국의 금 보유액이 외국 공적기관이 보유한 미 달러 채권액을 하회하는 상황에 이른다. 미국의 대외 유동채무가 점점 늘어나고 금 보유액이 감소되면서 미 달러에 대한 신뢰가 동요하기 시작한다. 그리고 강한 미 달러를 기반으로 성립된 전후의 국제통화체제가 흐트러지기 시작한다.

최근 서브프라임 사태 이후 세계 금융위기의 발생원인과 그 해결책으로 글로벌 불균형해소문제가 다시 거론되었다. 1950년대 초반 통화제도를 둘러싼 논쟁 속에서 국제 불균형문제로 영국은 흑자국 책임론을, 미국은 적자국 책임론을 들고 나온다. 그러나 아이러니하게도 1960년대에 들어서는 미국이 흑자국 책임론으로 선회한다. 미국은 유럽이 미국상품에 시장을 개방하지 않고 긴축정책으로 내수를 억제하는 정책을 견지한다고 비난했다. 유럽은 미국이 금리를 낮게 유지하여 달러를 해외로 유출시킨다고 비난했다.

미 달러와 함께 국제통화의 일익을 담당하던 영 파운드는 1950년대에 몇 번의 위기에 빠지고 이 상황은 1960년대에도 헤어나지 못하고 계속된다. 1963년 이후 영국의 국제수지는 대폭적 적자로 빠져들고 파운드가 시장에서 급격히 매각되는 상황이 전개되자 각국 중앙은행은 파운드를 지원하기 위해 시장에 협조 개입한다. 그러나 이런 국제협력에도 불구하고 1967년 11월, 파운드는 1949년에 이어 두 번째의 평가절하를 단행한다(〈그림 1-13〉).

1960년대에 미국의 국제수지 적자폭이 더욱 커지자 시장에서는 미 달러에 대한 불안이 증폭된다. 이에 따라 런던 등 각지의 금시장에서 금에 대한 투기가 거세진다. 이런 금 투기의 배경에는 국제적 금융협력으로도 영 파운드의 절하를 저지하지 못했던 것처럼, 미 달러에 대해서도 국

〈그림 1-13〉 영 파운드 환율 추이

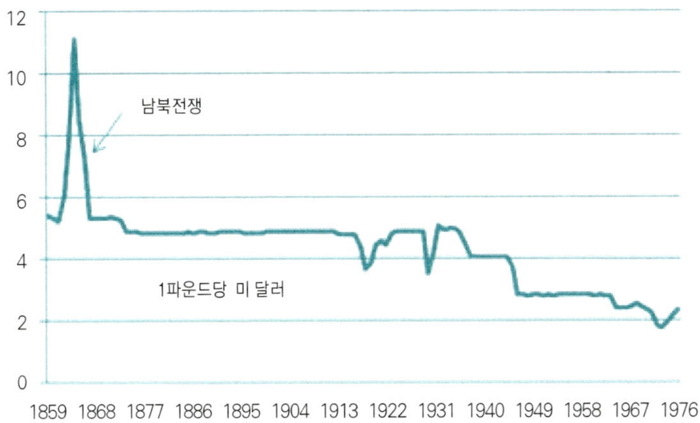


자료: Brian R. Mitchell, British Historical Statistics.

〈그림 1-14〉 금 가격 추이

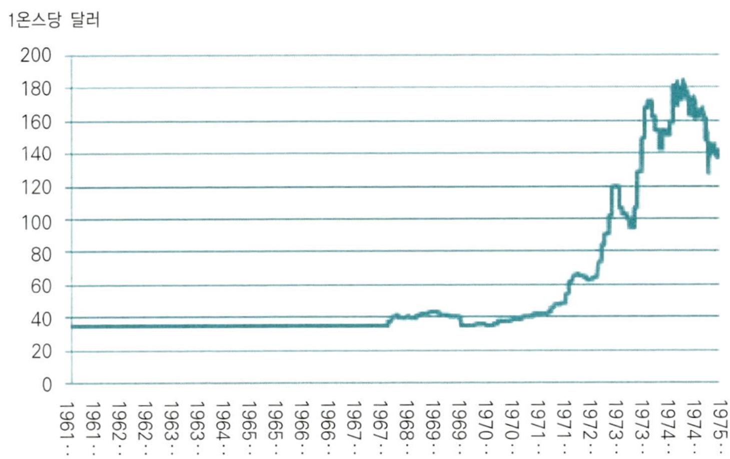


자료: 한국은행.

제협력의 효과가 한계가 있을 거라는 인식이 팽배해진 데 기인한다.

금과 미 달러의 상대적 불균형으로 인해 미 달러에 대한 불안이 지속되자 국제적인 금 투기 움직임을 진정시키기 위해 미국 주도로 BIS가맹 중앙은행 사이에 금 풀 협정이 체결(1961년)된다. 각국이 보유한 공적 보유금의 일부를 출연하여 런던시장에서 금 가격의 안정을 위해 개입한다. 그러나 1967년 가을 영 파운드 절하 후 다음해 봄까지 격렬한 금 투기가 또다시 발생한다. 그리고 금 풀에 의한 가격유지가 어려워지자 금의 이중가격제로 이행하게 된다.

이에 국제유동성의 확보와 미 달러화 불안 방지를 위해 뉴욕 연방준비은행을 중심으로 BIS 가맹 중앙은행 간에는 스왑(Swap) 계약이 체결되고 미 달러표시가 아닌 로즈 본드가 발행된다. 그리고 별도의 국제유동성을 창출할 필요성이 대두되어 IMF에서 SDR을 창출한다.

1970~1971년에 걸쳐 사태는 점점 더 절박해진다. 미국은 1960년대 후반 베트남 전쟁에 따른 국방비지출이 급증하여 임금과 물가가 오르는 인플레이션 상황이 되면서 미국의 국제수지에 대해 심각한 우려가 대두된다. 1960년대 전반까지의 미 달러 불안은 기본적으로 미 달러와 금과의 상대적 불균형 문제로서, 미 달러와 타 통화와의 문제는 거론되지 않았다. 그러나 후반에는 미국의 무역과 경상수지가 악화되면서 미 달러와 서독 마르크 및 일본 엔화 간의 환율조정이 중요한 문제로 등장한다.

1971년 초에 미 닉슨 대통령의 경제보고서에서 흑자국 책임론이 예전보다 강하게 나타난다. 8월에 들어 미국으로부터의 단기자금유출이 격화되자 닉슨 대통령은 8월 15일(일요일)에 외국의 공적당국이 보유한 미 달러와 미국이 보유한 금과의 교환을 일시 정지하는 등 미 달러 방어와 경기진작, 그리고 물가억제를 위한 신경제정책을 발표한다. 이른바 닉슨쇼크라고 불리는 정책발표다. 이로 인해 유럽의 외환시장은 1주일간 폐쇄되기도 한다.

미국은 각국에 보유한 미 달러를 금과 교환하는 것을 자제하도록 압력을 가한다. 금 가격을 인상하면 그동안 미국에 협력하여 금 교환을 자제했던 서독과 일본에 피해가 커진다. 프랑스와 같은 비협조국 또는 소련과 같은 금생산국에게만 이익을 가져다주는 결과를 초래하기 때문이다. 따라서 미 달러를 절하하지 않고 서독 마르크와 일본 엔의 절상에 의해 불균형 문제를 해결하려는 흑자국 책임론이 당시의 지배적인 분위기로 흐른다.

이후 G10은 비공식 모임(1971년 12월)을 갖고 스미스소니언 협정으로 달러본위제로 이행한다. 그러나 스미스소니언 체제도 원활한 통화조정 메커니즘이 부족하여 단기간에 붕괴되고 만다.

미국을 중심으로 국제수지 적자국은 인플레이션을 조장하여 경기확대를 지속하는 한편, 일본 등 흑자국은 자국통화의 탄력적인 평가절상 요구에 대해 거부반응을 보인다. 외화자산의 대부분을 미 달러로 보유한 산유국 등 개발도상국은 미 달러를 매각하여 금이나 마르크와 엔 등 강세통화로 전환하려는 움직임을 보인다. 강세 통화국은 자국통화를 팔고 미 달러를 살 수는 있지만 금과의 교환이 보장되지 않아 미 달러 매입을 기피한다. 이처럼 스미스소니언 체제의 약점으로 인해 1972년부터 대규모 금 투기가 반복되면서 스미스소니언 체제가 붕괴된다.

국제통화제도를 협의하기 위한 G10의 비공식 모임에 대해 IMF회원국들이 밀실협의라고 반발한다. 이에 1972년 10월 IMF는 많은 나라를 참여시키려고 C20(Committee of 20) 모임을 만든다. 미국이 견해가 다른 유럽국을 견제하기 위한 방안의 하나로 이 모임결성을 주도한 것으로 알려졌다. 그러나 문제는 회의 참가자가 많을수록 결론을 내리기 쉽지 않다는 데 있다.

환율제도를 둘러싼 국제적 대결과 타협이 이뤄진다. 1974년 6월 국제통화제도 개혁안이 마련된다. 각국이 자유롭게 환율제도를 선택하고

IMF가 변동환율제 가이드라인을 설정하는 것으로 합의(1976년) 한다. 이후 C20모임 대신 지스카르 데스탱 프랑스 대통령이 제창한 G5(미·영·불·독·일) 선진국 수뇌회담(서미트)이 개최된다. 나중에 이탈리아와 캐나다가 참여하여 G7모임으로 확대된다.

### 기축통화를 둘러싼 갈등과 타협

최근 미국의 막대한 무역적자와 재정적자로 미 달러화에 대한 신뢰가 낮아지면서 새로운 기축통화 문제를 제기하는 나라들이 많아졌다. 한편으로 지역통화를 창설하는 방안이 거론되면서 지역적 블록화 문제가 새롭게 대두되고 있다.

제 1차 세계대전과 제 2차 세계대전 사이 금본위제 아래서 미 달러의 비중이 점차 상승하였으나 대공황을 계기로 미 달러의 비중이 감소한다. 이때 미 달러와 영 파운드가 기축통화 역할을 함께 수행한다(〈그림 1-15〉).

최근 외환·채권·주식시장 등 국제자본시장에서 미 달러화 표시 금융자산이 차지하는 비중이 40~50% 수준을 점하고 있으며, 수년간 큰 변화는 없는 것으로 보인다. 그 다음이 유로로 20~30%, 일본 엔과 파운드가 10%대를 보인다.

국제금융시장에서는 대규모 미 경상수지 적자와 달러약세로 각국이 달러화 매입을 축소하고 유로화 등 기타 통화의 매입을 늘리고 있다고 말한다. 그러나 환율변동에 따른 달러 이외에 표시자산의 환율변동효과를 감안하면 상황은 결코 그렇지 않다. 미 달러화는 현재 중앙은행 보유외환 중 60% 이상을 점하여 국제준비통화 중 절대 우위이다.

2008년 금융위기를 계기로 특정국가의 통화인 미 달러화를 국제준비통화로 사용하는 데 대해 일부에서 문제를 제기했다. 그리고 SDR을 기축통화로 활용하자고 제안하는 등 특정국가의 통화가 아닌 초국가적 준

〈그림 1-15〉 주요국 외환보유액의 구성

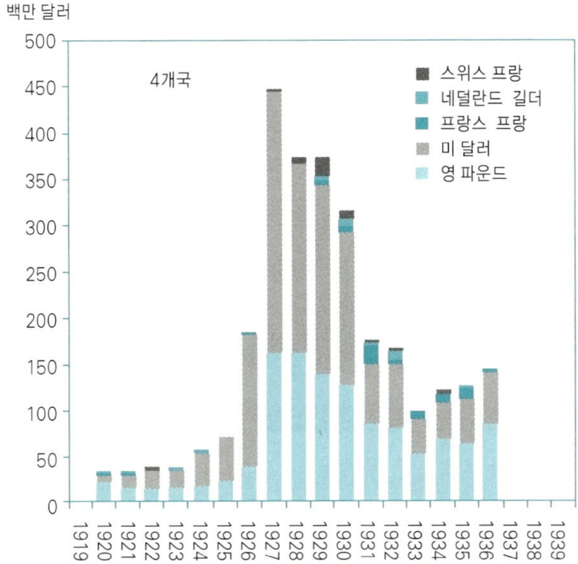


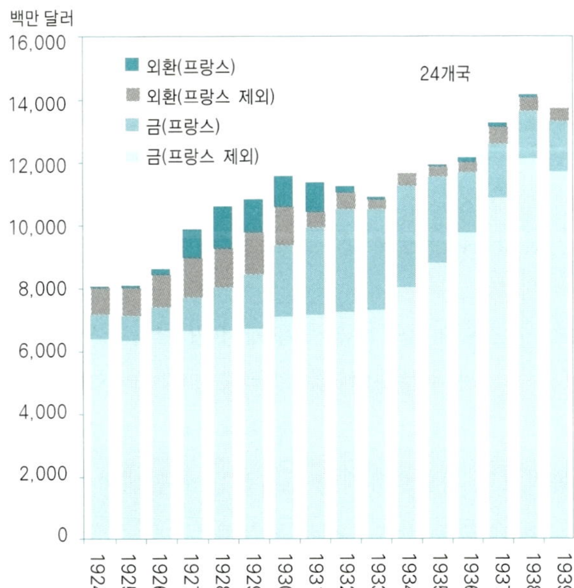


자료: Barry Eichengreen & Marc Flandreau, *The Rise and Fall of the Dollar*, 2008.

비통화를 도입하자고 주장한다. 특정국 통화의 불균형 문제의 근본적 해결책으로 초국가적 기축통화체제를 도입하자는 생각이다.

그러나 과거에 영 파운드에서 미 달러로 기축통화가 전환되는 상황에서 기존 영 파운드를 외환보유액으로 보유하던 국가들에 문제가 나타난다. 영 파운드 부채를 해결하기 위한 논란이 계속되었던 것처럼 기축통화의 전환에는 수많은 논쟁이 지속될 가능성이 높다. 더 큰 혼란은 중앙은행들이 미 달러화를 초국가적 기축통화로 전환하는 과정에서 미 달러화의 가치가 폭락할 거라는 데 있다.

한편으로, 미 달러화에 대한 신뢰 저하가 누적되어 여타 주요국 통화로 기축통화 기능이 분산될 거라고 보는 견해가 있다. 미 달러화가 기축통화의 지위를 유지하되, 유로화나 위안화 등의 위상이 현저히 높아지면서 복수의 통화가 기축통화 기능을 담당한다. 또한 걸프지역의 단일통화 창설, 중남미의 역내교역에 자국통화 활용 등 권역별 공동통화 이용이 확산될 수도 있다.

2007년 말경 본격적 금융위기가 다가오기 직전, 브라질 출신의 슈퍼모델 지젤 번천이 모델료를 달러 대신 유로화로 달라고 계약사에 요구한다. 달러의 약세와 유로의 강세에 따른 요구였지만, 얼마 후 국제적 금융위기로 달러는 유로에 대해 강세를 보인다.

당분간은 현실적 대안이 없는 상황에서 미 달러화가 앞으로도 기축통화의 지위를 유지하는 가운데 국제준비통화로서의 역할을 수행할 것으로 보는 견해가 우세하다. 각국 중앙은행들이 외환시장 개입과 대외지급 등의 목적으로 외환보유액을 보유하는 측면에서 본다면 미 달러화 비중을 급격히 감축할 가능성은 매우 낮다.

이것은 호테가 써온 토끼와 거북이의 후속편이다. 그러면서 어디서 구했는지 초등학교 국어책에 나온 그림까지 가져왔다.

**토끼와 거북이와 달팽이**

글쓴이: 호테

토끼와 거북이의 경주에서 거북이가 이겼다는 소문이 이 마을 저 마을로 널리 퍼졌다. 동네 토끼들이 수군대는 꼴을 보기 싫어 토끼는 집 밖으로 나가지도 않고 쌓인 분을 삭이고 있었다. 홈 앤드 어웨이 방식으로 또다시 경주를 신청할까도 생각했으나 헤엄을 배우지 못한 게 한스러웠다. 더구나 거북이를 따라나선 옆 마을 토끼가 간을 송두리 채 뺏기고 반죽음이 되어 돌아왔다는 흉흉한 소문도 있던 터다.

그러던 어느 날 대문을 두드리는 소리가 들려 밖에 나가보니 달팽이가 서 있었다. 달팽이는 토끼에게 대뜸 자기랑 한번 경주하자고 말했다. 화가 머리끝까지 난 토끼는 달팽이를 냅다 발로 걷어찼다.

그런 일이 있은 후 한 1주일쯤 지났을까. 또다시 대문을 두드리는 소리가 들렸다. 문을 열자 달팽이가 단숨에 달려온 듯 숨을 헐떡거리며 씩씩거리고 있었다. 그러면서 방금 전에 나를 발로 찼던 토끼가 너냐고 물었다.

**반장** 누가 써 준거냐?

(나는 '1주일쯤'이라는 단어에 빨간색연필로 밑줄을 그으면서 물었다.)

**호테** 선조님으로부터 대대손손 물려받은 저의 아버지의 창조성과 어머니의 독창성이 한데 어우러진 작품입니다. 그런데 거북이와 달팽이 다음 상대로 당나귀를 넣을까 하다가 관두었습니다.

**반장** 왜?

**호테** 당나귀는 험한 낭떠러지 길을 걸어도 결코 발을 흐트러트리지 않을 정도로 균형 감각이 특출합니다만, 경주에 기필코 이기겠다고 욕심을 부려 발목이라도 다치면 안 되거든요. 당나귀가 스캔들에 휩쓸리지 않도록 저는 늘 항상 언제나 곁에서 보호해야 한다는 숙명적 의무가 느껴집니다.

반장 그러려면 지금 당장 사인을 한 장 받아 두지 그래.

(그러면서 둘이서 큰소리로 웃자 나귀가 무언가 눈치를 채고 말했다.)

나귀 사인이라니요?

반장 응. 지난주에 나귀가 전화 받으러 간 사이 둘이서 나누었던 일본에서 일어난 이야기인데 어떤 스토커가 여자 탁구선수에게 사인해 달라고 내미는 종이를 보았더니 혼인승낙서였다나?

나귀 돈키호테 같은 분이 스페인하고 한국에만 있는 줄 알았더니 일본에도 있어요?

호테 이런 이야기에 나오는 주인공을 다른 나라나 조직이나 사람으로 바꾸어보면 재미있는 이야기로 전환될 수 있습니다. 예컨대 토끼는 시장참가자, 거북이는 금융정책당국, 달팽이는 입법기관처럼 말입니다.

반장 자! 토끼와 거북이와 달팽이 이야기를 우리끼리 휴대폰으로 문자를 보낸다고 하자. '달팽이가 다시 토끼를 찾아올 때쯤 명동에서 만나자. 장소와 시간은 나중에' 라고 보내면 무슨 말인지 알 수 있겠지?

호테 그거야 참 쉽죠. 1주일 후 만나자는 이야기 아니겠습니까?

반장 오케이! 굿! 나이스!

(그러면서 나는 엄지손가락을 치켜세웠다.)

반장 '토끼처럼 머물러라' 라고 문자가 간다면?

나귀 밖으로 쏘다니지 말고 방에 콕 박혀있어라? 그런 의미이지 않나요?

(호테가 나이스! 굿! 하면서 내가 했던 것처럼 손가락을 치켜세워 맞장구쳤다.)

반장 '우리들만의 대화'를 만들어 가고 있는 중이다. 토끼와 달팽이와의 관계를 우리 세 사람만이 알고 있는 이야기라는 거지. 우리를 제외한 다른 사람들은 '토끼처럼 머물러라 = 집 밖으로 나다니지 말라' 라는 의미로 받아들이는 사람은 아무도 없을 거다.

나귀가 요약하여 적어온 글은 황순원 작가님의 단편소설 〈소나기〉였다. 어느 토요일, 소년과 소녀는 황금빛으로 물든 가을 들판을 달려 산 밑까지 간다. 가을꽃을 꺾으며 송아지를 타고 놀다가 소나기를 만나 수숫단

속에 들어가 비를 피한다. 내려오는 길에 물이 불은 도랑을 소년은 소녀를 업고 건넌다.

어느 날 소녀를 다시 만났을 때, 소녀는 그날 소나기를 맞아 지금까지 앓았다면서, 소년에게 업혔을 때 묻은 풀물자국이라며 분홍 스웨터의 앞자락을 보여준다.

소녀가 이사 가기 전날 저녁, 소녀에게 주려고 덕쇠 할아버지의 호두밭에서 몰래 딴 호두를 만지고 있는데, 마을에 갔던 아버지가 소녀의 죽음 소식을 어머니에게 전한다. 소녀가 자기가 입던 옷을 그대로 입힌 채 묻어달라는 말을 했다는 얘기와 함께.

나귀 인터넷을 뒤지다가 발견하였는데, 1953년 11월 〈협동〉이라는 잡지에 원제목이 〈소녀〉로 실렸답니다. 그런데 이 원본에는 마지막 부분이 조금 더 있다네요. (그러면서 나귀는 자기가 적어온 글을 내밀었다.)

소년
글쓴이: 나귀
다음 날 소년은 등에 풀물자국이 묻은 자기의 옷을 고이 개서 장롱 깊숙이 넣어둔다. 그리고 며칠 후 어머니한테 호된 꾸지람을 듣는다. 빨지도 않은 옷을 왜 장롱 속에 넣어 두어 아버지 옷에까지 땀 냄새가 배도록 만들었냐고 …

호테 정말 청순하고 가련하면서 낭만적인 이야기입니다. 그리고 나귀 씨 아니면 누가 감히 이런 클라이맥스를 생각해낼 수나 있겠습니까? 소년의 애틋함이 모든 이의 심금을 울리는 대전환적 결말입니다. 작가가 이 글을 읽는다면 아마도 …

반장 아마도?(또 반전에 반전을 거듭할 모양이다.)

호테 이 여류작가를 수제자로 삼았을 것입니다.

(나귀의 풋 하는 웃음소리가 터져 나왔다.)

호테 그런데 이 이야기를 더 진척시켰더라면 좋았을 텐데. 그 후 소년은 소녀를 잊지 못해 검은 머리가 파뿌리가 되도록 독신으로 살았다는 이야기가 이 마을에 아직도 전해오고 있습니다. … 어떻습니까?

나귀 전설의 고향 쓰세요?

반장 나귀의 글에는 자기의 의도와 기대를 주변의 상황이 받아주지 않을 경우도 있다는 것을 넌지시 암시해 주는 것 같아.

호테 그렇게 깊은 뜻이! 반장님의 인생에 대한 심오한 해석은 세상 어느 누구도 따라갈 수 없을 겁니다.

(호테가 맞장구를 쳤다.)

반장 내가 말하려는 의도는 인생을 논하려는 게 아니고 금융정책당국이나 시장참가자들의 의지와 기대와는 딴판으로 시장상황이 갈 수 있다는 거지.

호테 반장님의 시장에 대한 심오한 해석은 세상 어느 누구도 따라갈 수 없을 겁니다.

(호테가 한 단어만 바꾸었다.)

2010년 5월 1일 토요일

## 5. 변동환율제의 국제외환시장

### 변동환율제의 도입과 환율싸움

1973년 10월 제 4차 중동전쟁으로 제 1차 오일쇼크가 발생하면서 유가가 1배럴당 약 3달러에서 약 12달러로 4배나 상승한다. 이로 인해 석유의존도가 높은 서독과 일본의 무역수지가 악화되면서 미 달러가 강세를 나타내기 시작한다.

이후 미 달러가 약세를 보이면서 대규모 달러매입 포지션을 갖고 있던 미국과 스위스와 독일의 은행 등은 거액의 환차손을 입게 된다. 이에 미국의 프랭클린 내셔널 은행이 파산(1974년 5월)하고 자본금이 7천만 마르크밖에 되지 않았던 서독 헤르슈타트 은행이 수억 마르크 환차손을 입으면서 파산하게 된다.

헤르슈타트 문제는 국제적 분쟁으로 이어진다. 시차문제로 인하여 결제 중에 있던 자금이 부도처리 된다. 1975년 G10 중앙은행 총재들은 BIS협약으로 유동성 감독은 현지의 감독당국이, 지급능력 감독은 본국의 감독당국이 감독하기로 한다.

1977년과 1978년에 미국의 경상수지는 다시 적자를 보이면서 미 달러의 약세가 지속된다(〈그림 1-16〉). 서독과 스위스는 미국이 석유수입으로 생긴 무역수지 적자를 미 달러약세로 대응하고 있다고 비난한다. 그러면서 미국에게 석유소비를 감축하라고 요구한다. 이에 대해 미국이 무역 흑자국들에게 교역시장을 폐쇄적으로 운용하지 말라고 대응하면서 무역수지 적자국과 흑자국 간의 대립은 격화된다.

〈그림 1-16〉 미국의 경상수지

자료: BEA.

〈그림 1-17〉 미국의 물가와 정책금리

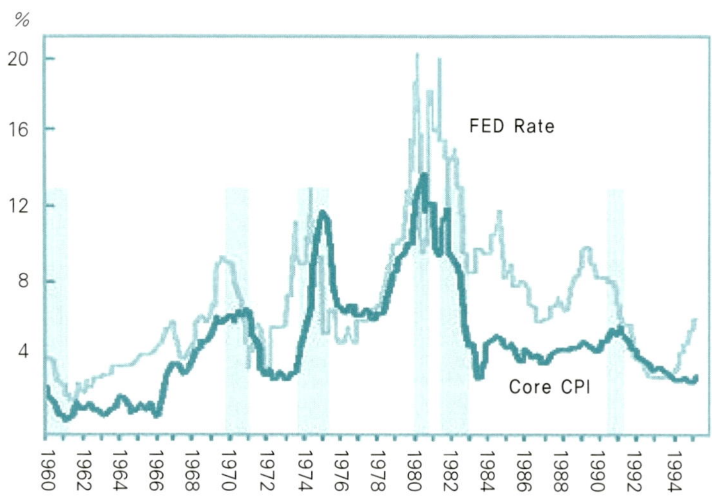


자료: U.S. Department of Labor & FRB.

미 달러의 약세에 따른 해외 수입품 가격의 상승으로 미국은 물가상승의 압력을 받게 된다. 미국이 인플레 억제대책으로 정책금리를 인상함과 아울러 각국이 연일 달러매입에 개입하였으나 미 달러약세는 계속된다. 이에 따라 미 카터 대통령은 달러방어책을 발표하게 된다(1978년 11월 1일). 외환시장에서의 협조개입 강화, IMF준비금과 국가간 통화스왑으로 외환시장에의 개입자금 조달, 정책금리와 예금지급준비율 인상 등이 이 방어책의 주요 내용이다.

1979년 이란혁명으로 팔레비 국왕의 정권이 무너지고 이란의 석유수출이 중단되면서 6월에는 OPEC이 석유가격을 인상하는 제 2차 석유파동이 일어난다. 이후에도 호메이니가 이끄는 이란과 후세인이 이끄는 이라크의 대립은 1980년부터 8년간이나 전쟁을 이끌면서 중동의 정세는 불안정한 상태를 지속한다.

미국 경제는 석유파동에 따른 고유가로 인해 인플레와 실업률이 상승하고 경기불황이 닥치면서 스태그플레이션에 빠져든다. 이에 1979년 10월 FRB의 의장이 된 폴 볼커는 신 금융긴축방식을 도입하고, 인플레 억제를 위해 통화량을 감축하는 방식으로 인플레에 대응하자 시장금리가 무려 19%대까지 상승한다(〈그림 1-17〉).

한편, 오일쇼크 이후 미 달러는 여타통화에 대해 강세를 보인다. 이러한 미국의 고금리 상황은 미 달러를 강하게 만든다. 여기에 더하여 시장위기가 발생하면 언제나 그랬듯이 떠났던 돈들이 미국으로 다시 되돌아온다. 그러면서 달러는 더욱 강해진다. 이로 인해 미국 기업의 제품들은 팔리지 않고 대외경쟁력을 상실한다. 경기가 다시 침체하기 시작하는 더블딥의 요인으로 작용한다(〈그림 1-18〉).

전후 미국의 역사상 더블딥은 단 한차례밖에 없었다고 한다. 1979년 제 2차 오일쇼크에 뒤이은 1980년대 초의 경기침체이다. 당시의 금융시장에는 20%에 육박하는 매우 높은 금리수준으로 장단기금리가 역전된

〈그림 1-18〉 미 달러 무역가중 실질환율

자료: FRB.

〈그림 1-19〉 미국의 장단금리 역전과 경기침체

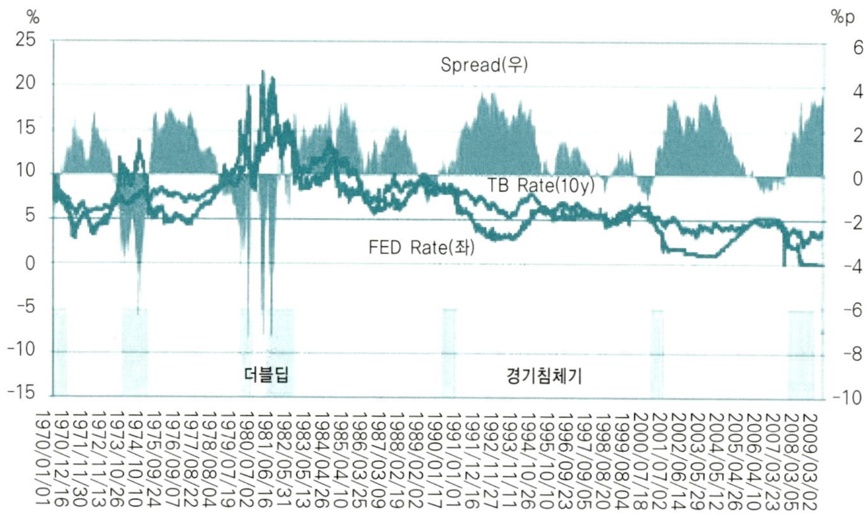


자료: FRB 등.

상황에서 경기침체가 발생한다. 금융긴축 이후에는 경기침체가 뒤따르게 된다(〈그림 1-19〉).

장단금리가 역전되고 금융기관의 경우 단기로 자금을 조달하여 장기로 운용하면 역마진이 발생하는 어려운 상황이 된다. 그리고 가계부문에서 보자면 높아진 금리로 소비보다는 저축을 우선하게 된다. 기업의 경우 시설에 투자하기보다는 금융자산에 여유자금을 운용하는 유인으로 작용한다. 빚을 낸 가계나 기업은 이자부담이 커진다.

1981년 발족한 레이건 정부에서는, 민간경제가 살아나면 세금수입이 확대되어 재정수지가 흑자로 전환된다는 레이거노믹스가 지배하면서 미국은 대폭적 감세조치를 취하고 이에 따라 발생하는 재정적자는 정부채 발행으로 메우게 된다. 레이건 정부는 달러가 미국으로 유입되도록 고금리 정책으로 전환하고 강한 달러정책으로 전환한다. 해외투자가들이 미국에 투자하도록 자본시장에 다양한 투자상품을 제공하는 정책을 편다. 이와 함께 정부채 매각을 순조롭게 하기 위해 외국인이 미 정부채를 사면 발생이자에 대해 비과세 조치를 하여 미 정부채를 매입하도록 한다. 당시 금리가 일본이 5% 정도이고 미국이 10% 정도 수준인 상황에서 일본의 금융기관과 투자가들은 이를 대단히 환영한다.

일본의 투자가들이 미 정부채를 매입하면서 미국으로 자금이 유입되자 미 금리가 급격히 하락하면서 미 정부채 가격은 급등한다. 반면, 일본에서는 엔 자금이 미국으로 유출되면서 1달러당 170엔 대였던 엔 환율이 1982년에는 250엔 대까지 약세로 전환된다. 이러한 일본 엔의 약세로 일본제품의 국제경쟁력이 높아지고 일본기업의 무역흑자가 커지는 상황으로 전개된다(〈그림 1-20〉).

이러한 과정에서 외환시장에서 하나의 변화가 일어난다. 1970년대에는 무역수지가 환율에 크게 영향을 미쳤으나 1980년대는 경상수지와 함께 대외 주식 채권투자 등 자본수지가 환율에 크게 영향을 주는 상황으로

〈그림 1-20〉 일본의 환율수준과 무역수지

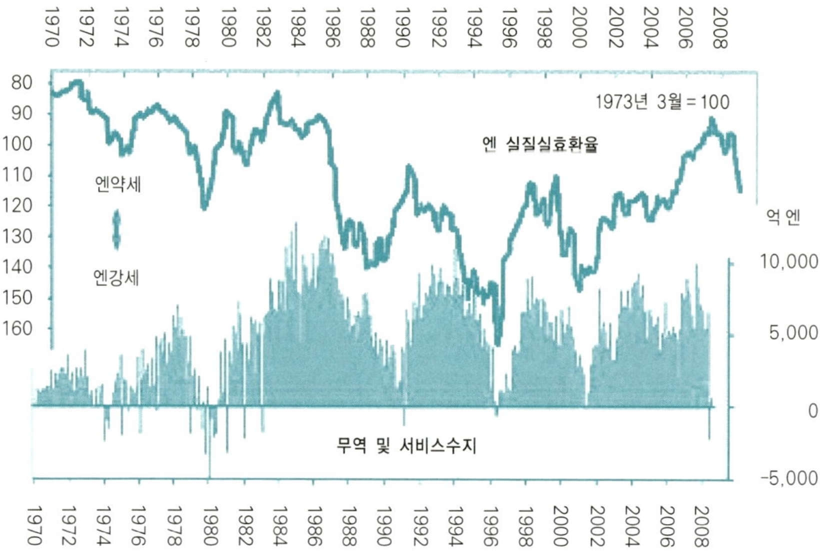


자료: 일본은행.

바뀐다. 이는 무역거래보다 자본거래가 비중이 커진 데 기인하며, 무역수지보다는 금리수준과 통화량이 환율에 미치는 영향이 더 커지게 된다.

한편, 1980년대 오일산유국은 원유가격의 상승에 따른 경상수지 흑자로 대량의 자본을 축적한다. 그리고 이 자본이 런던의 유로달러시장에 예금형태로 유입되면서 유로시장을 팽창시킨다. 이 유로자금은 멕시코, 브라질, 아르헨티나 등 라틴아메리카 신흥 개도국에 변동금리의 신디케이트론 형태로 대출된다.

그러나 이러한 자금유입에 뒤이은 급격한 유출은 라틴아메리카의 위기를 불러온다. 1982년 멕시코와 브라질의 누적 채무문제가 발생한다. 멕시코 페소가 폭락하여 외환시장이 폐쇄되고 채권국에 원리금 지불의 연기를 요청한다. 멕시코 위기는 이탈리아 리라의 매각 분위기로 확산된

〈그림 1-21〉 주요국 환율의 변동

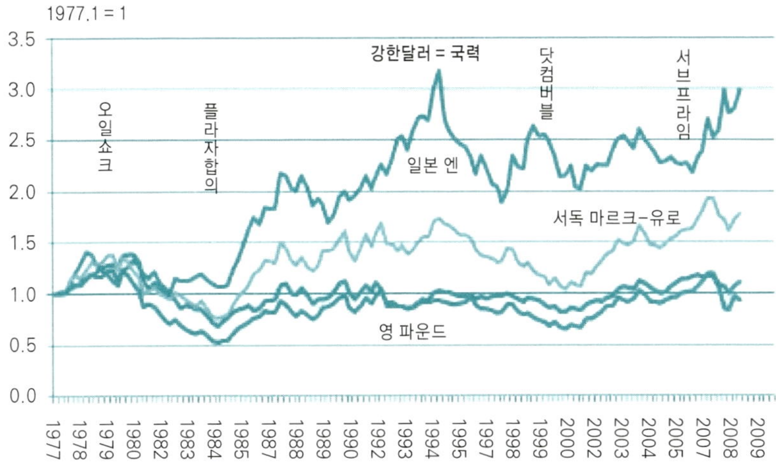


자료: 한국은행.

다. 또한 외환시장에서 멕시코 위기를 NAFTA 위기로 보는 시각 때문에 가맹국인 미 달러와 캐나다 달러를 매각하려는 분위기로 흐르게 된다.

멕시코의 주 채권자는 미국, 유럽, 일본 등의 금융기관으로 최대 채권자인 미국계 은행의 도산 가능성이 커지자 미국정부가 움직이기 시작한다. IMF, BIS, 각국 중앙은행이 남미채무의 리스케줄링, 추가 대출, 채권의 증권화 등 국제적인 지원방안을 모색한다.

1990년대를 일본의 잃어버린 10년이라고 하는 것처럼 1980년대를 라틴아메리카의 잃어버린 10년이라고 한다. 라틴아메리카는 이후 1990년대에도 두세 번의 금융위기를 더 겪는다.

석유 위기 후, 일본과 서독의 무역흑자 확대는 무역마찰을 초래하는 상황으로 번지게 된다. 1985년 9월 미국은 주요국들과 플라자합의를 이끌어낸다. 서독과 일본이 외환시장에 개입하여 자국통화 강세와 미 달러 약세를 유도하자는 환율정책에 상호 협조하기로 합의한다.

1980년대 후반에는 엔의 강세에 힘입어 일본의 생명보험, 투자신탁, 연기금 등이 국제금융시장에서 거대한 자금거래를 지속한다. 싱가포르의 MAS 등 아시아 통화당국과 소련의 국영은행도 외화자산의 적극적 운용을 위해 국제외환시장에서 활발히 거래한다. 이때 몽골 중앙은행이 통화옵션거래로 큰 손실을 입는 사례도 발생하였다고 한다.

### 유럽의 통화위기와 유로화 탄생

1990년 10월 동서독이 통합하는 과정에서 통화통합 교환비율이 일정액 이상의 예금과 채권채무는 1대 2로 결정하고 여타는 1대 1로 교환한다. 이에 따른 통화량의 급증으로 심각한 인플레 우려가 발생하자 독일은 고금리를 지속한다.

미국이 부동산 불량채권 문제(S&L문제) 해결을 위해 정책금리를 낮은 수준으로 유지하는 가운데 독일이 정책금리를 인상하자(1992년 7월) 미국과 독일의 금리차가 확대되면서 외환시장에서는 마르크를 매입하려는 움직임이 일어난다. 마르크의 고금리 운용의 불똥은 파운드화로 옮겨간다. 이에 따라 G7 회의에서 독일의 금리인하를 요구하기에 이르자 독일 연방은행은 정책금리를 0.25%의 소폭인하로 대응한다.

1992년에 이르러 헤지펀드의 소로스는 실물경제와 금융정책의 모순이 시장에 나타나면 즉각 공격하는 투자행태를 취한다. 소로스의 파운드 공격에는 10억 달러 상당의 파운드 매각이 있었던 것으로 알려졌다. 헤지펀드가 이러한 움직임을 보이자 헤지펀드에 대출해주던 투자은행들도 파운드를 매각하기 시작한다. 영란은행은 파운드 방어를 위해 외환시장에 달러를 매각하고 파운드를 매입하기 시작한다(〈그림 1-22〉).

1992년 9월 16일 영란은행은 금리를 12%까지 인상한 후 당일 15%로 또다시 인상한다. 이는 곧 다음 날 영국이 ERM을 탈퇴하고 재무장관이

〈그림 1-22〉 파운드화의 변동

자료: BOE.

사임하는 사태로 번진다. 그러나 이 평가절하를 계기로 영국은 수출이 증대하고 경기가 살아난다. 이날의 '블랙 웬즈데이'가 '화이트 웬즈데이'로 탈바꿈한다.

이 유럽 통화위기를 계기로 국제자금이 다시 신흥 개도국 마켓으로 방향을 바꾸어 이동하기 시작하면서 1990년대 중반 이후 중남미 위기와 아시아 위기의 단초를 제공하게 된다.

미국은 S&L문제로 저금리를 유지하다가 1994년부터 금리를 인상하기 시작한다. 1995년 미국이 강한 달러를 표방한 이래 경상수지 적자를 훨씬 초과하는 해외자금이 유럽과 일본으로부터 미국에 유입된다. 그리고 이 유입자금은 미국 채권 가격과 주식가격의 상승을 견인한다. 미국 채권이 자율이 하락하면서 가계의 주택매입과 기업의 설비투자를 자극한다.

미국은 1996년과 1997년에 해외에서 들어온 자금을 아시아와 중남미로 재투자한다. 신흥국의 주가와 부동산가격의 상승을 초래한다. 그러나 독일의 금융긴축과 함께 미국과 유럽의 금리차가 좁혀지자 미국에의 자

〈그림 1-23〉 통화통합의 역사

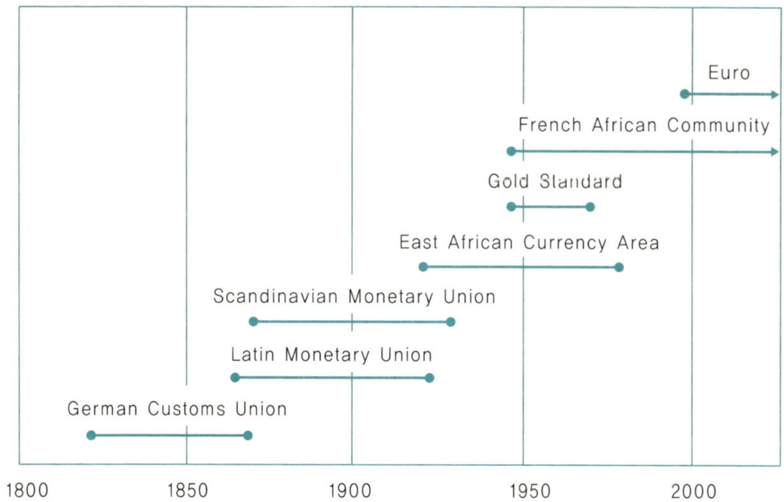


자료: *Financial Times* 등.

금유입이 감소한다. 이에 따라 미국투자가의 신흥국에 대한 투자가 감소하면서 아시아 금융위기의 촉발요인이 된다. 1998년에는 LTCM 사태와 러시아 디폴트 사태가 발발하면서 미국으로의 해외자금 유입이 더욱 감소하고 미국투자가의 유럽증권에 대한 투자도 감소한다.

한편, 1979년 ERM체제가 발족되면서 유럽통화의 변동체제인 스네이크는 미 달러에 대해 EC국 통화 변동이 ±2.25% 범위내로 제한되고 EC국 통화간 변동은 ±1.15% 범위내로 제한된다. 이 변동제한폭을 벗어나지 않도록 중앙은행은 시장에 개입하게 된다. 자국 환율이 정해진 상하한선을 넘어서려고 하면 금리를 올리거나 내리는 금리정책을 적극적으로 활용한다.

제 2차 세계대전 후 소련과 동구에 대한 위기의식에서 처칠에 의해 유럽의 통화통합이 제안(1946년) 된다. 그 후 유럽은 1992년 2월 네덜란드 마스트리히트 회의에서 미국과 일본의 경제팽창에 대한 위기의식에서

출발하여 통화통합을 추진한다. EC는 단일통화를 실현하기 위해 회원국이 경제지표를 일정목표로 수렴하자는 결정을 내린다.

> 영국은 유로시장에 참가를 원하지만 단일통화에는 관심이 없었다. 미국인들도 유로통화에 대해 별 관심이 없었다. 뉴욕에서 열린 유로통화 도입에 관한 한 세미나에서 단 한 명의 청중만이 듣고 있었다. 강사가 강의를 마치고 나가려는 순간 그 청중이 강사에게 말했다. 다음은 내 강의이니 당신이 들어줄 차례라고.

1999년 1월 유로화의 도입 이후 유로화는 미 달러에 대해 약세를 나타낸다. 유로표시 채권의 발행이 급증하고 여기서 조달된 자금이 이자율이 높은 미 국채권의 매입으로 이동한다.

중앙은행이 보유한 외환보유액과 금융기관과 기업들이 보유한 여타 유럽국가의 통화자산이 자국통화로 전환됨으로써 투자 포트폴리오를 다변화할 필요성이 제기된다. 예를 들면 프랑스에서 보유한 독일 마르크 자산은 유로표시 자산으로 전환됨으로써 국내투자 성격으로 변한다.

통화통합에 따른 참가국간 환율변동이 사라지면서 유로권의 장단기 금리가 독일 장단기금리 수준으로 수렴한다. 이 과정에서 일어난 현상 중 하나는 투자가들이 독일 마르크 채권을 팔고 유로참가국의 채권을 매입하여 이익을 얻는다는 것이다.

그동안 기관투자가에게는 외국증권투자가 제한되었으나 통화통합에 의해 환위험이 사라지자 국내주식과 채권처럼 역내국 주식과 채권에 투자하게 되고, 개인투자가들도 여기에 가세한다.

> 1980년대 후반 유로통화의 도입에 회의적이던 독일 연방은행 총재는 유로통화 도입에 열을 쏟는 프랑스 중앙은행 총재에게 통합된 통화의 이름을 프랑스 통화인 프랑에 연계시키자고 말한다. 그리고 이 새로운

통화가 강해지도록 통화이름을 프랑 포르트(Franc fort: 불어로 강한 프랑이라는 뜻)로 하자면서, 유럽 중앙은행의 본점을 프랑크푸르트(Frankfurt)에 둘 수밖에 없다고 제안한다.

## 원화와 위안화 환율의 움직임

아시아 통화로 눈을 돌려보자. 중국 위안화는 미 달러에 대해 조금씩 강세를 취해오다가 서브프라임 사태에 따른 국제 금융위기 기간에는 거의 움직이지 않고 있다. 바스켓 환율제도인데 왜 이런 현상이 나타날까?

한국도 1980년대에 바스켓 환율제도로 환율결정을 운용한 적이 있다. SDR을 포함한 주요국 통화 바스켓에 대한 미 달러의 가치변동을 원화 환율변동에 반영하여 매일 아침 미 달러당 원화 환율을 고시한다. 미 달러화 가치가 통화 바스켓에 대해 상승하면 그만큼 원화에 대해서도 상승한다고 본다. 그리고 원화의 대 마르크나 엔 환율 등은 국제외환시장에서 형성된 미 달러와 이들 통화의 환율로 환산하여 고시한다.

환율의 안정적 운용이라는 명목으로 환율변동의 제어장치가 있다. 통화바스켓에 대해 미 달러가 1% 상승했다 하더라도 변동분의 반만 반영하여 0.5%만 상승시킬 수 있다. 또는 환율의 최대 변동치를 설정하여 ±2% 이내로만 움직이도록 할 수 있다.

여기에 통화의 약세를 도모하려면 비대칭적 제약조건을 둔다. 통화바스켓에 대한 미 달러 가치상승을 통화 환율에 70%를 반영하고 미 달러 가치하락을 통화 환율에 50%만 반영한다. 또한 통화에 대한 미 달러 가치상승에 +2%의 제한폭을 두면서 미 달러 가치하락에 −1%의 제한폭을 두게 되면 점진적으로 통화 가치가 약세의 방향으로 움직인다. 통화가 점진적으로 강세를 나타내려고 하면 이러한 환율변동의 제어장치를 반대로 하면 된다.

우리나라는 외환위기를 맞으면서 1997년 12월에 환율제도를 예전의 관리변동환율제도에서 자유변동환율제도로 변경하고 원화 환율의 1일 변동폭에 대한 제한을 폐지한다. 1999년 4월에는 국내거주자와 비거주자와의 차액선물환(NDF: *non-deliverable forward*) 거래를 허용한다. 이

〈그림 1-24〉 주요 아시아 통화의 변동

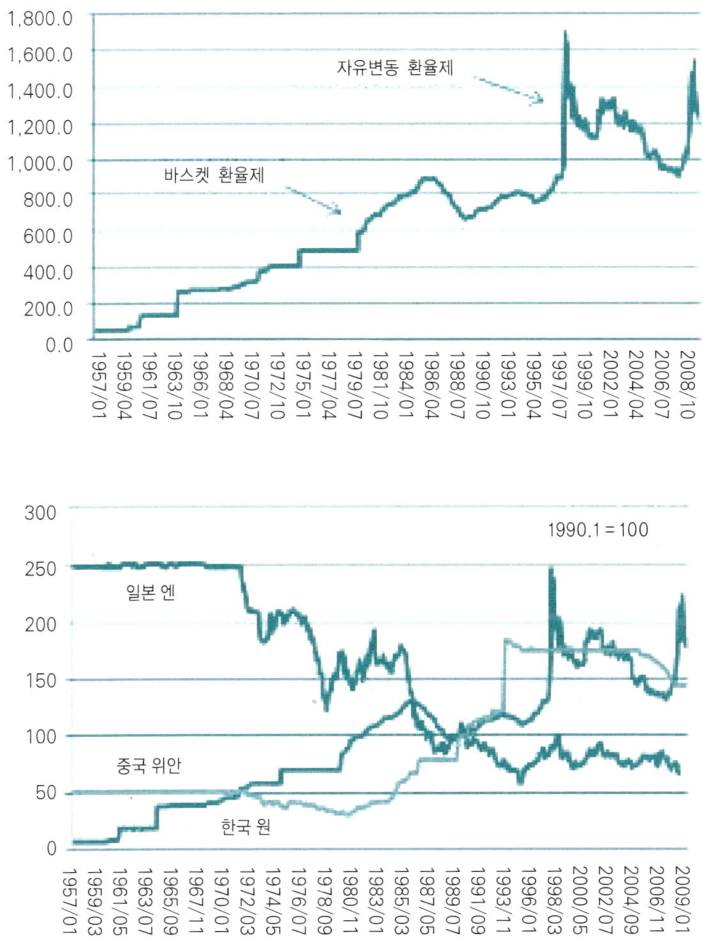


자료: 한국은행.

후 대외거래에서의 흑자상황이 지속되면서 외화유동성이 좋아지게 되고, 이로 인해 원화환율이 강세를 지속하자 해외투자를 점진적으로 자유화하여 해외로의 자본유출을 유도한다.

과거 1960~80년대 미국의 제품과 서독 및 일본의 제품이 국제교역시장에서 서로 경쟁할 때 미국은 이들 국가의 환율절상을 요구했다. 그 중에 대표적인 사건이 1985년 플라자 합의이다. 그러더니 10년 후 1995년 이후에는 강한 달러가 국익이라는 슬로건 아래 달러 강세정책으로 전환했다. 이제는 국제교역시장에서의 국가간 경쟁의 중요성이 그만큼 퇴조하고 환율에 의한 대외경쟁력 제고라는 과거의 논리가 약해졌다.

미국의 생산제조업체는 중국으로 진출했다. 위안화가 달러에 대해 강세를 취한다고 미국 제조업의 대외경쟁력이 되살아날까? 미국과 중국이 국제교역에서 서로 경쟁하는 상품이 없다면 위안화 대미 달러 환율은 미국에 별다른 의미가 없다.

한국과 일본은 지금도 국제교역시장에서의 서로 중복 또는 연관되는 품목이 많아 원화와 엔화의 환율변동에 대해 관심이 많다. 원화약세에 따라 한국은 어떤 품목에 있어 일본보다 수출경쟁력을 확보한다. 엔화 강세가 되면 한국은 일본으로부터 부품소재 등의 수입을 감축시킨다.

이제 그런 분들은 없지만, 과거에는 이러한 연유로 원화가 미 달러화에는 강세를 보이더라도 엔화에 대해서는 약세를 취하도록 할 수 없느냐는 질문을 많이 받았다. 이중환율을 운용할 시대가 아니다. 그렇다고 방법이 없는 것은 아니다. 외환시장에서 원화로 미 달러화를 대거 매입한다. 그리고 이 미 달러화로 엔화를 대거 매입해 일본에 투자하면 된다. 얼마만큼 이 거래를 해야 효과가 있을지는 나도 모른다.

한국의 상품과 미국의 상품이 경쟁하지 않는다면 미국이 한국에 대해 원화 절상을 요구할 필요가 없을 것이다. 저금리 달러의 캐리트레이드 상황이라면 원화가치가 낮을 때 한국에 증권투자를 해야만 더 많은 증권을 살 수 있다. 증권을 사고 난 뒤에 원화가 강세를 보이면 이자와 가격차익에 환차익까지도 얻을 수 있다.

## 6. 국제상품시장의 확대

### 기축통화에서 실물로 전환된 금

과거 금본위제에서 금은 화폐의 역할을 수행하기도 하였으나 브레튼우즈 체제 붕괴 이후에는 국제통화제도에서 금의 화폐적 가치가 상실되고 금 보유의 상징성도 크게 약화되었다. 그럼에도 불구하고 기축통화인 미 달러에 위기가 찾아올 때마다 금은 그 존재가치를 드러낸다.

대공황이 끝나갈 무렵인 1933년에 미국 루스벨트 정부는 금화, 금 증권과 금괴를 은행에서 지폐와 예금으로 모두 교환하도록 하고 민간의 금 보유를 금지한다. 그러자 금 가격은 1온스 당 약 20달러에서 35달러까지 상승한다.

1961년 유럽국가들과 FRB뉴욕이 금풀(*Gold pool*)을 결성하여 금의 공정가(1온스당 35달러)를 유지하고 달러의 가치를 안정시키기 위해 런던시장에 개입하여 금을 매각한다. 그러나 1969년 프랑스가 금 풀에서 탈퇴하면서 이 제도도 붕괴되고 만다.

그사이 런던 금시장에는 소련과 남아프리카 금이 대량 유입된다. 1968년 이후 금의 이중가격제로 인하여 금의 공식가격은 1온스당 35달러이지만 시장에서는 금 가격이 자유롭게 변동한다. 미국에서 35달러에 산 뒤 런던시장에서 49달러에 파는 거래도 나타난다.

1970년에 들어 미국의 금 준비가 급감하고 런던시장으로 미국의 금이 유출되자 미 달러가 폭락하고 금가는 폭등한다. 이에 닉슨 대통령은 금태환 정지를 발표(1971년 8월 15일) 하고 외국이 소유하는 달러와 금과의 교환을 정지시킨다. 프랑스는 금본위제를 고수하는 입장으로 미국과 사사건건 대립한다.

뒤이어 1974년 8월 포드정부는 금 해금법안에 서명하고 연말부터 국민들이 금을 가질 수 있도록 금 소유금지를 해제한다. 40년 만의 일이다. 그러자 금 가격이 1온스당 197.50달러까지 상승한다. 금 보유를 해금한 이유는 금태환 정지로 공적보유금의 축적이 곤란해졌기 때문이다.

같은 해 12월에는 COMEX 뉴욕상품거래소에서 금 선물거래가 개시된다. 선물시장을 창설한 의도는 향후 금본위제로 복귀하는 경우 금 가격의 지배력을 갖기 위해서라고 한다. 런던과 취리히가 주도권을 가진 현물시장에서 거액의 자금을 투입하지 않고 선물시장에서 소액의 증거금으로 금 가격을 지배할 수 있다고 판단한다.

1978년에 IMF는 협약조항을 개정(4월) 하여 금을 SDR의 가치기준에서 제외하고 금의 공식가격을 폐지하는 등 금의 통화적 역할을 제거한다. 이와 같은 조치로 금은 국제통화 체제에서 사실상 존재가치를 상실하면서 IMF 자산의 일부로만 존재하게 되고 금의 지위가 통화에서 실물상품으로 전환된다.

1979년 2차 오일쇼크 때는 금 가격이 급등한다(〈그림 1-25〉). 이어 1981년에 소련이 금 현물시장에서 대규모의 금을 매각한다. 곡물작황이 나빠 곡물수입대금 확보 목적이라고 이야기하지만 외채부담에 시달리는 폴란드를 지원하기 위해 매각한 것으로 알려졌다. 동서냉전 시대에 미국과 소련의 갈등이 심해진 가운데 당시 소련은 남아프리카공화국 다음으로 세계 금 생산국 2위로, 만약 금본위제로 복귀하게 되면 소련이 금시장을 지배할지도 모른다는 우려가 팽배해진다. 그리고 당시의 금 가격 상승을 그대로 방치하는 것은 소련을 도와주는 이적행위라고 말하는 사람도 있었다고 한다.

〈그림 1-25〉 금 가격 추이

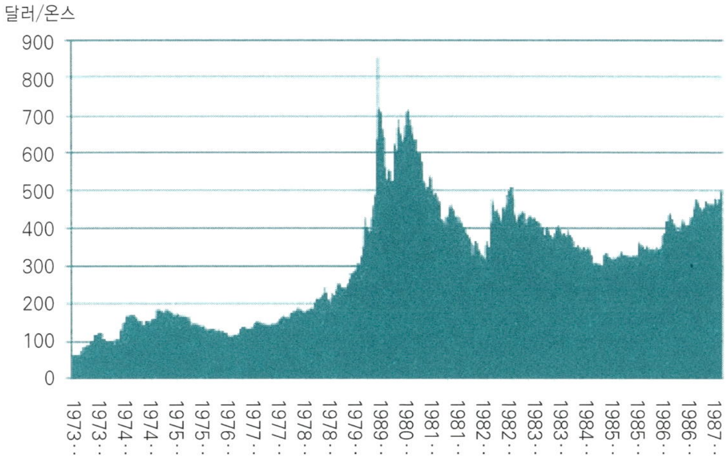


자료: 한국은행.

이후 금 가격은 급격한 하락을 맞는다. 금 생산이 증가함과 동시에 채권시장에서 채권이 높은 이자율로 거래되어 금 보유의 실익이 사라졌기 때문이다. 그러나 IT버블붕괴와 서브프라임 사태 이후 시장위기를 지나면서 끝없이 상승하고 있다.

금은 모든 통화에 대해서도 강세를 보인다. 금이 시장에서 존재가치를 회복하면서 금의 지위가 날로 상승한다. 이러한 현상은 앞으로 각국의 금리가 상승하고 강한 통화가 나타날 때까지 지속할 것으로 보인다(〈그림 1-26〉).

한편 전세계 공적보유금의 대부분은 과거 금본위제에서 축적되었으며 1980년까지는 미국 연준의 금 보유량이 감소하고, 대신 유럽 중앙은행의 금 보유량이 증가했지만 1990년 이후에는 보유규모가 감소하는 추세이다. 이는 금본위제 폐지로 통화정책 측면에서 금 보유 필요성이 사라진 데다 외환보유액 운용에서 수익성 증대 요구가 높아졌기 때문이다(〈그림 1-27〉).

〈그림 1-26〉 금 가격 대비 주요 통화의 가치변동 추이

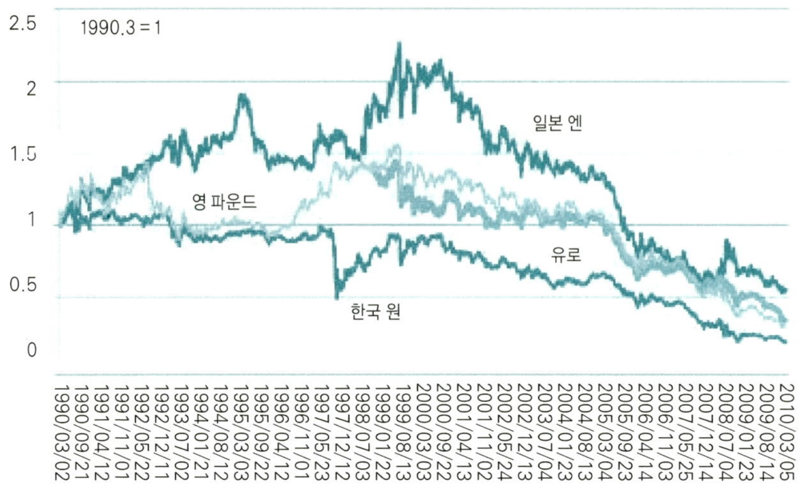


〈그림 1-27〉 공적보유금 추이

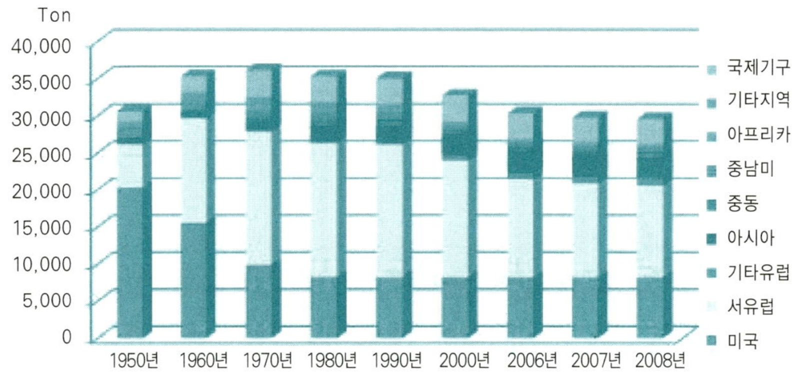


자료: IMF.

전세계 중앙은행 및 국제기구가 보유한 공적 보유금은 총 약 3만 톤으로, 이 중 75% 이상을 미국 및 유로지역 중앙은행과 BIS가 보유하고 있다. 일본과 중국 등 아시아지역 중앙은행들의 금 보유 규모는 상대적으로 작다. 외환보유액에서 금이 차지하는 비중도 미국과 유로지역 등은 매우 높으나 아시아 국가들은 전세계 평균에 비해 크게 낮은 수준이다. 미국 및 유로지역의 금 보유 비중이 높은 것은 과거 금본위제 운용에 따른 결과이며 자국 화폐가 대외 교환성이 있으므로 외환보유액 규모를 상대적으로 작게 유지하는 데에도 기인한다.

1990년대 서유럽 중앙은행들은 보유금을 대량 매각한 후, 1999년에 국제 금 가격 안정을 위하여 금 매각을 제한하는 '워싱턴 협약'(Central Bank Gold Agreement)을 체결한다. 15개 중앙은행이 향후 5년간 금 매각 규모를 연간 총 400톤 이내로 제한하자는 데 합의하고 국별 매각한도를 설정한다. 이 협약은 2004년부터 다시 5년간 연장한다.

아시아 중앙은행들은 외환보유액 규모의 급증에도 불구하고 보유금 수준을 소폭 증가시켰다. 최근 금시장에서는 상대적으로 적은 금을 보유한 아시아 중앙은행에 주목하면서, 향후 금매입 가능성에 대해 상당한 관심을 보이고 있다.

우리나라의 보유금은 IMF 금공매를 통하여 최초 매입하고, 이후 국내보유금의 국외 이관 등에 따라 조금씩 증가했다. 1998년 외환위기에 국내에서 "금모으기 운동"으로 수집한 금의 일부(약 3톤)를 정련하여 국외 보유금으로 전환했다.

금은 수익의 대부분을 가격변동에 의존하므로 안정된 수익률을 보장할 수 없다. 그리고 금 투자수익률의 변동성은 채권에 비해 훨씬 높은 수준이다. 금은 채권, 주식, 통화 등 금융상품에 비해 거래규모가 매우 작으므로 유동성이 상대적으로 취약하다. 이에 따라 긴급 시 대량 매각하거나 대규모로 금을 매입하는 것이 사실상 용이하지 않다.

금은 이자수입이 없어 채권투자에 비해 상당한 기회비용이 발생한다. 국제금융시장에서는 보유금을 일정기간 대여하고 그에 따른 대여이자를 수취하는 금대여 거래가 이뤄지고 있으나 그 이자수준은 그리 크지 않다. 그러나 금 가격이 상승세로 반전된 2001년 이후 금에 대한 투자수익률은 주요국 통화의 채권투자수이률을 상회한다.

금은 부패와 마모의 위험이 거의 없는 실물자산으로서 채권 및 주식 등과는 달리 발행자와 관련된 신용위험이 전혀 없다. 전쟁 등 국제정세 불안은 오히려 금 가격의 상승요인으로 작용한다.

또한 장기적으로 금 가격이 상승하는 구조적 요인이 있다. 금 가격 상승의 추진력은 국제적 과잉유동성이다. 중동의 오일 머니와 중국과 인도 등 아시아 머니, 각국의 연기금이다. 중국과 인도의 국민들은 금을 좋아하여 꾸준히 금을 매입하는 상황이고 중동의 국부펀드들은 분산투자 차원에서 운용자산의 일부를 금에 투자하고 있다.

**선생** 중앙은행이 보유한 금에서는 이자나 배당이 발생하지 않아 금 가격이 오르지 않으면 수지가 맞지 않는다. 또한 다른 금융상품에 비해 거래되는 규모가 작아 시장에서 사고파는 데 어려움이 있다. 그러나 여기서 발상을 전환하여 중국이나 인도처럼 개인들이 금을 좋아하는 나라일 경우 중앙은행이 보유한 금을 시장에 내다팔면 어떤 효과가 있나?

**나귀** 보유한 금을 내다팔면 그만큼 시장에 풀린 돈을 거두어들일 수 있겠습니다.

**선생** 그렇지. 개인들이 금을 보유하면 실물자산이나 주식이나 부동산에 흘러가는 그만큼의 과잉유동성을 회수할 수 있다. 그러면 지금처럼 돈을 거두어들이기 위해 중앙은행이 발행하는 증권의 이자를 줄일 수 있다. 수익은 나지 않지만 비용은 줄일 수 있다는 이야기이다.

**호테** 다시 그럴 리는 없겠지만 금융위기를 만날 때 국민들에게 금모으기 운동을 다시 전개하면 외환보유액이 많아집니다.

## 목재와 석탄에서 원유와 대체에너지로

인류의 진화역사와 에너지의 진화역사는 궤를 같이 하였다. 인류의 에너지가 진화하면 이에 발맞추어 기술의 발전과 혁신이 이뤄진다. 그리고 에너지 진화에 대응하여 산업 인프라를 구축하지 못하는 나라들은 도태되는 운명에 직면하게 된다. 국제금융도시 암스테르담이 쇠퇴한 이유 중 하나로 에너지 자원을 목재에 의존했기 때문이다.

역사적으로 에너지는 목재에서 석탄으로, 그리고 석유와 천연가스로 전개되었다. 최근에 이르러 유가상승과 환경문제로 2차 전지와 풍력과 태양력 등 대체 에너지에 대한 관심도 커졌다.

중세시대의 주된 에너지원이 목재이다 보니, 삼림이 황폐해지고 땔감이 부족해지면서 에너지 위기에 직면한다. 14세기 페스트 유행으로 유럽인구의 3분의 1이 감소되면서 에너지 부족이 다소 완화되기도 한다. 이후 15세기에 이르러 목재에 대체하여 석탄을 사용하게 된다.

19세기에는 영국이 석탄을 이용한 열에너지를 기계에너지로 전환하는 기술이 발전하면서 산업혁명의 원동력이 된다. 석탄을 연료로 하는 증기기관차를 운행하고 해군의 군함도 증기선으로 대체한다. 석탄운송을 위해 석탄산지에서 도시나 공업단지로 연결하는 운하와 철도가 이곳저곳에 만들어진다. 이 과정에서 많은 버블발생과 붕괴가 뒤따른다.

석탄회사들은 생산을 독점적으로 운영하면서 석탄가격을 높게 유지한다. 영국과 독일과 프랑스에서 석탄관련 산업이 발전하고 나중에 미국도 여기에 가세한다.

1901년에 미국의 텍사스 주에서 대량의 석유를 발견하면서 석유시대가 개막된다. 이 석유시대의 개막은 유럽의 석탄을 원료로 한 증기기관 산업에 타격을 가하기 시작한다. 1903년 헨리포드가 모델 A 자동차를 내면서 가솔린 내연기관이 등장하고 새로운 운수혁명의 첫발을 내딛는

〈그림 1-28〉 에너지의 사용

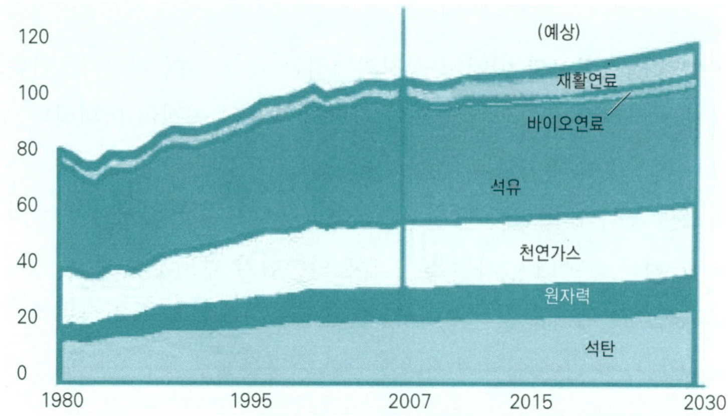


자료: IEA.

다. 이 혁명은 배와 열차와 비행기에까지 연결된다.

석유생산을 소수의 민간회사가 지배하고 나라들마다 국가안보를 위한 석유확보에 집중하면서 19세기 이전의 식민지쟁탈전이 20세기 이후에는 유전 쟁탈전으로 변모한다.

제 2차 세계대전은 석유확보를 위한 전쟁이라고 말해도 과언이 아니다. 독일은 중동과 소련의 유전을, 일본은 인도네시아의 유전을 겨냥한다. 독일은 U보트 잠수함으로 영국과 프랑스에 석유를 수출하는 미국의 석유탱크를 파괴하고 러시아의 스탈린그라드를 공격한다. 일본은 동남아시아 항로를 지배하기 위해 미국의 대일 석유금수조치를 계기로 진주만을 공격한다. 전후에도 이 에너지 자원의 문제는 국제적 금융전쟁의 한 축을 담당한다.

미국은 1946년부터 석유 순수출국에서 순수입국으로 변한다. 1948년 이스라엘 건국을 둘러싼 중동국의 반발로 미국과 이스라엘을 지지하는 국가에 대해 수출금지 경고로 이어진다. 1951년 이란이 미국과 영국의 석유회사를 추방하면서 석유산업을 국유화한다. 그리고 베네수엘라가 주도하여 이란, 쿠웨이트, 사우디아라비아 등과 함께 OPEC을 결성(1960년 9월) 한다. OPEC은 석유가격을 배럴당 2달러에서 10달러 이상으로 인상(1973년 10월) 한다. 그러자 OPEC에 대항하기 위해 구미의 주도로 석유소비국들은 IEA를 설립(1974년) 한다.

1979년 이란의 미국대사관 인질사건을 계기로 원유가격이 배럴당 34달러까지 상승한다. 그리고 중동으로 자금이 유입되면서 국제금융시장은 자금부족 상황으로 변한다. 유가상승은 석탄, 천연가스, 원자력으로 에너지를 대체하려는 움직임이 나타난다. 그 후 석유수요의 감소, 그리고 노르웨이, 영국, 미국, 소련의 생산증대로 유가는 1배럴당 10달러대 수준으로 다시 하락한다.

1990년 쿠웨이트가 석유를 증산하자 공급과잉으로 유가가 하락한다. 이에 반발한 이라크가 쿠웨이트를 침공하면서 걸프만 전쟁이 일어난다. 이 전쟁으로 인해 유가가 상승하고 세계적 경기불황이 닥치자 사우디아라비아가 석유 증산으로 유가를 떨어지게 하여 경기회복을 지원한다.

1990년대 후반 IT버블과 함께 전지자동차 버블도 함께 일어난다. 환경단체들도 이를 열렬히 지지하지만 2001년 버블붕괴에 직면한다. 가솔린보다 비싸다는 문제와 수소연료의 보급문제 등이 걸림돌이 된다.

국제원유가격은 베네수엘라를 중심으로 확산된 자원국유화와 자원민족주의 강화로 외국자본이 철수하고 이에 따른 원유생산설비투자와 유전개발이 지연되고 있다. 또한, 신규유전 개발이 어려운 가운데 원유생산비용 급등으로 유전개발의 경제성이 낮아진 것이 지속적 공급불안 요인으로 작용하고 있다.

특히, 석유 메이저의 퇴장과 구조조정으로 생산기술자가 부족한 상황에서 석유 메이저의 주주가 개인투자가에서 기관투자가로 이동한다. 기관투자가는 단기적 이익을 쫓다보니 신규유전 개발에 투자하기를 주저하는 상황이 된다.

인위적 공급감축에 기인하였던 과거 오일쇼크와는 달리 최근의 유가 상승은 신흥국의 수요증가와 여기에 미치지 못하는 공급능력 이외에도 투기자금의 유입 등에 기인한다. 헤지펀드와 연기금 등 글로벌 기관투자가들은 수익률을 제고하고 투자자산을 다변화하기 위해 원유 등 원자재 파생상품에 대한 투자를 지속적으로 확대하고 있다.

한편 1970년대 중반에서 1980년대 초반까지 거대한 오일머니가 외환시장을 움직이는 힘으로 작용한다. 석유거래는 대부분 미 달러로 결제되는데 미 달러 하락은 원유수출로 들어오는 산유국의 수입을 감소시킨다.

이란 혁명을 계기로 산유국들이 원유가격을 인상하자 산유국으로 흘러간 오일달러가 외환시장으로 다시 흘러나온다. 오일달러는 미 달러 매각에 의한 마르크와 엔자산을 매입하면서 달러가 폭락하게 된다. 이와 같이 오일머니는 자산가치 보존을 위해 여타통화로 분산하면서 미 달러는 약세를 나타내고 유가상승으로 각국은 심각한 인플레를 겪게 된다.

달러방어책과 제 2차 오일쇼크로 달러가 약세에서 강세로 전환되기는 하였으나 산유국들이 오일달러를 여타통화로 다시 전환함으로써 달러화 불안이 지속되고 오일달러로 인해 국제적인 과잉 유동성 공급을 초래한다. 이와 함께 미국은 소비자물가가 10%를 초과하는 인플레와 고실업률로 미경제에 대한 신뢰가 추락한다.

미국이 경상수지 적자가 지속되어 자금흐름이 현저히 악화된 가운데 유가가 상승하면 다른 나라에 비해 에너지 소비가 많은 미국은 무역수지가 악화되어 달러화를 절하시킨다. 특히, 원유에 대한 세율이 낮아 세계시장가격과 소비자가격 간 차이가 작아 유가상승의 영향이 여타 국가보다 크게 나타난다.

미국, 유럽, 아시아 등 오일소비국에서 오일생산국으로 소득이전이 일어나고 오일생산국은 이 자금을 자국의 인프라구축과 해외재투자로 활용한다. 해외에 재투자된 자금은 영국 등 국제금융시장을 경유하여

〈그림 1-29〉 국제 원유가격 추이

자료: 한국은행 & NBER.

〈그림 1-30〉 에너지 가격 추이

자료: IMF.

전세계로 환류된다.

중동 등 오일머니와 아시아의 무역머니 등 국제금융시장에 모여든 자금들이 정맥을 따라 심장으로 모이면 미국과 유럽이 이 자금을 동맥을 따라 배분하는 형태이다. 그러나 이 자금의 배분이 한편으로 쏠리게 되면 다른 한편은 자금부족의 어려움을 겪게 된다.

## 원자재 등 상품시장의 움직임

실물상품(*Commodity*)은 금융상품에 대비되는 개념으로 에너지, 광산물, 농·수·축산물, 임산물 등의 광범위한 실물자산을 의미한다. 수년간 원자재 가격이 급등함에 따라 전통적 금융상품인 주식과 채권의 대체 투자상품(*alternative investments*)으로 실물상품에 대한 투자가의 관심이 크게 고양되고 있다.

유가상승과 함께 옷의 원료인 면화와 양털의 값이 오르는 경로를 설명하라는 학기말 시험문제가 나왔다고 하자. 유가가 급등하면서 면직물과 모직물의 값이 오르는 것은 옷을 생산·제조하기 위해 전력을 사용하여 기계를 돌리는 등 코스트가 상승하여 옷값이 올랐다고 간단히 설명할 수 있다. 아울러 유가상승이 국내의 전반적 물가상승으로 이어지면서 여타의 원재료 값도 덩달아 오르게 된 거라고 답을 적었다면 과락은 면할 것 같다.

국제적 유가가 상승하자 옥수수로 바이오연료인 에탄올을 생산하는 사업의 채산성이 높아진다. 미국은 전세계 옥수수 생산량의 40%를, 전세계 수출의 70%를 점하고 있다. 미국은 옥수수 수출을 줄여 대체연료인 에탄올의 생산에 박차를 가한다. 에탄올 생산에 투입되는 옥수수의 수요가 많아지면서 옥수수의 값이 오른다.

여기서 유가상승이 면화와 양털 값에 파급되는 다른 경로가 나타난다. 농부들은 옥수수 값이 오르자 면화경작지를 옥수수경작지로 바꾼다. 그러자 면화의 생산량이 줄어들면서 전세계적으로 면화의 부족과 이를 원재료로 하여 만드는 면직물의 값이 오르게 되고, 대체재인 모직물의 값도 덩달아 뛰게 된다. 대두경작지가 옥수수경작지로 바뀌면서 콩 값도 뛰게 된다. 이정도의 답변은 B등급의 점수를 받을 것 같다.

이와 같은 파급경로를 이야기하며 면화와 양털 등 상품시장에 기관투자가나 헤지펀드가 등장한다. 채권의 가치나 기업의 가치에 따라 형성되는 이자율과 주가와는 달리 상품의 가치는 실제의 수요와 공급에 의해 가격이 결정되는 요인이 크다. 그런데도 실제의 수요와는 전혀 무관한 투기자금이 상품 선물시장에 등장하면서 상품가격은 계속 상승한다.

생산자 등이 보유하는 상품의 매도포지션은 만기에 해소되는 경향이 있다. 그러나 투기자금에 의한 상품 매입포지션은 해소되지 않고 만기재연장되면서 매입자 주도의 시장을 형성하여 상품의 가격을 상승시키는 요인으로 작용한다. 그러면 A등급을 받는다.

곡물은 수요의 가격탄력성이 낮아 가격이 상승하더라도 수요가 감소하지 않는 구조적 특성을 지녔다. 운송기술이 발달하면서 안정적인 수입이 가능해지자 재고를 감축한다. 또한 바이오연료 생산 증가에 따라 산업용 옥수수 수요가 급증하자 옥수수 생산을 확대하면서 밀 등 곡물 재배면적을 감축하기도 한다. 신흥국의 소득 증가에 따라 육류소비가 확대되면서 사료용 곡물 수요가 크게 증가한다.

더 나아가 세계적 유동성 증가와 미 달러화의 약세로 곡물이 새로운 헤지수단이라고 인식되면서 투기적 수요가 증가한다. 러시아, 중국, 베트남 등 기존의 곡물수출국들이 자국 곡물가격의 상승을 억제하기 위해 곡물수출을 제한한다. 그러면서 이 나라 저 나라에서 사회불안이 일어난다(〈그림 1-31〉).

실물상품에 투자하는 방법으로 실물상품을 직접 매입하는 방법은 현실적으로 어렵고 기관투자가들은 실물상품 지수 펀드나 실물상품 지수 연계채권 형태에 투자하거나 실물상품을 전략적 벤치마크의 일부분에 포함하여 투자하기도 한다.

개인투자가들도 실물상품을 증권화한 ETF거래나 원자재펀드 등을 통해 금, 석유, 원자재, 농산물, 광산물 등 실물상품에 대한 투자도 가능해지고 있다. 실물상품시장은 거래소에 상장되어 선물시장을 통해 주로 거래됨으로써 비상장주식, 부동산, 미술품 등과 같은 다른 투자상품보다 유동성과 투명성이 높은 편이다.

과거 실물상품의 장기수익률을 여타 상품과 비교하면 주식과 비슷한 수준의 높은 수익률을 보였다. 또한 실물상품은 주식과 채권과 상관관계가 매우 낮아 분산투자 효과도 가져올 수 있다. 어떤 시장에서는 주식과 채권가격이 모두 하락하더라도 실물상품 가격은 상승한다.

또한 실물상품은 인플레이션에 대해 가장 좋은 헤지수단이지만 국제 실물상품시장에서는 통상적으로 미 달러로 실거래가격이 표기되기 때

〈그림 1-31〉 쌀과 밀의 수출금지와 분쟁발생 지역(2008년)

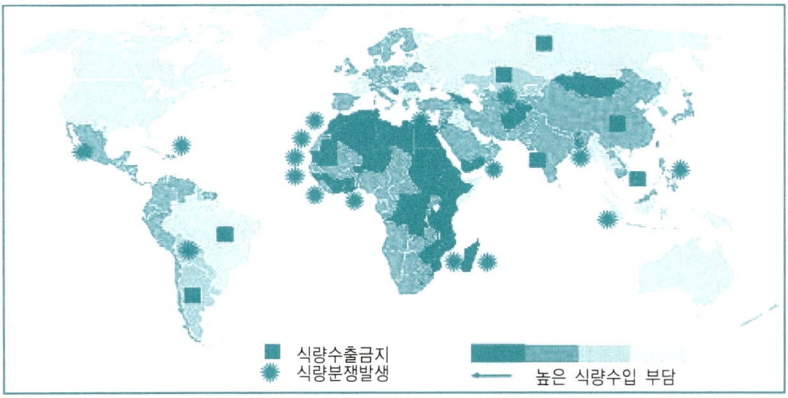


자료: 일본 〈이코노미스트〉 등.

〈그림 1-32〉 상품가격 추이

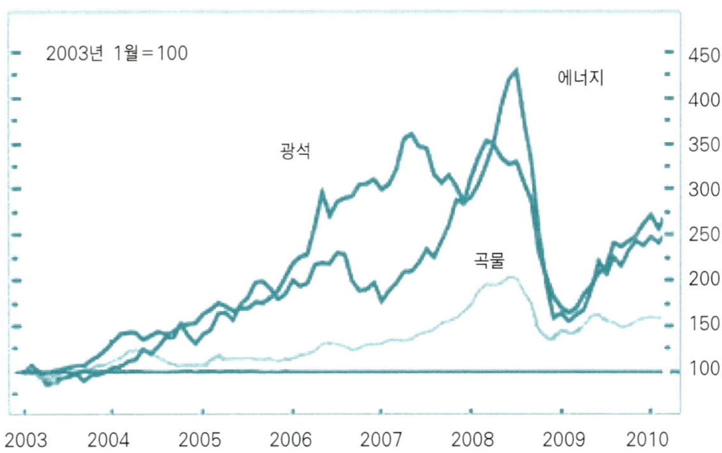


자료: IMF.

문에 달러화 약세는 결과적으로 상품가격의 상승을 초래한다. 따라서 실물상품은 미 달러화 헤지효과가 있으므로 미 달러화 비중이 큰 포트폴리오에 실물상품을 편입함으로써 수익률을 제고할 수 있다.

그러나 실물상품은 수익률의 변동성이 매우 큰 투자대상물로서 채권은 물론 주식보다 변동성이 훨씬 크게 나타난다. 따라서 포트폴리오에 실물상품 비중을 크게 가져가는 것은 매우 큰 위험을 초래할 수 있다.

■ 강의 후 ■

**날개 잃은 선녀**

글쓴이: 호테

선녀와 나무꾼의 스캔들이 하늘나라에 알려지고 난 후에는 선녀들이 날개옷을 지키기 위해 교대로 연못에서 목욕을 하게 되었다. 한 번은 나무꾼이 떠나간 선녀아내와 두 아이들을 만나기 위해 그 연못에 몰래 찾아갔다가 보초서는 선녀에게 들켜버렸다. 나무꾼은 난 그저 금도끼와 은도끼를 찾으러 왔다고 얼버무렸다.

한해 두해가 지난 어느 날, 나무꾼은 날개옷을 지키는 선녀가 조는 틈을 타 한 선녀의 날개옷을 감추었다. 날개옷을 잃은 선녀는 나무꾼의 두 번째 아내가 되었고, 세월이 지나는 사이에 세 아이를 낳아 기르게 되었다.

예전에 사슴이 알려준 대로, 두 팔로는 세 아이를 안을 수가 없을 것으로 안심이 되어 나무꾼은 선녀에게 감춰 두었던 날개옷을 꺼내 주었다. 그러자 날개옷을 입은 선녀는 혼자서 하늘로 훨훨 날아가 버렸다.

최근 들리는 소문에 의하면, 나무꾼은 애들 교육을 위해 도시로 이사가고 싶으나, 아내를 기다리며 아직도 산골 집을 떠나지 못하고 있다고 한다.

나귀 참으로 애절한 사연이긴 하지만 호테 씨다운 발상이네요. 몰래 옷을 훔치지 않나, 소년을 검은 머리 파뿌리 되도록 독신으로 살게 하면서 금방 새장가를 가다니 ….

호테 잘못된 것 아닌가 하는 생각이 조금 들려고도 합니다.

나귀 그리고 아이들을 벌써 다섯이나 ….

호테 애 많이 낳으면 교육비도 지원되고 조국과 민족의 무궁한 발전을 기할 수 있거든요.

반장 내가 보기에는 사슴이 준 과거의 정보가 지금의 시장상황 전개와 다를 수 있음을 은연중에 내비친 작품이라고 할까?

호테 맞습니다. 반장님께서는 정말 혜안이 있으십니다. 저의 모든 생각과 말과 행동이 시장을 떠나 있다는 것은 상상도 할 수 없습니다. 시장에 살고, 시장에 …

(나귀가 말 중간에 끼어들었다.)

나귀 시장에서 밥 먹고 시장에서 잠자는 장돌뱅이?

반장 날개 잃은 천사 또는 추락천사를 영어로는 Fallen Engel이라고 한다. 마이클 밀켄이라는 사람을 아나?

호테 저는 만나거나 인사를 나눈 적이 한 번도 없습니다.

반장 Fallen Engel은 신용등급이 투자등급에서 투기등급으로 떨어진 기업을 말하는데 이들이 발행한 채권을 '정크본드' 라고 한다. 지금은 '하이일드본드' 라고 하지. 1980년대 후반 마이클 밀켄이 이 정크본드를 시장에 유통시켜 많은 돈을 벌게 된다.

호테 그리고요?

반장 감옥에 갔어.

호테 뭐 때문에요?

반장 나중에 만나거든 직접 물어봐!

**세상에 저런 일이!**

글쓴이: 나귀

강아지는 마을에 돌아가 혼자 먹으려고 잔칫집에서 얻은 말린 생선을 입에 물고 개천 위에 놓인 다리를 건너기 시작했다. 문득 다리 밑을 내려다본 순간, 다리 밑에도 강아지 한 마리가 크고 먹음직한 생선을 입에 물고 있는 것이 아닌가? 저것을 빼앗아야지 라고 생각하면서 물속에 있는 강아지를 향해 큰 소리로 짖었다.

그 바람에, 물고 있던 생선이 개울 속으로 첨벙 떨어져 버렸다. 강아지가 황망해하며 흐르는 개울을 멍하니 바라보고 있는 사이, 그 옆을 지나가던 동네사람이 이 광경을 보며 감탄했다. "세상에 저런 일이!"

얼마 지나지 않아, 가상한 강아지 한 마리가 생명의 고귀함을 알고 물고기를 방생(放生)했다는 소문이 온 동네에 퍼졌다. 이후 강아지는 먹을 것을 찾기 위해 이 동네 저 동네 기웃거리지 않아도 되었고, 마을 사람들이 가져다주는 음식으로 배부른 나날을 보내고 있었다. 그러나 강아지는 개울로 떠내려간 생선에 대해 아직도 미련을 버리지 못하고 있었다.

반장 시장에서는 언제든지 반전되어 뒤집힐 수도 있다는 걸 이야기하려는 것 같은 걸작품이다. 어떤 경제지표가 나빠졌음에도 예상보다는 덜 나빠졌다고 환율이 강세를 보이는 경우도 있지. 호테, 그렇지 않아?

호테 …

반장 왜 아무 말도 안 해?

호테 곰곰이 생각해보았는데 나귀 씨의 직업선택이 잘못된 길로 치닫고 있는 것 같습니다.

반장 무슨 말이야?

호테 나귀 씨가 문학의 길로 접어들었다면 각종 문학상은 따 놓은 당상인데 … (그러면서 말을 이어갔다.) 그리고 그동안 애 키우고 청소 빨래 다해 주고 물심양면 뒷바라지 해 준 아빠에게 감사드려요, 하면서 나귀 씨가 수상식장에서 인터뷰하는 동안 저는 멀리 떨어진 옆쪽에 서성이면서 …

반장 그러면서?

호테 칭얼거리는 셋째 아이 보듬고 달래면서 인상을 찌푸리고 있었을 것입니다. 동네 창피스럽게 그렇게 이야기하지 말랬잖아 손짓하면서.

나귀 그만 꿈 깨셔! 짧게 말하면 니 꿈 깨!

호테 나귀 씨는 여태까지 왜 뭣 땜에 결혼하지 않았데요? 눈이 높으신 건가요?

나귀 난 까다롭지도 않고 그동안 시력도 낮추었어요. 남자는 혈액형 따지지 않고 동맥과 정맥을 따라 피만 잘 흐르면 되고요. 그리고 몰고 다니는 자동차는 잘 구르는 바퀴 4개만 달면 그만이고, 운전수와 파출부와 유모는 나이불문. 그리고 … (호테는 책상 위 종이 위에다 OTL OTL OTL, 그리고 QTL QTL이라고 쓰고 있다.)

**반장** 오티엘이 뭔데?

**호테** 엎드려 있는 자세로 저의 하염없는 슬픔과 좌절과 분노를 표현한 단어입니다.

**반장** 큐티엘은?

**호테** 눈물 콧물 범벅되어 흐르는 자국입니다.

**나귀** 바닥에 머리를 찧다보니 이마 깨지고 시멘트 바닥에 금이 간 걸로 보이는데 ….(나귀가 슬쩍 끼어들었다.)

## 7. 국제금융시장에의 참가자

### 시장주도자의 시대적 변천

국제금융시장에서 큰 손들은 정부나 중앙은행 등 정책당국일 수도 있고 자금을 운용하는 투자기관이나 기업, 그리고 연기금 등 운용조직일 수도 있다. 더 확대하자면 이 큰 손들을 지원하는 기관이나 세력까지도 포함할 수 있다.

자금운용의 투명성이 날로 확대되면서 각국의 공식적 큰 손들은 숨어 있는 손으로 남아있기가 어렵게 되었다. 이를 대신하여 비공식적 조직인 헤지펀드나 시장 움직임에 따라 순식간에 모였다가 즉시 헤어지는 개인 투기집단, 그리고 최근에는 국제적 투기조직까지 가세한 숨어 있는 손들이 시장을 교란하고 있다.

역사상 국제금융시장을 움직여 온 큰 손들을 찾아내려면 국제금융시장의 헤게모니를 어느 국가가 장악하고 있는가를 유심히 살펴볼 필요가 있다. 정부나 중앙은행 등 금융당국의 정책들이 국제금융시장에 지대한 영향을 끼치면서 국제간 자금이동을 부추긴 적도 있다.

큰 골격으로 보면 국제금융시장을 장악한 나라들로는 16세기에는 스페인, 17세기에는 네덜란드, 18세기에는 프랑스와 영국, 나폴레옹 전쟁(1799~1815년) 이후 제 1차 세계대전까지 영국, 그리고 20세기에 들어 미국으로 금융 헤게모니가 이동한다.

물론 이들 국가만이 시장에 영향을 주는 것은 아니다. 20세기 이후에는 돈을 많이 벌어들여 국부를 축적한 스위스나 일본, 그리고 독일 등이 국제금융시장을 움직이는 큰 손들의 대열에 동참한다.

별도로 다시 다루게 되겠지만, 금융 헤게모니가 이동하는 과정에서는 커다란 국제적 금융위기가 발생한다. 네덜란드가 세계 무역중심지가 되면서 튤립 버블붕괴(1637년)가 일어나고, 영국과 프랑스에서는 남해회사와 미시시피회사의 버블붕괴(1720년)가 일어난다. 미국으로의 헤게모니가 이동하는 시기에 대공황(1929년)이 일어난다.

1970년대에 독일과 일본을 필두로 한 제조업 중심국이 세계경제를 장악한다. 이후 두 나라는 축적된 자본을 활용하여 금융대국의 꿈을 이루려 해보지만 뜻을 이루지 못한다. 1990년대에 들어 독일은 동서독 통일, 그리고 일본은 부동산과 주식의 버블붕괴로 인해 어려운 상황에 처한다.

전후에 국제금융시장을 뒤흔들었던 시장주도자를 보면, 1960~70년대에는 스위스은행들, 1970년대 후반에는 자본을 축적한 일본과 독일의 기업, 그리고 외화자산을 축적한 일부 국가의 중앙은행이다. 1980년대에는 일본의 투자신탁과 생명보험회사였으나 1990년에 일본의 부동산과 주식버블이 붕괴된 후에는 구미의 헤지펀드와 투자은행들이 시장을 좌지우지하는 세력으로 등장한다.

2000년대에 들어 투자은행과 헤지펀드에 더하여 자본을 축적한 중동과 아시아의 국부펀드와 같은 자금운용주체들이 서서히 두각을 나타내고 있다. 이와 함께 기업의 각종 연금기금, 그리고 집단적 개인투자가들이 국제금융시장을 움직이는 큰손으로 등장하고 있다(〈표 1-2〉).

전세계의 투자자산운용 부문에서 연기금(연금기금, 보험기금, 상호기금)이 약 62조 달러의 자금을 운용하고 있다. 이 중 미국의 연기금이 운용자산의 절반을 차지한다.

연기금의 투자운용은 선진국의 경우 운용자산의 절반 이상이 주식에 투자된다. 그러나 전통적 주식과 채권투자에서 벗어나 수익확보를 위해 부동산과 실물상품 등에 대한 투자 움직임도 가속하고 있다. 실물상

〈표 1-2〉 국제금융시장에서의 시장주도자 변화

| 1960년대 | 1970년대 | 1980년대 | 1990년대 | 2000년대 |
| --- | --- | --- | --- | --- |
| 스위스 은행 | 중앙은행<br>독일기업<br>일본기업 | 일본생보<br>일본신탁 | 투자은행<br>헤지펀드 | 투자은행<br>헤지펀드<br>개인투자가<br>국부펀드<br>연금기금 |
| 1967년 영 파운드 절하 | 1971년 미국 금태환 정지<br>1973년 변동환율제 이행 | 1985년 플라자 합의<br>1987년 루블 합의<br>1987년 블랙먼데이 | 1990년 일본 버블붕괴<br>1992년 퀀텀 파운드공격<br>1994년 멕시코 통화위기<br>1997년 아시아 통화위기<br>1998년 러시아 통화위기<br>1999년 유로화 탄생 | 2000년 닷컴버블붕괴<br>2001년 동시다발 테러<br>2007년 신용버블붕괴 |

품시장은 주식과 채권시장과 상관관계가 낮아 분산투자의 효과를 기대할 수 있기 때문이다.

한편 국부펀드, 헤지펀드, PE펀드, 상장지수펀드(ETF: *Exchange Traded Funds*)는 그 규모가 현재 각각 1~4조 달러 수준이지만 점차 확대해가고 있다. 상장되어 거래되기 시작한 지 얼마 되지 않은 ETF는 그 종목 수가 날로 늘고 있다.

전체적 맥락에서 보면 시장주도자들이 공적조직에서 민간조직으로 이동하고 있다. 그러면서 중앙은행을 대신하여 시장의 유동성을 지배하는 조직으로 등장하고 있다. 연기금, 투자신탁, 보험회사들은 운용 잔액이 크나 시장에 미치는 영향력은 다소 제한적이다. 그러나 국부펀드와 헤지펀드는 운용 잔액은 작으나 시장에 미치는 영향력이 매우 크다.

국부펀드는 대규모 자금투자가 정책적으로 결정됨으로써 자산의 시장가치를 왜곡할 가능성이 증대한다. 특정산업이나 기업에 대한 투자나 회수, 그리고 M&A 등을 일삼게 되면 국가간 분쟁으로 번질 가능성도 있다. 자국 보호주의에 앞장서면서 원자재나 식량 등의 가격형성에 악영향을 주게 되면 앞으로 분쟁의 씨앗이 될 가능성이 농후하다.

헤지펀드들의 자금운용 방향은 시장의 방향을 결정하는 요인이 될 가능성이 높다. 헤지펀드는 금융시장에 유동성을 공급하고 금융시장의 효율성을 향상시킨다는 점이 긍정적으로 작용하기도 한다. 그러나 유사한 투자전략과 투자수법을 구사하고 특정시장과 특정거래에 집중하여 가격변동성을 증폭시키는 문제를 야기하기도 한다. 또한 헤지펀드에 투자하는 투자은행, 생손보험회사, 연금기금, 기업연금, 개인투자가들이 헤지펀드의 투자방향에 편승함으로써 시장의 움직임을 증폭시킬 수 있다.

## 전통적 상업은행에서 투자은행으로

가계부문의 금융자산이 증대됨과 아울러 기업부문의 차입금 비중이 저하되고 직접금융에의 의존도를 확대하는 큰 흐름에 대응하여 금융기관들이 예대업무 중심의 전통적 상업은행 업무에서 탈피하여 투자은행 업무를 확대해온다.

투자은행(*Investment Bank*)의 주 업무는 증권 인수 및 매각 등 증권업무로서 과거에는 예금대출 등 상업은행업무도 수행했다. 주요 투자은행인 제이피모건은 18세기와 19세기에 무역업에서 상업은행업무로 전환한다. 독일계 골드만삭스와 리만브라더스는 상업에서 금융업으로 전환한다. 메릴린치와 솔로먼브라더즈는 1960년대 이후 브로커 업무에서 증권인수 업무로 진출한다.

미국 대공황 이후 미국은 글래스 스티걸법에 의해 은행업무와 증권업무의 겸업을 금지한다(1933년). 투자은행의 은행업무에 대해서는 FRB

〈그림 1-33〉 주요 투자은행의 변화

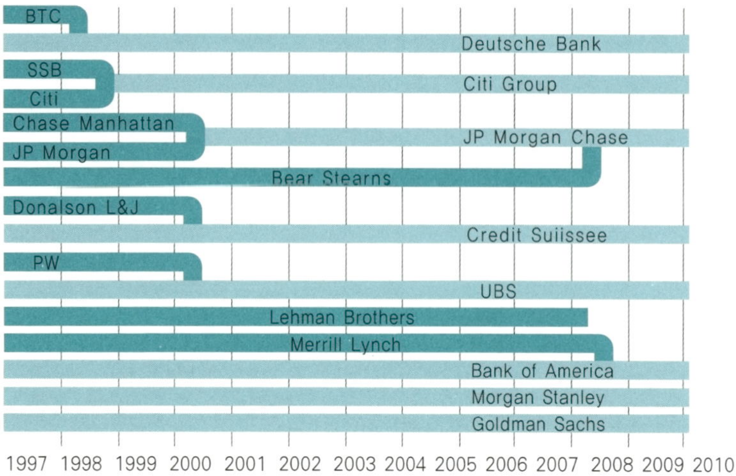


자료: *Financial Times* 등.

가 감독권을 보유하고 증권업무에 대해서는 SEC가 감독권을 보유하도록 한다.

1960년대까지 투자은행의 전통적 업무는 고객기업의 자금조달을 지원하고 재무에 대해 자문하는 업무였으나, 지금은 투자업무를 다양화하면서 자기계정에 의한 트레이딩이 주 수입원으로 정착하게 된다.

1970년대 전반에 변동환율제로의 이행(1973년) 등 금융환경이 급격히 변화하고, 미국이 주식 매매수수료를 자유화하자(1975년) 시장에서는 투자은행들간의 경쟁이 격화된다. 투자은행들은 금융국제화에 따른 환경변화에 대응하면서 기업 M&A 중개업무를 확충하고 새로운 금융상품의 개발업무에도 집중한다.

미국에서는 그동안 GLB법(1999년)으로 은행과 증권업의 겸업금지가 66년 만에 철폐된다. 이를 전후해 투자은행간 매수 합병이 이뤄진다.

최근의 서브프라임 사태로 2008년 3월 베어스턴스가 제이피모건에 합병되고 같은 해 9월 리만브라더스가 파산한다. 메릴린치는 BOA에 합병되고 골드만삭스와 모건스탠리는 은행지주회사로 이행한다. 이와 함께 금융개혁법으로 과도한 업무확장을 제한받게 된다.

## 헤지펀드의 비약적인 활동 전개

헤지펀드는 1949년 애널리스트 존스(A. W. Johns)가 〈포춘〉 지에 헤지펀드를 소개하면서 일반 대중에 알려지게 된다. 1969년 조지 소로스와 짐 로저스가 퀀텀펀드를 설립하고 1980년에 줄리아 로버트슨이 타이거펀드를 설립한다. 1992년 조지 소로스의 퀀텀펀드가 영 파운드를 공격하여 거액의 이익을 본 사건을 계기로 급속히 확대된다.

그러나 1998년 LTCM 사태로 파산하는 헤지펀드가 늘어난다. LTCM은 채권재정거래로 시작하였으나 수익성 제고를 위해 대규모 레버리지 거래를 하다가 1998년 8월 러시아 재정위기를 계기로 파산한다. 특히 서브프라임 사태로 야기된 2008년 금융위기로 많은 헤지펀드들이 파산한 것으로 알려지고 있다.

그동안 어떤 헤지펀드는 미국의 IT버블 시기에 주식을 공매도하여 막대한 손실을 입는다. 한 헤지펀드는 투자관리를 담당하는 회사와 공모하여 보고서를 허위로 작성하여 손실을 은닉하다가 나중에 밝혀진다. 어떤 헤지펀드는 운용수익의 악화를 은폐하기 위해 가공의 회계사무소를 감사법인으로 지정하고 투자가들에게 수익을 올리고 있다고 허위보고하기도 한다.

시장에 영향력을 행사하는 경우도 있다. 한 헤지펀드는 증권거래소 간의 M&A를 저지하면서 대표이사를 퇴진시킨다. 또한 투자은행의 지분을 인수하면서 은행사업의 분할 또는 여타은행과의 합병을 요구한다. 그리고 어떤 헤지펀드는 기업의 영업비용 삭감과 경영진 교체 그리고 자기주식취득 등을 요구한다.

한편, 시장가격이 오를 때는 그만큼 수익을 올릴 수 있으나 시장가격이 떨어지는 경우에도 이를 헤지하여 수익을 올리므로 헤지펀드라고 불리게 된다. 헤지펀드는 다양한 금융시장에서 파생상품, 공매도, 레버리지, 차익거래를 포함한 광범위한 투자전략을 구사하는 고도의 유연성을 갖춘 투자펀드이다.

공매도(*short selling*)는 주식이나 채권가격의 하락으로부터 이익을 추구한다. 공매도자는 현금을 담보로 제공하고 증권을 빌린 후 팔고, 나중에 낮은 가격에 다시 매입하여 되돌려준다.

레버리지(*leverage*)는 투자가들은 빌린 자금의 비용보다 투자에서 얻는 이득이 클 때 활용한다. 자기자본을 초과하는 자금을 외부에서 차입하거나, 투자은행에 있는 신용계좌에서 자금을 차입하여 투자한다. 선물계약, 파생상품 등을 이용하여 레버리지를 확대하기도 한다.

차익거래(*arbitrage*)는 동일한 또는 유사한 증권을 동시에 매입하고 매각하는 전략이다. 이는 시장 움직임에 대한 정확한 예측에 의존하지 않는 초과수익전략이다. 전형적으로는 고평가 증권을 매각하고, 저평가 증권을 매입한다.

헤지펀드의 자산운용 규모가 증가함에 따라 고수익을 창출할 수 있는 기회가 점차 줄어들기 때문에 최근 헤지펀드들은 수익확보를 위해 주식시장, 신흥시장, 상품시장 등에 대한 투자를 늘리고 있다. 아울러 차익거래 기회의 감소로 헤지펀드들이 동질적 전략을 추구하는 요인이 되고 있다.

헤지펀드들의 투자전략이 비슷해지면서 투자대상물 가격간의 상관관계가 커지고 있으며, 대규모의 자금을 투입하여 포지션을 취할 수 있게 되면서 가격이 한쪽 방향으로 쏠리는 현상이 나타나고 있다.

헤지펀드의 전략간 상관관계 증가는 분산투자의 이점을 감소시키고 특

〈그림 1-34〉 글로벌 헤지펀드 등의 자금운용

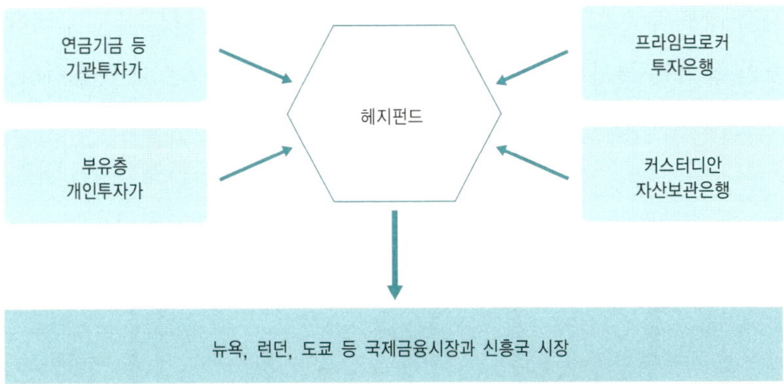


정상황에서 동시에 손실을 입을 가능성을 높이고 있다. 또한 헤지펀드의 움직임이 금융시장에 미치는 영향이 커지고 가격변동성도 증가하고 있다.

다수의 헤지펀드들이 어떤 통화에 대한 매입포지션을 취했다가 일거에 매도하여 이익을 실현하면서 통화가 폭락한 사례도 발생하고 있다. 2006년 5월 발생했던 브라질 레알화 시장에서의 일시적 불안정은 헤지펀드의 동질성 증가로 인한 투자활동이 금융시장에 미치는 영향을 증대시킨 사례다.

한편 헤지펀드의 주식시장에 대한 투자 증가는 펀드의 주식시장에 대한 영향력을 증대시키고 있다. 헤지펀드의 이익실현이 세계 증시조정을 초래하고 시장변동성을 증가시킨다.

일반적으로 신흥시장은 거래량이 선진국 시장보다 작아 대규모 자금유입이 이뤄질 경우 거래가 급증하여 갑자기 변동성이 증가할 수 있다. 헤지펀드가 공매도나 풋옵션 매입과 같은 투자기법을 활용함으로써 시장이 하락세로 돌아설 경우, 가격 하락폭이 더 커지는 경향이 있다.

또한 유동성이 낮은 상품에 대한 투자를 늘려 포지션을 가져가다가 시장을 이탈하면서 가격변동성을 키우고 있다. 특히, 운용성과를 높이기 위해 유동성 프리미엄을 획득할 수 있는 사모주식 등 유동성이 낮은 자산에 대한 투자를 확대해왔다. 헤지펀드의 유동성이 낮은 자산에 대한 투자 증가는 투자가들에게는 유동성을 제약하는 요인으로 작용한다.

〈그림 1-35〉 헤지펀드의 수익과 자본유입

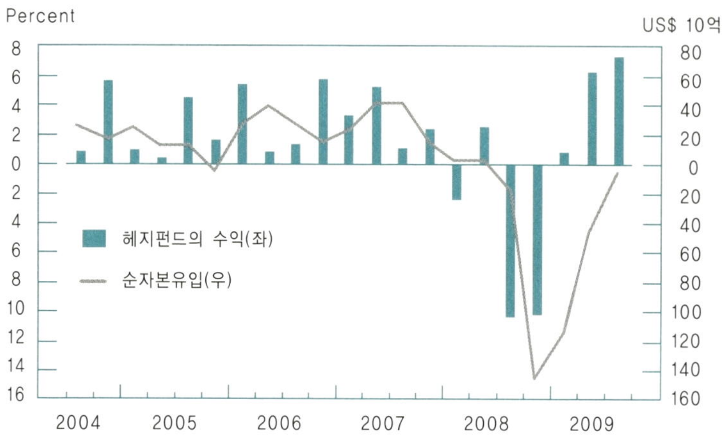


자료: Bank of England, Financial Stability Report.

**선생** 서브프라임 사태 이후 전 나스닥 회장을 지낸 메이도프라는 사람이 헤지펀드와 담보대출거래를 하면서 투자가들에게 많은 손실을 입히는 거액 사기사건으로 체포된다. 유럽계와 일부 아시아계 금융기관들도 여기에 투자하여 수백억 달러에 이르는 손실이 있었다고 한다.

**나귀** 신문에 150년 징역형을 때렸다는 기사가 실렸는데 70세를 넘은 사람에게 의미가 있을까요?

**호테** 살다가 남은 기간 동안 감옥에 그대로 방치하든지 가족들에게 형을 마칠 때까지 장례식을 미루도록 하면 됩니다.

### 시장에의 국부펀드 등장

국부펀드(SWF: *Sovereign Wealth Fund*)는 통화당국의 외환보유액과는 별도로 국가의 외화자산을 재원으로 조성하여 운용하는 투자기구이다. 국부펀드는 국채 등 안전자산 중심의 보수적 외환운용에서 벗어나 주식과 채권 등 금융상품뿐만 아니라 사모펀드·헤지펀드 투자와 기업 인수합병 등 고수익 위험자산을 포함한 다양한 자산에 투자한다.

국부펀드는 펀드재원에 따라 크게 상품펀드(*commodity fund*)와 비상품펀드(*non-commodity fund*)로 구분한다. 상품펀드는 원유 등 원자재 수출을 통해, 비상품펀드는 국제수지 흑자 등으로 축적된 외환보유액이나 채권발행 등을 통해 조성된다.

유가상승으로 원유수출대금을 재원으로 하는 국부펀드의 규모가 크게 확대되고 시장에서의 영향력도 증대하고 있다. 이에 따라 미국, 유럽 등 선진국들은 자국의 기간산업에 대해 국부펀드가 전략적 목적으로 투자하는 것을 경계하고 있다. 또한 신흥국이 국부펀드의 막대한 자금력을 이용하여 국제경제 상황을 자국에 유리한 방향으로 전개시키는 데 이용할 가능성에 대해 우려하고 있다.

한편으로 선진국들은 개도국 국부펀드에 대해 투명성을 높이도록 압력을 가하고 있다. IMF와 세계은행(World Bank)이 국부펀드의 자산운용에 관한 국제적 행동규범(*code of conduct*)을 제정할 것을 제안하고 있다. 미국은 국부펀드에 의한 자국기업의 인수를 견제하기 위해 엑슨 플로리오(Exon- Florio)법을 개정하여 국부펀드를 투자관련 조사대상에 포함하고 있다. 독일은 국부펀드의 자국기업 투자를 감시·제어할 수 있는 기구설립을 추진하는 한편 프랑스와 공동으로 국부펀드에 대한 대응방안을 모색하고 있다.

이처럼 국부펀드의 운용을 둘러싸고 선진국과 신흥국 간 갈등이 확대

될 우려가 있다. 국부펀드를 통해 선진국 주요산업에 대한 투자와 인수를 확대하려고 하는 신흥국과 자국의 기간산업을 보호하려는 선진국간에 마찰이 빈번해지면서 보호주의가 확산될 우려가 있다.

신흥국들은 그동안 자본자유화를 추진해오면서 시장규율을 강조하던 선진국들이 국부펀드를 규제하려는 움직임에 반발하고 있다. 그러나 일부에서는 국부펀드가 단기적 투기자금과 달리 장기적 투자로 국제금융시장을 안정시키는 역할을 할 것으로 기대한다.

국부펀드의 확대에 따라 글로벌 자산시장에서 주식과 원자재 등 위험자산에 대한 투자가 확대되고 신흥국 금융시장에 대한 투자도 늘어날 것으로 예상된다. 쿠웨이트, 카타르 등 중동 국부펀드들은 상대적으로

〈표 1-3〉 주요 국부펀드

<table>
<tr><th>국가</th><th>펀드명</th><th>설립</th><th>재원</th></tr>
<tr><td>UAE</td><td>Abu Dhabi Investment Authority</td><td>1976</td><td rowspan="7">Oil</td></tr>
<tr><td>Norway</td><td>Government Pension Fund-Global</td><td>1990</td></tr>
<tr><td>Saudi Arabia</td><td>SAMA & Government Institutions</td><td></td></tr>
<tr><td>Kuwait</td><td>Kuwait Investment Authority</td><td>1953</td></tr>
<tr><td>Russia</td><td>Stabilization Fund</td><td>2004</td></tr>
<tr><td>U.S.</td><td>Permanent Reserve Fund(Alaska)</td><td>1976</td></tr>
<tr><td>Brunei</td><td>Brunei Investment Authority</td><td>1983</td></tr>
<tr><td>China</td><td>State FX Investment Corp.<br>Central Huijin Investment Corp.</td><td>2007<br>2003</td><td rowspan="6">FX Reserve 등</td></tr>
<tr><td>Singapore</td><td>Temasek Holdings/GSIC</td><td>1974</td></tr>
<tr><td>Australia</td><td>Australian Future Fund</td><td>2004</td></tr>
<tr><td>Korea</td><td>Korea Investment Corporation</td><td>2005</td></tr>
<tr><td>Malaysia</td><td>Khazanah National BHD</td><td>1993</td></tr>
<tr><td>Taiwan</td><td>National Stabilization Fund</td><td>2000</td></tr>
</table>

투자수익률이 높은 중국 등 아시아 국가에 대한 투자를 확대하려는 움직임이 있다. 그런데 여기서 문제가 되는 자금흐름의 하나는 국부펀드가 미국과 유럽의 금융시장을 거치지 않고 신흥국에 직접 투자하는 경우 국제적 불균형을 심화시키지 않느냐는 우려다.

## ■ 강의 후 ■

**마지막 이파리**

글쓴이: 나귀

폐렴을 앓고 있는 존즈는 창밖을 바라보면서 친구에게 마지막 이파리가 떨어지면 자신도 죽을 거라는 말했다. 다음 날 아침, 창문의 휘장을 올려 보니 밤새도록 세찬 비가 내리고 사나운 바람이 불었는데도, 벽돌담 벽에 담쟁이 이파리 하나가 그대로 붙어 있었다. 그리고 그 다음 날이 지나도 이파리는 여전히 붙어 있었다. 그새 건강을 회복한 존즈는 나중에야 아래층에 사는 화가인 베어만 노인이 담장에 이파리를 그렸다는 것을 알게 되었다.

그 후 존즈는 자기를 위해 희생한 베어만 노인을 생각하며 열심히 그림 그리기를 배우기 시작했다. 그러던 어느 날 차가운 바람에 낙엽이 구르는 길을 걷다가 불쌍한 거지가 길바닥에 쓰러져 있는 것을 보았다. 붓과 물감을 꺼내든 존즈는 가까운 담벽에 사과와 귤과 배를 수북이 그려놓고 가벼운 걸음걸이로 집으로 향했다.

호테 와! 오스카상 감이다.

나귀 갑자기 웬 영화?

호테 세차게 창문을 두드리는 바람소리, 그리고 으스스한 거리풍경이 손에 잡힐 듯 바로 눈앞에 가까이 드리워져 있는 것 같지 않습니까? 감동적인 드라마 마지막 잎사구 투~.

나귀 잎사구는 뭐예요?

호테 저희 아버지께서 화분에 물을 주시면서 꽃나무를 꾸짖으실 때 씁니다. 이놈의 잎사구는 왜 이리 시들거려 라고 하시면서….

반장 잘 사는 나라들이 못 사는 나라에 실질적인 도움을 주지 않고 말로만 도와주는 일을 빗대어 이야기한 건가?

나귀 반장님의 해석은 늘 아름다워요.

**개미와 비둘기, 그리고 베짱이**

글쓴이: 호테

땔감을 줍기 위해 열심히 여기저기 돌아다니던 개미는 그만 발이 미끄러져 냇물에 빠지고, 이를 본 비둘기가 나뭇잎을 띄워 개미를 구출해 준다. 사냥꾼이 비둘기를 향해 산탄 공기총을 겨누는 것을 본 개미는 사냥꾼의 발가락을 문다. 사냥꾼의 비명소리에 놀라 비둘기는 날아가 버린다.

개미는 돌아오는 길에 자기의 용맹성을 자랑하고 싶어 마을회관에 들른다. 그리고 베짱이가 가요음반을 내어 많은 돈을 벌었다는 소문을 듣는다. 집으로 돌아오자마자 다락방에서 봉투를 꺼내오더니 부인과 애들을 불러 모은다. 큰애에게는 축구교실에, 둘째에게는 피아노교습소에, 막내에게는 연극학원에 등록하라면서 돈을 나누어 준다.

나귀 왜 이렇게 두 작품을 뒤섞어요? 전에는 선녀와 나무꾼을 금도끼 은도끼에 비벼말더니, 이번에는 개미와 베짱이에다 이게 제목이 뭐드라? 개미와 비둘기? 은혜 갚은 비둘기?

호테 두 시장 상황을 서로 무리 없도록 연결시키는 특출한 능력이 돋보이는 작품이지 않습니까? 반장님, 그렇지 않습니까?

(아랑곳없다는 듯이 나귀가 중간에 말을 이었다.)

나귀 한 번에 두 편의 작품을 다루게 되면 나중에 내가 쓸 소재가 점점 적어진단 말예요.

호테 조금만 더 기다려보시면 장발장이 훔친 은접시 팔아 돈을 대고 제가 대처 아줌마와 함께 포장마차에서 가락국수 파는 이야기도 나오게 될 겁니다.

반장 개미 이야기가 나와서인데, 개미는 위험에 빠진 동료를 구하는 행동이 종종 관찰되고 있다. 그리고 어느 곤충학자가 개미의 생태를 관찰한 것에 따르면, 한 개미집단에 속해 있는 3분의 2의 개미만 열심히 일을 하며 나머지 3분의 1의 개미는 빈둥빈둥 논다고 한다. 열심히 일하는 개미를 집단에서 격리시키면, 나머지 개미집단에서 3분의 2의 개미가 다시 일을 하게 된다고 한다.

3분의 1의 개미를 예비군 개미로 두는 이러한 배분방식은 개미왕국이 어떠한 상황이 닥치더라도 결코 멸망하지 않고 영원히 존속되는 상황이 가능하게 된다.

호테 만약 마지막에 개미 한 마리만 남는다면요?

나귀 자진해서 머리, 가슴, 배로 3등분하면서 죽게 될 거예요.

반장 자! 그러면 이제부터 두 사람의 임무와 관련된 것 중의 하나를 설명해 주겠다. 인터넷에는 게시판이 있고 여러 사람들이 리플달기로 채팅을 하는 실시각 리플 채팅을 하게 된다. 그리고 이들 채팅에 참가하는 사람들이 한 방향으로 매매거래를 하면 대규모의 거래가 이뤄지게 되면서 우리나라 외환시장이나 증권시장을 교란한다.

한국의 경제지표, 뉴스, 실시각 환율이나 가격이 뜨게 되고 채팅에 참가하는 사람들의 의견들이 올라온다. 어떤 한 사람이 매매방향을 제시하고 시장정보가 공유되면서 자연스럽게 매매방향이 결정된다.

자네들의 임무 중 하나는 이 채팅에 함께 참가하면서 시장의 방향을 파악하는 것이다. 그리고 어떤 방향으로 흐를 것인가 알아내어 채팅 참가자들의 정보를 이리로 즉시 알려주는 것이다. (설명을 계속했다.)

반장 방향을 흐트러뜨리는 것은 여러분의 판단에 맡긴다. 그 방법으로는 그들이 알지 못하는 정보를 슬쩍 올리는 경우도 있을 수 있고 역정보를 흘리는 방법도 있을 수 있다.

나귀 일종의 '타캉'이네요? 잘못하면 '강퇴'되겠어요.

반장 '타캉'은 뭐고 '강퇴'는 뭐지?

나귀 채팅을 방해하거나 내용을 흐리게 하는 것이 '타캉'이고, 그러다가 강제로 퇴장당하면 '강퇴' 또는 '강티'라고 해요.

반장 동일한 별명으로 물고 늘어지다 보면 참가자들이 알아채기 때문에, 필요하다면 별명을 자주 바꾸면서 접근하기도 해야 한다.

나귀 그건 '채멜레온'이라고 해요.

호테 나귀 씨가 허구한 날 채팅만 한다는 것이 드디어 포착되었습니다. 그런데 채팅하는 게시판이 어디입니까? 대화명은 분명히 '당나귀'일 거고.

나귀 들어와서 악플 달려고요? 평상시 물고 늘어지는 것도 귀찮은데 …

(일본의 채널투 게시판에 들어갔다.)

반장 채팅 사이트에서는 쓰는 글들을 변형하여 사용하는 경우가 있다. 얼굴문자를 사용하여 '달리다'를 ε=ε=ε=┌(o° エ° )┘ 처럼 표시하기도 한다. 드디어 기다리던 상황이 왔다! 라는 감탄사를 연발할 때 다음과 같이 사용하기도 한다.

キタ――――――(゜∀゜)―――――― !!!!

キタキタ―(゜∀゜≡(゜∀゜≡゜∀゜)≡゜∀゜)―!!!!

나귀 여기 나와 있는 '乙でした'는 무슨 의미입니까?

반장 그대로 읽으면 '오쓰데시다' 이다. 일본말 '오쓰까레사마데시다'는 우리말로 '수고하셨습니다'로서, 빨리 입력하기 위한 글의 축약이다.

(설명을 계속했다.) 여기 '閑吟 介入時刻ニダ'에서 '閑吟'은 '칸깅'이라고 발음하는데 이는 한국은행의 '韓銀'과 발음이 같다. 즉 한국은행 개입시각을 말한다. 여기 ~ニダ(にだ)는 '니다'라고 읽으며 다른 말에 붙여 쓰게 되는데 우리나라말의 '입니다', '합니다'의 '니다'를 그대로 갖다 붙여 사용한 것이다. 역사적인 사건연도와 환율수준을 연결시키기도 한다. 예를 들면, 원화 환율이 현재 1달러당 1,170원 대에서 1,180원을 돌파할 수 있을까? 를 '源頼朝가 군사를 일으킬 수 있을까?' 라고 하는 식이다.

그리고 어느 나라에서 이 게시판에 얼마만큼 접근했는지 다음과 같은 메시지도 올라온다. net users come from these countries: Japan 94.1%, China 4.1%, United States 0.4%, South Korea

0.3%, Taiwan 0.2%, Thailand 0.1%, Australia 0.1%, Hong Kong 0.1% 등이다. 개인투자가들은 다른 나라의 금융자본시장 상황을 속속들이 알고 있다. 이들 국가의 환율과 주가정보가 리얼타임으로 게시판에 올라온다.

금융정책당국자들의 금리환율 주가수준에 대한 언급은 투기꾼들을 불러 모으는 상황으로 작용한다. 예를 들어 지금의 원화 환율수준이 너무 높다 라고 말했을 경우 누구든 환율을 낮추기 위한 시장개입이 있을 것으로 예상할 수 있다. 환율안정을 위해 정책당국자들이 말로만 구두 개입하는 경우가 있으나 이 또한 정책방향이 노출되면서 투기꾼들이 투기방향을 결정하는 데 중요한 단서가 된다.

투기꾼들은 시장에서 환율상승이 진행되는 동안 방향을 바꾸어 하락하는 상황이 되면 시장개입이 일어난 것으로 추정한다. 그리고 어느 정도 하락하는 상황이 되면 달러매입과 원화매각 포지션을 취한다. 그리고 개입이 종료되어 원화환율이 재차 상승하면 즉시 달러매각 원화매입 거래를 통해 포지션을 원위치하여 가격차익을 실현한다.

이러한 투기는 일반적으로 외환시장이 마감되기 몇 분 전부터 극성을 부린다. 일반적으로 금융정책당국은 종가관리를 위해 마감 바로 직전에 시장에 개입하는 경우가 많다는 것을 익히 알고 있기 때문이다. 투기꾼들의 이러한 시장교란은 정책당국의 시장개입효과를 반감시키게 된다.

호테 고정환율제, 고정금리제, 고정주가제로 바꾸면 모든 이런 일들이 해결되지 않겠습니까?

반장 그건 나중에 이 선생님께서 설명할 사안인데, 시장가격을 고정시키면 금융위기나 외환위기를 초래하거나 이에 신속히 대응할 수 없는 문제가 발생한다.

나귀 시장가격이 움직이지 않으면 반장님이 할 일이 없어지고 자리가 위태로워져요. 그리고 우리들은 다시 직장으로 되돌아가야 돼요.

제 2 편

# 시장위기로부터의 메시지

2010년 5월 15일 토요일

# 1. 시장버블에의 진입과 탈출

## 튤립버블과 토끼버블의 발생

버블발생은 어쩔 수 없이 받아들일 수밖에 없는 현상이기도 하다. 사람들이 사는 데 부족한 사태가 발생하면 이를 타개하기 위해 생산을 늘리거나 생산성을 높이는 관련기술을 발전시킨다. 생산의 증대와 관련기술의 발전은 적정한 선에서 멈추지 않는다. 그러다보니 어느 선을 넘어서면서 버블의 붕괴라는 현실에 직면하지 않을 수 없다. 부족에서 충족으로 전환되면서 버블붕괴로 이어지기 때문이다.

과거 먼 옛날에 버블은 주로 의식주와 관계에서 발생하였다. 의식주의 핍박은 인간의 지리적 이동을 불러왔으며 새로운 개척지 개발로 해결하여 왔다. 새로운 대륙의 발견 등은 핍박해진 의식주를 해결하기 위한 노력으로서 나타난 결과다.

의식주 생활에서 밀 가격의 폭등처럼 먹을 것들의 가격이 오르면 새로운 농토를 개간하는 등 생산을 증가시켜 해결하려고 시도한다. 면화 경작에 필요한 노동력을 확보하기 위해 노예매매 제도도 도입한다. 양털을 원료로 한 옷의 가격이 오르자 지주들이 양을 키우기 위해 농사짓는 땅을 목장으로 변경하다보니 농사를 짓던 사람들은 살던 집을 떠나 도시로 이동한다.

도시로 이동한 사람들은 편히 잠잘 곳을 찾는다. 주택가격이 오르고 주택버블이 발생한다. 주택문제를 해결하기 위한 새로운 아파트를 지어 사람들의 삶을 위 아래로 차곡차곡 쌓아 둔다. 도시로 몰려드는 인구를 감당해 내기 위해 도시는 밖으로 확장되어 간다. 그러면서 사는 곳에서 일할 곳으로 이동하기 위한 운송수단을 확보한다.

땅과 집이 부족하면서 부동산버블이 일어나고, 자원이 부족하면서 자원버블이 일어난다. 멀리서 자원을 수송할 운하와 철도를 부설하면서 운하 철도버블이 일어난다. 사람들은 벌어들인 돈을 저축하고 보유하고 있는 자산의 가치를 극대화하기 위해 증권에 투자하기 시작한다. 그리하여 증권버블이 일어난다. 버블의 대상이 의식주 해결에서 유가증권투자로 이동한다.

**선생** 19세기 이전에는 밀, 목화, 양모, 고무, 커피 등 사람들이 먹고 입는 실물상품에서 투기적 가격상승이 일어난다. 그러나 20세기에 들어서는 가격이 상승하는 버블은 그 성격을 달리한다. 교통운수, 통신 등 생활의 편리성을 추구하는 방향으로 전개되면서 그 관련 산업이 발전하고 있다.

사람들이 자고 먹고 입는 실물부문의 부족을 해소하는 시대에서 생활의 불편을 해소하는 시대로 바뀌었다. 이 과정에서 여성들의 권익도 상승한다. 그러면 다음 시대는 무엇을 해소하는 시대로 발전될까? 아마도 불안이나 불만을 해소하는 시대로 전개되지 않을까 생각한다. 그러면 그 불안과 불만을 해소하려면 어떤 분야가 발전할까?

**나귀** 미래에 대한 불안을 덜기 위해서는 사람들이 보험에 의존할 걸로 생각됩니다. 이에 보험분야가 발전하고, 더 나아가서는 생명공학분야가 발전할 것으로 보입니다.

**호테** 불안과 불만으로부터 도피하게 해주는 오락산업이 커질 것 같습니다.

세상사에서는 먹고 입고 자는 등 부족의 문제와 직결되지 않은 버블도 발생한다. 먼 옛날, 네덜란드에서 일어난 튤립버블과 일본에서 일어난 토끼버블이다. 이 버블들은 자기과시를 위한 사람들의 욕심에서 발발한다. 우리 주변에서 널리 이용되는 선물거래제도와 경매제도가 버블발생의 한 역할을 담당한다.

17세기 네덜란드에서 일어난 튤립버블은 제일 먼저 이야기되는 버블 발생과 붕괴의 예이다. 터키에서 수입한 튤립 뿌리는 암스테르담과 로테르담 등에서 거래되고 뿌리를 사기 위한 자금이 대규모로 시장에 유입되면서 버블이 발생한다.

스페인과 포르투갈이 서서히 힘을 잃어갈 즈음 네덜란드는 1602년에 동인도회사라는 주식회사를 설립하여 무역을 독점하면서 중계무역으로 부를 축적한다. 1610년 암스테르담거래소가 설립되어 상품, 외환, 주식, 보험거래가 이뤄지고 주식선물과 옵션거래도 이뤄진다.

1631년 동인도회사의 주가가 상승하자 주택가격이 상승하고 교외저택의 건설 붐이 일어난다. 때를 같이하여 튤립버블이 일어난다. 당시 네덜란드에서는 센펠 아우구스투스를 비롯한 수많은 튤립이 신분 과시용으로 매우 비싼 값에 거래된다. 그리고 어느 품종의 튤립 알뿌리를 봄에 건네주기로 하는 선물거래가 활발해지면서 투기적 양상으로 치닫게 된다. 튤립 알뿌리를 심어 희귀종이 나오면 대박이 터지기 때문에 리스크를 부담하면서 너나 할 것 없이 투기에 뛰어든다.

당시 튤립 알뿌리에 대해 15% 정도의 증거금으로 선물거래를 한다. 1634년에 보통의 알뿌리 한 개에 1.2길더였으나 1937년에는 60길더까지 치솟는다. 희귀한 튤립의 경우 6000길더로 거래되기도 했다는데 당시 집 한 채의 다섯 배에 이르렀다니 얼마나 거대한 버블이었는지 짐작할 수 있다.

이러한 알뿌리 투기는 1636년에 절정을 이루고 마침내 한 지역에서 튤립 투기에 대해 규제를 가하자(1637년 2월) 다음 날부터 가격이 폭락하기 시작하여 60길더의 튤립 뿌리가 0.1길더까지 폭락한다. 선물거래의 계약불이행으로 파산자가 속출하자 정부가 개입(1638년 5월)하여 선물거래금액의 3.5%만 지불하도록 하여 이 혼란을 수습한다.

어느 자료에서는 한 사람의 선원이 암스테르담 거래소에 나타나 튤립의 뿌리를 양파로 잘못 알고 먹어버린 사건을 계기로 투자가들이 튤립 뿌리에 대한 환상에서 제정신으로 돌아오면서 버블이 막을 내린 것으로 이야기 되고 있다.

또 하나 잘 알려지지 않은 동물 버블사례를 보자. 1871년부터 1873년까지 일본에서는 토끼버블이 발생한다. 당시 귀속계급이 토끼를 애완용으로 키워 왔다.

메이지유신(1868년)으로 인해 몰락한 무사계급이 토끼사육과 매매를 시작한다. 그리고 서민계급까지 이에 가세하면서 각지에서 토끼 콘테스트와 경매가 개최된다. 이때 보통 토끼는 40엔에, 희귀 토끼는 400엔에도 거래된다. 당시 1엔이면 쌀 20kg을 살 수 있는 가격으로 토끼가 얼마나 비싼 가격으로 거래되었는지를 알 수 있다.

정부는 토끼의 경매를 금지(1873년)하고 세금을 부과한다. 한 마리당 1개월에 1엔을 세금으로 징수하고 무단으로 사육하면 1마리당 2엔을 벌금으로 징수하면서 버블의 막을 내린다.

최근의 한 예로, 찻잔 크기의 애완용 티컵 강아지가 우리나라에서 몇 천 만 원에도 거래된다고 한다. 너나 할 것 없이 티컵 강아지를 사려고 찾는다면, 그리고 경매나 콘테스트가 개최된다면 사회적 버블로 이어질 수도 있다.

### 시장버블의 역사적 진화

이러한 튤립, 토끼버블과는 달리 19세기 이전 대부분의 버블발생은 사람들의 의식주와 관계되어 일어났다. 면화와 양모, 소맥 등 의식주에 연계된 농축산품에서 버블발생과 붕괴가 일어났다.

한편, 산업의 발전과 더불어 운송과 관련한 운하, 철도, 조선부문에서 주식과 채권의 버블이 발생한다. 1767년 영국에서 탄광과 섬유공장

〈그림 2-1〉 물가상승률의 변화

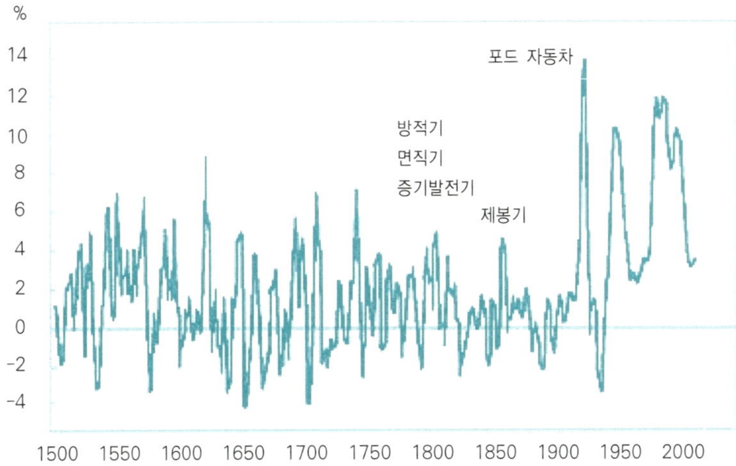


자료: Carmen M. Reinhart & Kenneth S. Rogoff, *This Time is Different: A Panoramic View of Eight Centuries of Financial Crises*, NBER.

을 연결하여 석탄을 실어 나를 목적으로 운하건설이 시작되고 운하에 대한 투기가 서서히 가열되기 시작한다. 1820년대에 증기기관차가 등장하고 철도가 부설된다. 철도부설에 대해 승합마차그룹과 운하소유그룹은 반대하기도 하지만 1844년부터 투기과열이 일어난다. 그리고 건설지, 상업지, 주택 등 부동산과 함께 주식과 채권 등 증권분야의 버블로 번진다.

> 당시 이런 조크가 있었다고 한다. 운하버블이 한창이던 시절, 의사가 어느 환자의 집에서 왕진을 마치고 되돌아가려고 현관문을 나서는 순간 환자가 물었다.
>
> "선생님 처방해 주신 약을 언제 복용해야 하나요?"
>
> "4분의 1씩 3개월, 1년, 2년, 3년마다입니다."
>
> 모든 사람들이 운하 광풍에 휩싸여 있던 시절에 운하회사가 매각하는 부동산 대금의 납부기일이었다고 한다.

〈표 2-1〉 19세기 이전 주요 버블붕괴

| 연 도 | 국 가 | 상 품 | 부동산 | 운 송 | 증권 등 |
|---|---|---|---|---|---|
| 1637 | 네덜란드 | 튤립 | | | |
| 1696 | 영국 | | | | 동인도회사 |
| 1720 | 영국 프랑스 | | | | 남해 미시시피 |
| 1773 | 영국 | | 주택 | 운하 | 동인도회사 |
| 1797 | 영국 | | | 운하 | 증권 |
| 1811 | 영국 | | | | 브라질 채권 |
| 1825 | 영국 | 면화 양모 광석 | | | 남미 채권 |
| 1827 | 프랑스 | 면화 | 건설지 | 운하 | |
| 1837 | 프랑스 미국 | 면화 양모 | 건설지 | | |
| 1848 | 미국 유럽 | 소맥 | | 철도 | |
| 1857 | 미국 유럽 | 소맥 | | 철도 | |
| 1864 | 프랑스 | 면화 | | 조선 | |
| 1866 | 영국 이태리 | 양모 | | 조선 | 조선회사 |
| 1873 | 독일 오스트리아 | 상품 | 건설지 | 철도 | 철도회사 |
| 1874 | 일본 | 토끼 | | | |
| 1882 | 프랑스 | | | | 은행 주식 |
| 1890 | 영국 | | | | 아르헨티나 채권 |
| 1893 | 미국 호주 | 금은 | | | |
| 1895 | 유럽 | 금은 | | | |

〈표 2-2〉 20세기 이후 주요 버블붕괴

| 연 도 | 국 가 | 상 품 | 부동산 | 운 송 | 증권 등 |
|---|---|---|---|---|---|
| 1907 | 미국 | 광석 | | 철도 | |
| 1921 | 미국 | 상품 | | 조선 | 주식 |
| 1929 | 미국 유럽 | | 부동산 | | 주식 |
| 1945 | 독일 일본 | | | | 주식 |
| 1974 | 세계 | 석유 | 부동산 | 비행기 | 주식 |
| 1979 | 세계 | 석유 | | | |
| 1987 | 미국 | | 주택 | | 주식 |
| 1990 | 일본 | | 부동산 | | 주식 |
| 1995 | 멕시코 | | | | 통화 |
| 1997 | 신흥국 | | | | 주식 통화 |
| 2001 | 세계 | | | IT | 주식 |
| 2008 | 미국 세계 | | 주택 | | 주식 채권 |

이후, 의식주 개선을 위한 산업기술의 발전과 금융기법의 발전은 버블의 성격과 형태를 바꾸어 놓았다. 영국의 산업혁명에 따른 면화방적기의 발명, 증기발전기와 증기기관차의 발명 등 산업기술의 발전과 더불어 버블이 발생한다. 산업혁명에 따른 실물경제와 그 관련된 국제간 무역거래, 그리고 금융혁명에 따른 금융경제와 그 관련된 국제간 자본거래로 인해 금융위기가 발생한다. 여기에 금융기법의 발전이 한 역할을 담당한다. 선물 옵션 등의 파생금융기법의 발전과 주식, 채권 등의 증권화기법의 발전이 버블의 성격을 보다 복잡·정교하게 바꾸어 놓았다. 종래의 증권화는 자금조달을 위해 증권을 발행하는 부채의 증권화였으나 지금은 보유한 자산을 증권화하여 유동화시키는 자산의 증권화로 진전되고 있다.

한편, 정보통신 분야에서의 발전은 철도, 자동차 등 운송수단도 한 분야를 담당한다. 그리고 라디오, 컴퓨터, 인터넷으로 진화한다. 시장의 정보를 시시각각으로 알려주는 방향으로 전개되면서 버블의 진폭을 키운다. 18세기 운하와 철도의 버블은 21세기 인터넷 통신수단의 발전과 광섬유 확산에 따른 닷컴 버블과 성격을 같이한다.

큰 버블이 일어나는 지역을 보면, 19세기에는 주로 유럽열강의 아메리카 대륙에 대한 대외투자부문에서 일어나는데 영국 등 유럽, 그리고 이들 국가의 식민지에서 발생한다. 20세기에는 미국, 일본 등 선진국, 그리고 이들 국가의 중남미에 대한 투자, 그 후 아시아 신흥국에 대한 투자 등 개도국 신흥국에서 발생한다.

## 시장버블에 대한 또 다른 견해

튤립 선물거래와 토끼 경매거래로 수많은 돈 많은 사람들이 손해를 입었을 것이다. 그러나 튤립을 재배하고 토끼를 키우는 사람들에게는 도움이 되었을 수도 있다. 운하증권과 철도증권의 가격은 천정부지로 상승하면서 버블이 발생한다. 훗날 높은 가격으로 증권을 매입한 사람들이 제정신을 차리고 증권을 매각하려고 할 즈음에 증권의 가격은 급속히 폭락하는 버블붕괴를 맞는다. 그러나 운하나 철도는 많은 사람들의 채권과 주식 매입으로 건설된다.

미국의 철도건설에 내국인의 돈도 들어갔지만 외국인들도 힘을 합한 것이다. 돈을 쏟아 부은 외국인의 입장에서 원리금의 일부만 회수했겠지만 미국의 입장에서는 남는 장사일 수 있다. 마차를 타고 때로는 인디언들의 공격을 받아가면서 서부로 이동하던 미국인은 외국인들이 놓아준 기차를 타고 달리기 시작한다. 버블이 발생함으로써만 가능해지는 일이기도 하다.

한편, 풍족한 생활을 살아가기 위해 포근한 잠을 자고 일어나 맛있는 아침을 먹고 난 다음 멋있는 양복을 입고 직장에 출근하는 사람들에게 필수불가결한 것은 에너지이다. 그리하여 소비에 따라가지 못하는 석유생산으로 원유가격은 상승한다.

원유선물 가격이 상승하여 유가가 상승하면 수많은 나라 사람들이 어려움을 겪지만, 원유를 생산하는 나라들은 많은 외화를 축적하면서 다른 나라의 증권을 사거나 돈 없는 나라에 돈을 빌려준다. 유가버블은 산유국에 축복이다.

최종적으로 계산을 마감해보면, 낮은 가격에 증권을 매입하여 높은 가격에 판 사람은 이익을 본다. 높은 가격에 증권을 매입하여 낮은 가격에 판 사람은 손해를 본다. 단순하게 이 계산 결과만으로 보면 누군가는 이익을 보고 누군가는 손해를 보는 제로섬게임이다. 그러나 무엇보다도 이 버블로 인해 그들이 더 편리하게 살아가는 데 필요한 운하나 철도가 생긴 것이다. 2000년의 IT버블은 광회선과 정보기술의 발전을 가져온다.

18세기 남해버블, 19세기 운하와 철도버블, 20세기 대공황, 21세기

인터넷버블이 발생한 다음 그 붕괴과정에서 많은 벤처기업들이 사라지는 운명을 맞는다. 그러나 이 기업들은 기술혁신으로 인류의 사회인프라를 근본적으로 바꾸어 놓는 지대한 역할을 수행한다. 버블붕괴의 홍역을 치른 뒤 살아남은 산업과 기업은 더욱 강해진다.

기존 생산제품의 기능을 향상시켜 유용성을 개선하고 생산에 소요되는 비용을 삭감하는 기존기업들은 자신들의 시장점유와 이익을 지키기 위해 이노베이션의 속도를 조절하는 경우가 많다. 그러나 벤처기업들이 혁신적인 제품을 만들어 시장에 내놓아 성공하면 기존기업들은 경쟁력을 상실하는 상황으로 내몰리기도 한다.

혁신 벤처사업을 창출하는 능력, 그리고 여기에 자본투입을 가능하게 하는 시장시스템이 있다면 벤처기업과 산업이 성공할 가능성이 커진다. 벤처기업들은 증권시장에서 주식과 채권을 발행하여 대규모로 자금을 조달한다. 거래시장에서는 벤처기업에 대한 자본투입의 리스크를 잘게 쪼개어 분산시킬 수 있는 시스템을 갖추고 있다. 1990년대 후반의 IT 붐이 한 예이다.

이 시장 시스템은 국민성과 직결된다. 일종의 대박을 바라는 개인이 많은 나라일수록 벤처기업이 살아날 가능성이 크다. 시장을 외면하는 개인이 많을수록 산업과 기업의 발전을 기대하기 어렵다. 기관투자가들이 비대칭 정보와 빠른 정보를 활용하여 시장에서 큰 수익을 얻는 동안 개인들만 손실을 본다면 장기적 시장발전에 바람직하지 않다. 개인들이 등을 돌리는 시장에는 미래가 없다.

## 시장위기의 패턴을 선보인 남해버블

1720년 영국에서는 남해회사(South sea Company) 버블이 붕괴되고 프랑스에서는 미시시피회사(Mississippi Company) 버블이 붕괴된다. 남해회사의 액면 100파운드의 주식이 1720년 초반의 130파운드에서 중반에는 1,000파운드 가까이 상승한다.

이와 때를 같이하여 벤처기업인 버블기업의 설립이 우후죽순으로 난무한다. 주식매입 열기가 일어나자 새로운 회사의 주식발행 신청이 쇄도한다. 이 중에는 교각 수리회사, 동물 변종개발 회사뿐만 아니라 심지어는 어디에 소용이 되는지 알지 못하고 무 기름을 추출하는 회사도 주식을 발행한다. 바닷물에서 귀금속을 추출하는 회사, 동력 없이 영원히 돌아가는 차륜회사, 아연으로부터 은을 추출하는 회사도 주식을 발행한다.

이렇게 되자 남해회사 경영진은 버블기업 때문에 자사주 가격이 하락하지 않을까 우려하는 상황이 된다. 버블회사를 규제하는 법을 만들도록 정부에 로비한다. 이 버블회사 규제법은 회사를 설립하려면 의회에서 허가를 받도록 하고 기업들의 사업다각화를 금지하도록 한다.

1720년 6월 이후 외국투자가들이 함부르크와 암스테르담에서 거래되는 기업주식에 투자하기 위해 남해회사 주식을 매각하여 자금을 회수해 간다. 이 남해회사 버블이 붕괴하는 요인 중 하나가 외국인투자가들의 철수이다. 이후 1870년대 미국의 철도 버블붕괴, 1980년대 남미위기, 1990년대 아시아 위기, 그리고 최근에 서브프라임 문제로 야기된 국제적 금융위기에도 외국인투자가의 철수가 한 몫을 한다.

7월에 들어 영국정부가 버블회사 규제법을 발동하여 사업을 다각화한 기업에 영장을 발부하는 사태가 벌어지자 기업들의 주가가 하락하기 시작한다. 남해회사 주식을 담보로 대출(마진 론) 받아 버블기업의 주식을 매입한 투자가들은 주가하락에 따른 손실을 메우기 위해 남해회사 주식을 매각하기 시작한다.

8월에 남해회사 주가가 4분의 1 수준으로 하락하고 신용위축이 일어나면서 시장금리는 20%대로 상승하고 남해회사와 거래하던 은행이 파산한다. 남해회사 주가는 연말에 120파운드까지 폭락한다. 그 후 남해

〈그림 2-2〉 남해회사의 붕괴

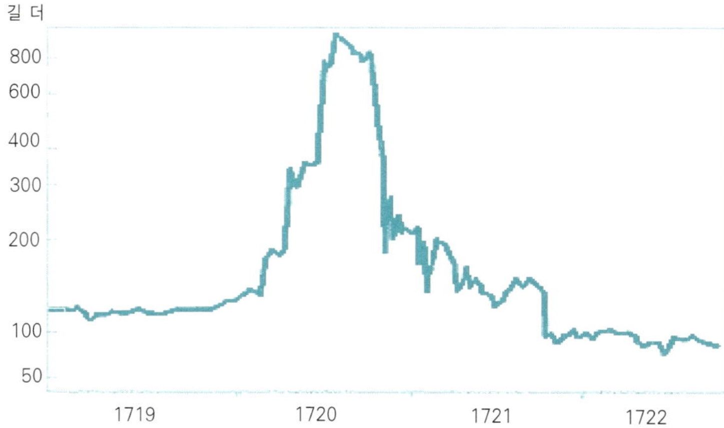


자료: Harry S. Dent, the Next Great Bubble Boom.

회사 경영이사진의 재산을 몰수하는 사태가 벌어지고 정부는 주식공매, 선물과 옵션거래를 금지하는 상황에 이른다(〈그림 2-2〉).

참고로 투자가들이 주식을 담보로 대출받는 마진론은 17세기 암스테르담에서부터 시작한다. 이 마진론 제도는 19세기 이후 남미버블과 철도버블, 그리고 대공황 등 유럽과 미국 증권시장의 버블발생과 붕괴에 큰 요인으로 작용한다. 그리고 지금까지도 헤지펀드 등이 레버리지거래에 의한 이익확대를 위해 보유증권을 담보로 대출받아 재투자하는 수법으로 광범위하게 활용된다.

19세기에 미국에서는 마진론이 콜론으로 발전하게 되는데, 이 콜론은 증권을 담보로 대출해 준 은행이 언제든지 차입자에게 대출자금의 상환을 요구하는 구조이다.

선생 한 가지 질문을 던지겠다. 여러분들이 시간여행을 할 수 있다고 하자. 18세기 당시의 영국으로 건너간다. 그런 다음 누군가를 만나 남해버블이 일어나지 않도록 경고한다면 누구를 찾아갈 건가?

나귀 저는 정부관계자들을 만나 남해회사를 민영화하는 데 주의를 기울이고 마진론에 제약을 가하도록 조언하려고 합니다.

호테 먼저 남해회사 경영진들에게 버블회사 규제법이 제정되면 남해회사에 결코 도움이 되지 않는다고 이야기할 겁니다. 돌아오는 길에 주식투자로 막대한 손실을 입은 뉴턴을 만나 조만간 주가가 떨어지니 그 이전에 보유주식을 처분하라고 귀띔해 주려고 합니다.

선생 뉴턴은 비금속을 금으로 바꾸는 연금술 연구에 푹 빠져 있어 만나기가 쉽지 않을 거다.

### 물건과 정보를 실어 나르는 철도의 버블

1873년 미국경기의 불황이 시작되고 철도회사들이 운임을 경쟁적으로 인하하자 철도주식의 가격이 급락하면서 1873년 9월 뉴욕 주식거래소가 10일간 폐쇄되기도 한다. 그리고 주식시장에서 주가가 점진적으로 하락하다가 1876년부터 주가가 다시 급락하는 상황으로 이어진다(〈그림 2-3〉).

이 주가급락은 영국의 투자가들이 그동안의 미 주가하락에 따른 주식처분과 수에즈운하 주식매입을 위한 자금수요와 결부되어 미국철도에 투자한 자본을 대거 회수한 데 기인한다.

여기서 손익관계를 따져보면, 철도증권에 투자한 영국투자가들은 투자한 증권의 가격이 하락한다고 건설된 철도레일을 뜯어 영국으로 옮길 수도 없다. 당초 미국은 철도건설에 필요한 자금을 해외에서 조달하여 철도를 건설하게 되고, 영국 투자가들은 철도증권을 보유하게 되는 투자 구도였으나, 영국 투자가들이 보유 주식과 채권을 헐값으로 매각함

〈그림 2-3〉 미국의 철도 주가지수

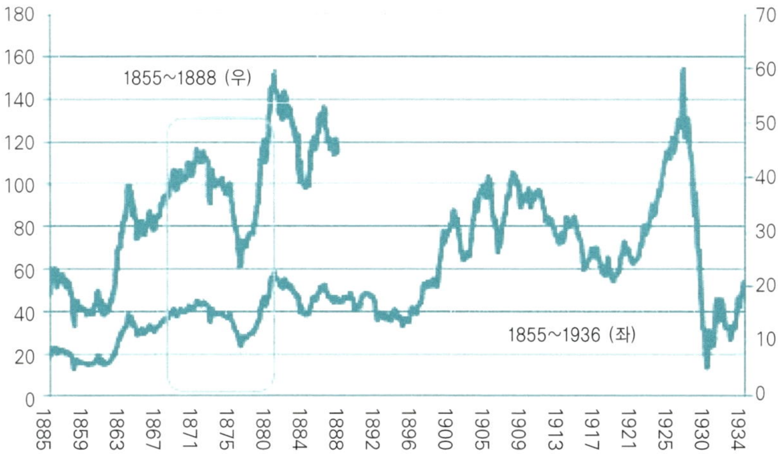


자료: NBER.

으로써 미국은 철도와 증권을 모두 손에 넣게 되는 결과를 가져온다.

그다음 어떻게 되었을까? 1878년 이후 금리가 하락하고 경기가 나아지면서 미국의 주가는 상승하기 시작하여 1880년이 되면 철도주식의 가격이 완전히 회복하게 된다. 그러나 영국은 이후 장기침체(*Long Depression*, 1873~1896) 상황으로 진입하게 된다.

**선생** 철도버블이 붕괴될 당시 일부 기업은 계획적으로 도산한 사례도 발생했다고 한다. 먼저 1백만 달러를 차입하여 현물을 매입하고, 이 현물을 80만 달러에 매각하여 현금화한다. 다음으로 채권자에게는 기업의 경영이 악화되어 2만 달러(차입금의 2% 수준) 정도밖에 갚을 수 없다고 하면서, 1백만 달러 상당의 채무증서에 대해 10만 달러(차입금의 10% 수준) 현금으로 갚겠다는 방안을 제시하여 채무증서를 회수한다.

**선생** 지금의 눈으로 보면 우스운 일이지만 당시에는 이러한 부정거래를 규제하는 법이나 제도가 완비되지 못한 상황이었다. 지금도 형태는 다르지만 규제망을 피한 부정 금융거래가 사라지지 않고 있다. 금융규제업무와 관련된 일을 하고 있는 나귀가 한 번 이야기해볼래?

나귀 시장은 규제를 회피하는 방법으로 새로운 거래방법을 고안해내기도 합니다. 이러한 진전에 규제가 발맞추지 못하는 경우도 있지만, 어떤 금융거래에 대해 규제할 것인지 말 것인지 결정하는 것이 쉽지 않은 경우도 많습니다.

## 미국의 대공황과 국제적 파급

제1차 세계대전의 전쟁터가 된 유럽이 생산의 감소, 대외채무의 급증, 물가 상승 등 어려움을 겪는 사이 미국은 수출 증대로 대량의 금과 외환을 축적한다. 패전국 독일은 고물가에 신음한다. 그리고 미국은 경상수지 흑자상태로 패전국의 전쟁보상금과 연합국에 대한 대여금이 대부분 미국으로 다시 되돌아가는 자금흐름이 이뤄진다.

세계대전을 계기로 채권국으로 부상한 미국의 과잉 민간자금은 서유럽 국가로 흘러들어간다. 특히 독일로 유입된 자금은 독일의 부흥과 전쟁 배상금 지불로 이용된다. 독일로부터 전쟁 배상금을 받은 영국과 프랑스는 전쟁 중 미국에서 빌린 돈을 갚는 데 쓰게 된다. 또한 중남미와 캐나다 등에 투자된 미국의 민간자본은 영국으로 이동하고 영국은 이 자금을 대미 무역적자에 충당하는 자금순환이 이뤄진다.

1920년대에 들어 미국에서는 자동차가 보급되고 고속도로의 건설이 이뤄진다. 영화산업이 성장하고, 웨스팅하우스가 라디오를 제품화하여 보급한다. 또한 찰스 린드버그가 비행기로 대서양을 횡단한다.

미국의 은행들은 주식과 채권매매 등 증권 업무를 영위하기 위해 전액 출자한 증권회사를 자회사로 설립한다. 그리고 남아메리카와 중앙유럽의 고이자율 채권에 대한 투자를 확대한다. 개인투자가들은 모기지론과 홈

에쿼티론, 그리고 크레디트 카드론을 활용하여 주식투자에 열을 올린다.

미국의 대공황이 발생한 원인 중 하나로 지목하는 것은 곡물가격의 폭락이다. 제 1차 세계대전으로 동유럽과 러시아의 곡물수출이 중단되자 미국과 캐나다, 그리고 아르헨티나 등이 곡물생산과 수출을 대폭 늘린다. 전쟁이 끝나고 유럽의 농산물 생산이 증가하고 동유럽과 러시아의 곡물공급이 재개되면서 곡물가격이 폭락한다.

또한 그 원인으로 제 1차 세계대전 후 과잉생산으로 상품가격이 하락하고 있음에도 임금감축이 이뤄지지 않아 실업률이 상승한 점, 각국이 무역거래에서 관세장벽과 보복관세를 부과한 점, 각국이 경쟁적으로 자국통화를 평가절하한 점, 경직적으로 금본위제를 운영한 점 등을 열거하고 있다.

이리하여 1920년대에 미국의 호경기를 가져온 과잉자본은 주식과 부동산투자와 함께 건물 신축과 자동차와 내구재의 과잉생산으로 이어진다. 그러나 1929년 주식시세 대폭락을 계기로 심각한 대공황이 시작되면서 그 여파가 다른 나라로 파급된다. 1931년 오스트리아 최대의 은행인 크레디트안슈탈트가 파산하자 이 여파는 독일과 영국으로도 파급되면서 국제금융공황의 발단이 된다.

한편, 1920년대 각국 중앙은행간 정책적 협조체제가 제 1차 세계대전을 거치면서 붕괴되고 미국은 주식시장의 과열을 억제하기 위해 금융긴축정책을, 영국과 독일은 환율방어를 위해 금융긴축정책을 유지한다. 당시 중앙은행 할인율 정책의 최대 목표는 물가안정이라기보다는 이자율 격차를 이용한 자본수지의 조정과 국제수지의 조정이라고 해도 과언이 아니다. 당시 중앙은행의 고뇌는 이자율을 인상하면 외국자본이 유입되지만 이자율을 인하하면 외국자본이 유출된다는 것이다.

금이 유럽에서 미국으로 유입되면서 유럽이 금 유출을 억제하기 위해 금리를 인상하자 유럽경기가 침체상황으로 빠져든다. 덩달아 미국의

〈그림 2-4〉 주요국의 정책금리

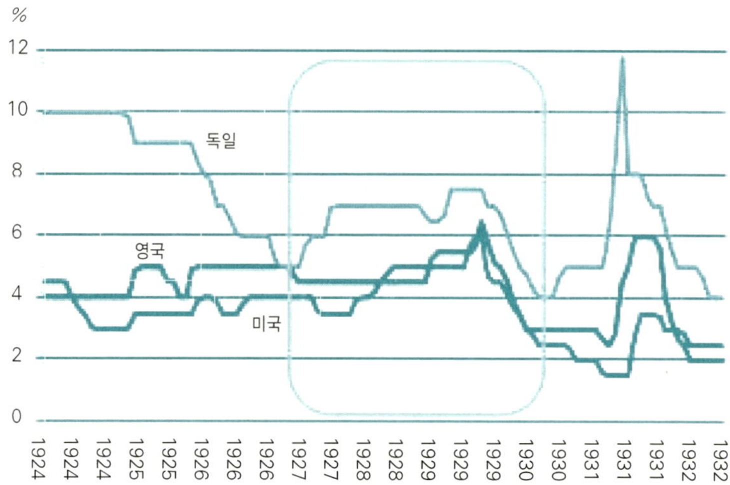


자료: NBER.

유럽에 대한 수출도 어려워지는 상황으로 전개된다.

영국이 제 1차 세계대전 전의 금 교환비율로 금본위제로 복귀하자 극심한 금 유출이 발생한다. 이에 따라 영국은 미국에게 금리를 인하하도록 압력을 가한다. FRB는 정책금리를 4%에서 3.5%로 내려 영국과의 금리격차를 2.5%p로 확대한다. 독일 제국은행은 준비금 감소로 할인율을 6%로 인상(1927년 6월)하였으나 인플레 우려가 있자 10월에 7%로 또 인상한다(〈그림 2-4〉).

1928년과 1929년 뉴욕의 투기 붐으로 유럽의 자금이 미국으로 이동하자 FRB는 투기를 억제할 목적으로 1929년 9월에 6.5%까지 할인율을 인상한다. 또한 은행들에게 증권회사에 대한 증권담보대출이 과도하다는 경고성 메시지를 보내기도 한다. 그러자 10월 28일 주가가 급락하고 콜시장이 얼어붙기 시작한다. 다음 날에는 주식의 매도주문이 쇄도한다. 재무장관이 감세안을 발표하고 FRB가 정책금리를 지속적으로

〈그림 2-5〉 버블붕괴 후의 주가 트렌드

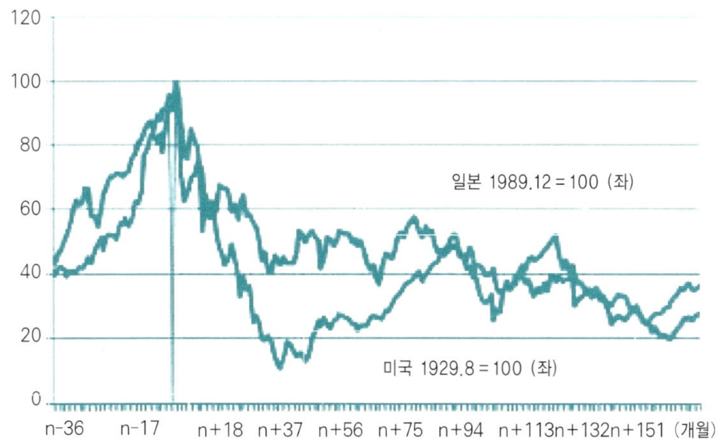


자료: 한국은행.

인하하지만 주가하락은 멈추지 않는다.

10월 뉴욕증권시장붕괴로 자금이 런던으로 유입되자 영국은 8회에 걸쳐 2.5%까지 정책금리를 내린다. 독일도 자금이 유입되자 7회에 걸쳐 할인율을 4%까지 인하한다. 그리고 각국이 금본위제를 포기하면서 국제적 통화체제가 위협받게 되는 상황으로 치닫는다.

미국은 1932년 부흥금융공사(RFC)를 설립하여 금융기관의 우선주를 매입하기 시작한다. 1933년 투자은행업무와 상업은행업무를 분리하는 글래스스티걸법을 제정하고, 이듬해에는 예금보험공사(FDIC)를 설립하고 증권거래법을 제정하면서 SEC를 설립하여 내부자 거래를 금지한다.

대공황 이듬해 미국과 영국은 무역관세 인상 등 보호무역조치를 강구하면서 세계경제는 위축에 위축을 거듭한다. 1933년 런던에서 67개국 대표가 참석한 세계경제회의가 개최되고 국제적 협력에 대해 논의한다. 그러나 제 1차 세계대전 때 영국과 프랑스 등이 미국에게 빌린 전쟁비용의 처리문제와 환율안정 문제로 회의는 결렬된다.

**독기(毒氣) 든 나무꾼**

글쓴이: 호테

나무꾼은 매번 나무를 찍는 척하다가 쇠도끼를 연못 속에 던져 넣었다. 연못 속에서 나타난 노인은 언제나 하던 것처럼 금도끼와 은도끼를 차례대로 보여주며 이것이 네것이냐고 물었다. 나무꾼은 아니라면서 자기 도끼는 오래된 쇠도끼라고 대답하였다. 이에 노인은 나무꾼의 정직함을 다시 칭찬하며 세 자루의 도끼를 모두 함께 주곤 했다.

그날도 나무꾼은 쇠도끼를 연못에 던져 넣었다. 연못 속에서 낮잠을 즐기다 잠이 덜 깬 채로 나타난 노인은 나무꾼에게 쇠도끼를 보여주며, 이것이 네 것이냐고 물었다. 나무꾼은 그렇다고 대답하였다. 보여주는 도끼 순서가 틀렸다는 걸 그때서야 깨달은 노인은 우선 쇠도끼를 나무꾼에게 건네주었다.

금도끼와 은도끼는 물어보나마나 자기 것이 아니라고 할 텐데 생각하면서 노인은 어떻게 할까 잠시 머뭇거리는 사이 나무꾼은 황망한 표정으로 말없이 쇠도끼를 흔들고 있었다. 나무꾼의 이러한 행동을 위협이라고 느낀 노인은 가지고 있던 금도끼와 은도끼를 나무꾼에게 건네지도 못하고 홀연히 사라졌다. 그리고 그 후로는 한 번도 다시 나타나지 않았다고 한다.

나귀 미국의 초대 대통령이 된 조지 워싱턴이 어린 시절 아버지가 아끼는 정원의 사과나무를 도끼로 쓰러뜨렸으나 이를 듣게 된 아버지가 워싱턴을 나무라지 않은 이유는 워싱턴이 들고 있던 도끼 때문이었다고 하데요.

(나귀는 오래 전 어디서 얻어들은 썰렁한 유머를 던졌다.)

반장 금융시장에서 어떤 문제가 발생하면 금융기관들은 정책당국이 나서서 도와주고 해결해 줄 걸로 믿는다. 이 믿음으로 인하여 모럴 해저드가 생기고. 그러나 뜻하지 않게 도와주지 못하고 내버려 두는 경우도 생기지.

호테 시장이 우리를 속이거나 기만할지라도 노여워하거나 독기를 품지 말라고 말씀하시려는 거지요?

**크리스마스 이브에 생긴 일**

글쓴이: 나귀

델라가 가진 돈은 전부 1달러 87센트였다. 20달러에 머리카락을 팔아 남편의 크리스마스 선물 값으로 21달러를 치르고 난 그녀는 87센트를 가지고 집을 향해 걸음을 재촉했다. 이 시곗줄을 시계에 채우면 짐은 어느 친구 앞에서도 시계를 보면서 창피해하지 않을 것이다. 훌륭한 시계였으나 낡은 가죽줄을 시곗줄로 쓰고 있었기 때문에 가끔 몰래 꺼내보곤 했다. 짐은 시계를 팔아, 진짜 대모갑으로 되어 있고 가장자리에 보석이 박힌 예쁜 머리빗을 샀다. 델라가 오래전부터 브로드웨이의 진열장에 놓여 있는 걸 갖고 싶어하던 머리빗이었다. 그녀는 그 빗을 가져볼 엄두를 내지 못하고 그저 속으로 안타깝게 바라보곤 했다.

짐과 델라는 선물을 받아보고서는 서로 사랑을 확인할 수 있었다. 그러나 부부간 대화부족으로 시곗줄을 사는 데 머리카락을 잘라 버렸고, 머리빗을 사는 데 시계를 팔아 버렸다는 소문이 동네사람들에게 오르내리는 것이 싫었다. 크리스마스이브 밤늦도록 다락방을 뒤지던 두 부부는 먼지가 수북이 낀 박스 안에서 결혼 전에 쓰던 가발과 차고 다녔던 짝퉁 시계를 찾아냈다.

**호테** 제가 어린 시절부터 꿈꾸어 왔던 정말 애틋한 사랑이야기 그대로입니다. 그러나 저에게는 결코 이런 일이 일어나지 않을 것입니다. 왜냐하면 무슨 일을 있어도 …. (호테는 갑자기 손을 들어 손바닥을 앞으로 향하면서 말을 계속했다.) 아내와 항상 상의하고, 아내의 뜻을 늘 따르며, 아내의 생각에 반하는 어떠한 행동도 하지 않을 것임을 엄숙히 …

(나귀가 풋 소리를 내 웃으면서 끼어들었다.)

**나귀** 근데 반장님, 왜 모조품을 짝퉁이라고 해요?

**반장** 누가 그러던데, 가짜의 '짜'와 낮추는 말 '퉁'이를 합쳤다나?

**나귀** 짝은 비슷한 두 개라는 의미에서 오지 않았을까요?

**호테** 남대문시장에 가면 물건 파는 아저씨가 지나가는 사람들의 관심을 끌기 위해 손뼉을 치면서 발을 구르는 소리가 '짝', 그리고 '퉁' 입니다.

**반장** 그러니까 생각나는데, 어느 분이 금융위기의 발생과 붕괴를 '슝', 그리고 '퍽'이라고 하던데.

**나귀** 금융위기 중 아픔이 덜한 버블붕괴는 '붕', '푹'이 어떠세요? '퍽'은 시멘트 바닥에 떨어지는 것 같아요.

**호테** 이런 시조는 어떻습니까? 제목은 버블가이며,

금리가 푹하니 주가가 슝이로다.
금리가 붕하니 주가가 퍽이로다.
어이해 환율마저 붕폭둥쿵하느뇨.

**나귀** 지은이의 호는 동키, 이름은 호테로 하여 서화로 만든 다음, 환율 금리 주가를 담당하시는 중요한 분들께 전달하면 좋겠네요.

**호테** 드디어 나귀 씨와 내가 서로 호흡이 맞기 시작했습니다. 정말 환상의 드림팀입니다.

2010년 5월 22일 토요일

## 2. 정책협력 실패에 의한 시장위기

나라들마다 무역수지와 경상수지의 적자를 해결하기 위해 해외자본의 유입을 유도한다. 이를 위해서는 자국의 금리를 인상하고 상대국과의 금리차를 확대하여 자국통화의 강세를 유도한다. 그리고 매력적인 금융상품을 제공하여 해외 투자자금이 자국으로 들어오도록 한다.

국제금융시장에서는 환류된 자금이 해외로 재투자되는 경우 더 많은 이익이 나는 나라로 배분된다. 그러다보니 자금을 배분받지 못한 나라는 국제유동성의 부족으로 국제적 금융위기가 발생한다. 다시 말해 환류된 자금이 다른 지역으로 이동하면 자금이 되돌아오지 않은 특정지역에서는 금융위기가 발생한다.

1978년 달러방어에 뒤이은 오일쇼크, 그리고 미국의 고금리로 오일달러가 되돌아가면서 1980년대는 중남미 국가들이 잃어버린 10년을 겪는다. 1985년 플라자 합의에 의해 인위적으로 달러약세를 유도하고 서독이 금융긴축 유지를 고집하는 등 국제공조의 불협화음이 생기면서 1987년 블랙먼데이가 일어나고 일본은 저금리와 엔화강세를 활용한 해외투자 붐이 막을 내리면서 잃어버린 10년을 겪는다.

1990년 동서독 통합, 그리고 통일독일의 인플레를 우려한 금융긴축정책으로 고금리를 유지하자 마르크가 강세를 보이면서 1992년 유럽국가들은 통화위기에 빠져든다. 그러자 국제자금이 방향을 바꾸어 이머징 마켓으로 투자자금이 이동한다. 1994년 이후 미국이 고금리로 방향을 바꾸면서 멕시코 페소위기가 발발한다. 뒤이어 1995년 미국이 강한 달러를 추구하자 아시아로 흘러들어온 핫머니가 되돌아가면서 아시아위기와 러시아 디폴트 사태가 벌어진다.

〈표 2-3〉 금융위기의 연쇄

## 플라자 합의에 의한 인위적 시장조정

1970년대는 오일머니의 시대로, 미 달러약세와 과잉유동성은 유가상승을 부채질한다. 이에 따라 오일달러가 많아진 산유국들은 미 달러를 매각하고, 여타통화로 분산하자 미 달러가 불안과 약세를 반복한다. 그리고 이 오일달러는 구미의 금융기관을 거쳐 중남미로 유입된다.

1979년 제 2차 석유파동으로 미국 경제는 인플레와 실업률이 상승하고 경기불황에 직면하게 된다. 그리고 재정적자와 경상적자 하에서 인플레억제와 강한 달러를 위해 1980년과 1981년 고금리정책을 유지한다. 이러한 미국의 고금리정책으로의 전환은 그동안 중남미에 투자되었던 국제자금이 미국으로 되돌아가는 상황을 만든다. 1982년 8월 멕시코 페소위기와 함께 대외채무 불이행사태가 벌어진다. 드디어 1985년 9월에는 브라질, 아르헨티나, 멕시코의 채무조정이 일어난다. 그리하여 1980년대에 중남미는 잃어버린 10년을 겪는다.

> 1980년대 후반 브라질 경제의 소비자 물가상승률이 2000%에 육박하자 택시를 타지 말고 버스를 타라는 우스개가 있다. 버스요금은 미리 내지만 택시요금은 나중에 내므로 이동하는 사이에 요금이 뛰기 때문이다.

미국은 인플레 억제를 위해 금융긴축 기조를 유지하면서 재정정책을 완화한다. 1981년에 들어선 레이건 정부는 대폭적인 감세조치를 취하면서 이로 인해 발생한 재정적자를 정부채 발행으로 충당하게 된다. 레이건 정부는 고금리 정책으로 달러가 미국으로 되돌아오도록 강한 달러 정책으로 전환한다.

일본의 투자가들이 미 정부채를 매입하게 되자 일본에서 엔자금이 미국으로 유출되면서 1달러당 170엔대였던 엔환율이 1982년에는 250엔대까지 약세로 전환된다. 이러한 일본 엔의 약세는 일본제품의 국제가격이 떨어지고 무역흑자가 커지면서 국제적 무역마찰을 초래하는 상황으로 번지게 된다.

미국의 금융긴축으로 미 달러가 강세로 전환되면서 미국의 수출이 감소하고 수입은 증가하여 미국의 무역적자는 커진다. 1985년 미국은 대외 순채무국으로 전락하고 무역수지 적자와 배당과 이자에 의한 소득수지도 적자상태에 이른다. 인플레 없는 경제성장을 위한 강한 달러정책에 대해 국내 제품제조업자들의 불만과 압력이 잇따르고 교역국간 무역마찰을 불러일으키게 된다(〈그림 2-6〉).

〈그림 2-6〉 미국의 경상수지

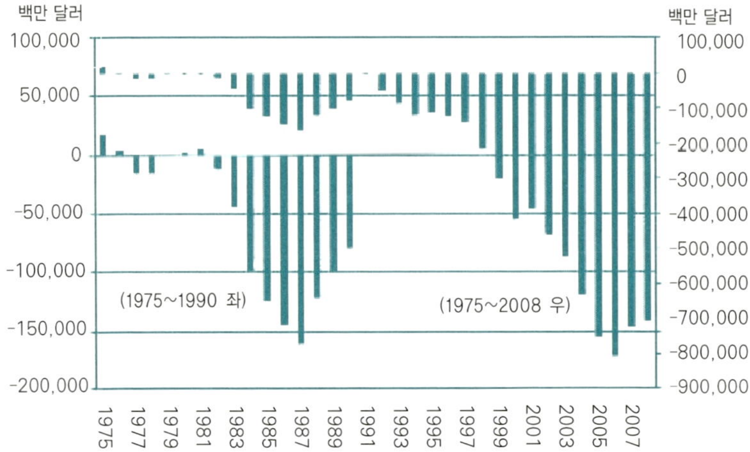


자료: BEA.

미국의 경상수지 적자가 확대되자 G5 재무장관과 중앙은행 총재들은 국제적 무역 불균형을 해소하기로 한다. 1985년 9월 22일 일요일에 베커 재무장관의 요구로 G-5(미국, 서독, 프랑스, 영국, 일본) 재무장관들이 플라자 호텔(Plaza Hotel)에 모인다. 그리고 외환시장에 개입하여 단기간에 미 달러를 10~12% 절하하기로 합의한다. 그러면서 미국은 긴축재정을 유지하고 일본과 서독은 조세삭감과 세금제도를 개선하여 개인소비를 진작시키기로 합의한다. 이와 동시에 레이건 대통령은 새로운 통상정책을 발표하여 무역상대국의 불공정 관행에 대해 대응조치를 취하기로 한다.

이 과정에서 플라자 회의 내용이 일요일 당일에 누설되는 상황이 벌어지기도 했다고 한다. 이때부터 시장은 통화당국의 발언에 대해 지대한 관심을 집중하는 계기가 된다.

이후 달러 매각 분위기가 시장의 흐름을 결정하게 되면서 각국 중앙은

〈그림 2-7〉 미 정책금리와 달러 환율

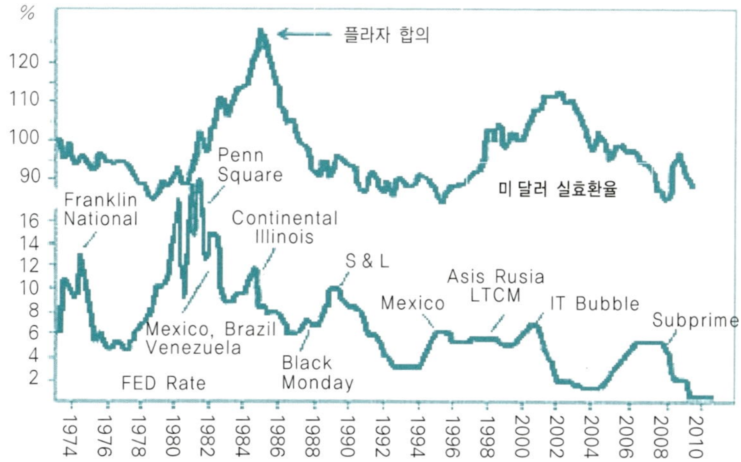


자료: FRB.

행은 그리 크지 않은 금액으로 시장에 개입하여 달러약세를 유도하게 된다. 시장의 분위기가 바뀌는 시점에서 시장에 개입하면 어렵지 않게 시장의 방향을 바꿀 수 있다.

플라자 합의가 있던 다음해 1월에 미국과 일본은 일본의 정책금리를 인하하기로 합의한다. 이는 일본이 낮은 금리를 유지하면 국민들의 미국제품에 대한 수요를 촉진하여 일본의 미국에 대한 무역흑자가 감축될 것이라고 판단한 것이다. 미국은 무역관련법(Super 301조와 Omnibus Trade Bill)을 이용하여 적절히 압박을 가하는 방법을 구사한 것으로 알려졌다.

일본 엔화가 강세가 되는 과정에서 일본은행이 정책금리를 인하하게 되자 엔화의 강세가 둔화된다. 그러나 미 금리도 인하하는 과정에 있어 미일 금리차가 크게 확대되지 않는다. 이에 따라 엔화는 금리인하에도 불구하고 약세로 전환되지 않는다. 일본은행은 2.5%로 떨어뜨린 재할인금리를 1989년 5월까지 2년 이상 유지한다. 이와 같이 지나치게 오랜 기간 동안 저금리를 유지한 데 대해 일본은행은 나중에 거품경제를 조장했다는 비난을 받게 된다.

1987년의 외환시장은 상당히 불안한 모습을 보이게 된다. 플라자합의 이후 급격한 달러화 하락에도 불구하고 미국의 경상수지는 더욱 악화되기에 이른다. 반면, 일본과 서독의 흑자규모가 선년에 비해 확대되는 등 선진국간의 대외수지 불균형이 개선되지 않고 오히려 확대되는 조짐이 나타난다. 미일의 무역역조 현상을 타개하기 위한 서독 마르크와 일본 엔화의 인위적 환율절상은 미일 양국 모두의 정책실패를 초래하게 된다(〈그림 2-8〉).

일본 엔화는 1달러당 120엔대의 강세로 치솟게 되었으나 이러한 환율강세에도 불구하고 수입원자재 가격이 하락함에 따라 생산코스트를 절감하면서 일본의 무역흑자는 계속된다. 또한 교역측면에서 플라자 합의에 의한 일본 엔화의 강세에 따라 한국, 대만, 싱가포르, 홍콩의 무역흑자가 늘어나면서 미국의 무역적자는 크게 개선되지 못한 상황이 되어버리고 만다.

이에 미국은 환율조정만으로는 대외불균형을 시정할 수 없다고 판단하여 대외통상정책의 기본방향을 환율의 인위적 조정보다는 주요 흑자국인 일본과 서독의 내수확대를 적극 요구하는 쪽으로 정책을 점차 전환한다.

1987년 2월 파리 루브르 박물관에서 개최된 G-7 재무장관 및 중앙은행 총재회의가 개최된다. 참가 각국들은 플라자 합의 이후 각국 중앙은행간 협조개입의 효과로 주요통화간의 환율이 기초경제여건에 대체로 합치되는 수준으로 조정되었다는 데 인식을 같이 한다. 그리고 앞으로도 주요 통화간의 환율을 현 수준을 크게 벗어나지 않는 범위 내에서 안정시키기로 합의한다.

이와 함께 선진국간의 대외불균형을 축소하기 위해서는 단순히 환율

〈그림 2-8〉 일본 · 독일의 경상수지

(일본)

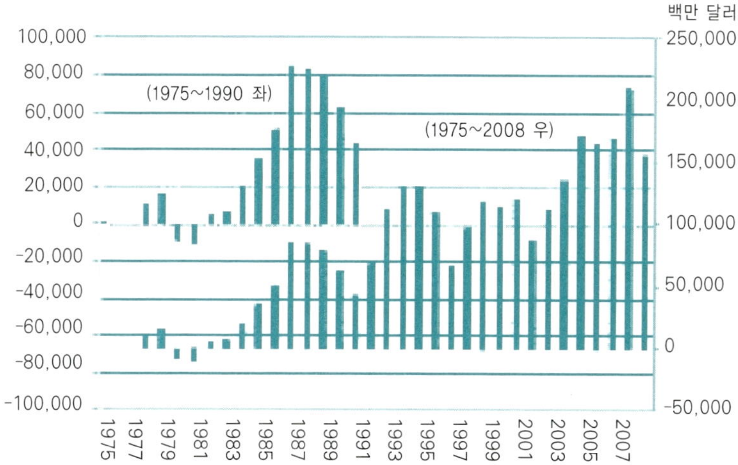


(독일)

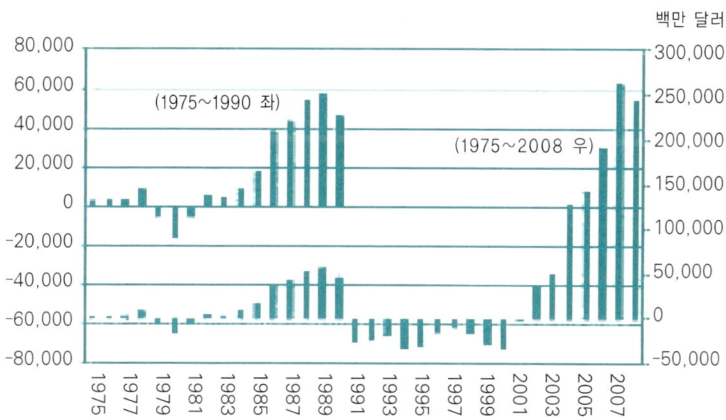


자료: BEA.

〈그림 2-9〉 플라자 합의의 파급

조정에만 의존할 것이 아니라 상호협조정신을 바탕으로 각국의 구조조정 노력이 보다 강화되어야 한다면서 미국의 재정적자 축소와 서독과 일본의 내수확대를 정책목표로 제시하고 적극적으로 이를 실현해 나가기로 한다.

## 정책 불협화음의 결과 블랙먼데이

시장에 잠재한 여러 불안요인들이 함께 표출되면서 1987년 10월 19일(월요일) 주요국 주식시장의 주가가 동시에 폭락한 사태(Black Monday)가 벌어진다.

루브르 합의내용에 따라 일본과 서독은 내수확대조치를 마련한다. 그러나 미국의 재정적자 축소노력은 기대에 미치지 못한다. 이에 일본과 서독은 정책협조의 부담을 결과적으로 자국들에게만 전가시키는 것이 아니냐는 의구심을 품게 된다. 1987년 하반기 들어 미국과 서독이 금리정책을 둘러싸고 서로 갈등이 깊어지면서 이들 국가들 간에는 정책협조의 불협화음이 가시화된다.

〈그림 2-10〉 블랙먼데이 사태의 발생

1985년 9월 플라자 합의

⇒ 일독의 경상수지 흑자 확대

⇒ 일독의 내수확대 요구

⇒ 미독 금리인상 일 금리인하 ⇒ 금융정책의 불협화음

⇒ 1987년 10월 Black Monday

플라자 합의에 의한 주요국의 금리인하 여파로 시중유동성이 급격하게 많아진데다, 미 달러화 가치가 하락하여 물가상승 압력이 가중되자 미 FRB는 1987년 초부터 공격적으로 금리를 인상한다. 이에 시장에서는 추가적 금리인상에 대한 우려가 높아진다.

서독의 경우에도 정부가 내수확대 정책을 펴는 도중에 독일연방은행은 자국 통화량 급증에 따른 인플레 재연을 우려하여 긴축으로 선회하여 정책금리를 인상한다. 그리고 시장에서는 일본은행이 조만간 재할인율을 인상할 것이라는 기사들이 쏟아져 나오기 시작한다.

한편, 주식시장은 1982년부터 5년간의 강세가 이어진다. 루브르합의 이후 달러화 가치가 추가적으로 하락하지 않을 것으로 예상한 국제투자가들은 미국 주식에 대한 투자 비중을 급격하게 늘린다.

1987년 FRB 의장에 취임한 그린스펀(Greenspan)은 언론과의 인터뷰에서 미 달러화는 아직도 고평가되어 있으며 독일과 일본의 금리인하가 필요하다고 주장한다. 베이커(Baker) 미국 재무장관은 언론과의 인터뷰에서 독일정부의 금리인상을 비난하면서 달러화 가치는 더 하락해야 한다고 언급한다.

〈그림 2-11〉 주요국의 금융정책 충돌

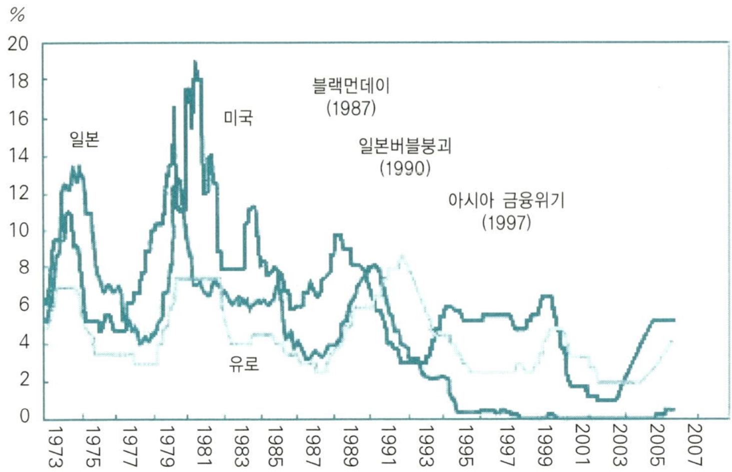


자료: FRB 등.

10월 19일 월요일, 주식시장의 폭락은 아시아에서부터 시작된다. 미 달러화의 약세 우려가 시장에 퍼지면서 미 달러화에 연동되어 움직이는 홍콩달러의 주식 매도로 이어진다. 홍콩 주식시장이 개장하자마자 팔자주문이 쏟아진다. 유럽시장도 개장과 함께 하락하기 시작한다. 미국 뉴욕시장은 아시아와 유럽시장의 폭락세를 이어 개장과 동시에 주가가 급격히 하락한다. 프로그램 매도와 주가지수선물의 매도가 연쇄적으로 이어진다(〈그림 2-12〉).

뒤이어 금융시장에 막대한 혼란으로 이어질 수 있는 신용붕괴 가능성에 대한 우려가 커진다. FRB는 미 정부채를 매입하여 시장에 유동성을 공급하기 시작하고 뉴욕 연준은 은행들을 설득하여 증권회사에게 유동성을 공급토록 한다. 정부는 주요 대기업들에게 자기주식을 취득할 것을 요구한다. 이러한 정부와 중앙은행의 신속한 조치들로 인하여 주식시장은 큰 폭으로 반등하게 되고 신용위기는 발생하지 않는다.

〈그림 2-12〉 주요국 주가지수 추이

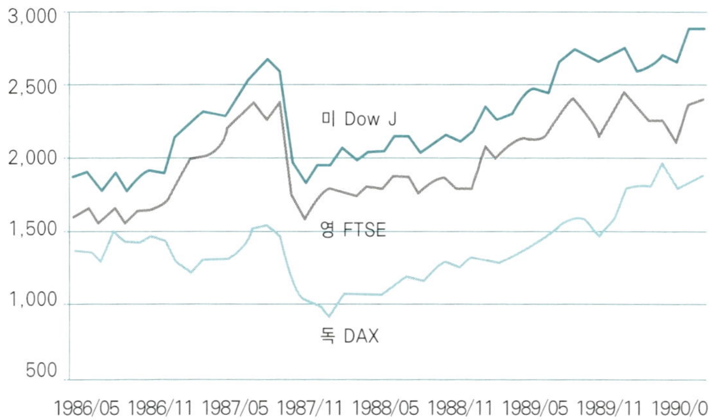


자료: 한국은행.

이후 주식시장이 다소 안정되기는 하였으나 여전히 불안한 모습을 보이자 주요국 중앙은행들은 신용경색이 추가적으로 발생하지 않도록 금리를 인하한다. 12월에 들어 G7 재무장관 및 중앙은행 총재들은 긴급모임을 갖고 추가적 달러약세가 세계경제에 도움이 되지 않으며 금리정책의 운용에서 상호 긴밀히 협조한다는 공동성명을 발표한다.

주식시장의 폭락이 재발하는 것을 제도적으로 방지하기 위한 제반 조치도 이뤄진다. 미증권거래위원회(SEC)는 증권거래소의 컴퓨터 시스템이 보다 많은 매매거래를 수행할 수 있도록 업그레이드하도록 하고, 주식옵션과 선물시장의 증거금 기준을 대폭 강화한다. 또한 주가 폭락이 일어나면 일시적으로 거래를 중단하는 서킷 브레이커(*Circuit Breaker*) 제도를 도입한다.

선생 다시 시간여행을 해보자. 1985년 9월 22일 일요일 플라자 호텔로 간다.

호테 나귀 씨랑 제가 함께 가나요?

선생 그래, 이번에는 둘이 함께 보내주지.

호테 젊은 남녀 둘이서 호텔로비를 어슬렁거리면 소문나지 않을까요?

선생 스캔들보다 이 꼬인 국제금융시장 상황을 어떻게 풀 것인가가 중요하지 않아?

호테 나귀 씨는 미국 재무장관을 만나고 저는 일본 대장상을 만나렵니다.

선생 둘이 함께 만나지 않고?

호테 전 영어회화가 딸리거든요.

나귀 저는 그동안 커피숍에서 커피나 한잔 하고 있을 테니 두 분 다 만나고 오세요.

선생 대장상을 만나서 그다음에?

호테 더 큰 문제가 기다리고 있으니 금리를 내리지 말아야 한다고 귀띔할 겁니다.

### 일본의 시장붕괴와 잃어버린 10년

외환시장에 개입해 미 달러를 일본과 서독 통화에 대해 절하하기로 합의한 플라자 협정 다음해에는 일본이 자국민들의 해외소비를 촉진하기 위해 정책금리를 인하하기로 미국과 합의한다.

일본 엔화가 강세가 되는 과정에서 정책금리를 인하하지만 일본국민의 미국제품에 대한 구매는 촉진될 기미가 보이지 않는다. 일본 엔화의 강세를 틈타 우리나라를 비롯한 아시아의 네 마리 용들이 어부지리로 미국시장을 파고들면서 미일간의 무역역조는 나아지질 않는다.

결론적으로 미일의 무역역조 현상을 타개하기 위한 일본 엔화의 인위적 환율절상과 금리인하는 미국과 일본 양국 모두의 금융정책 실패를 초래하게 된다.

급격한 엔 강세를 억제하기 위해 정책당국이 외환시장에 개입하여 달러를 사들이고 엔을 파는 상황이 되면서 시중에는 엔화자금이 풍부해진다. 아울러 소비 진작을 위해 일본은행은 금리를 인하하는 금융완화정책을 지속한다.

〈그림 2-13〉 일본의 정책금리와 엔화환율

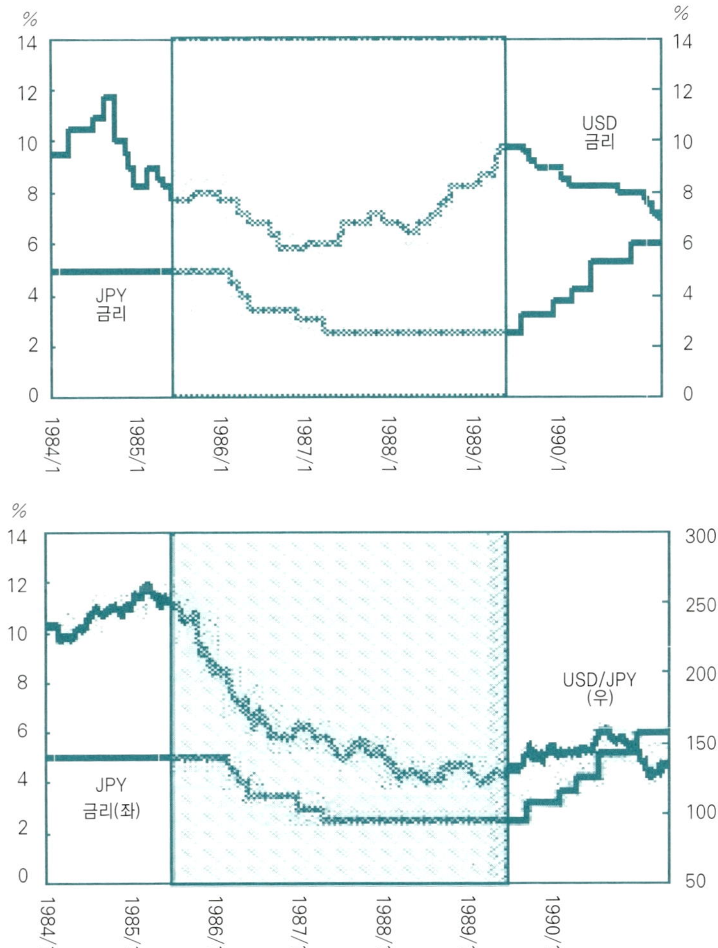


자료: BOJ 등.

기업들은 유로시장에서 달러표시로 채권을 발행하여 저금리로 자금을 조달한다. 이 조달한 자금을 엔으로 전환하여 국내 주식에 투자하여 투자수익을 확보한다. 민영화를 통한 재정 건전화를 도모하기 위한 조치로 영국이 남해회사 주식을 매각한 것처럼, 1986년 일본정부가 NTT 주식을 매각하자 개인투자가들의 신청이 쇄도하면서 주식시장을 자극하기 시작한다. 기업의 재테크에 의한 수익증대가 계속되고 주가는 상승에 상승을 반복한다.

일본의 투자가들은 낮아진 금리로 돈을 빌려 국내 주식시장과 부동산시장에 투자하기 시작하면서 국내 주가와 부동산가격은 급격히 상승한다. 부동산 재개발이 붐을 이루고 은행들은 이 부동산과 주식을 담보로 대출확대를 거듭하면서 자산가격의 거품이 형성된다. 수출기업들과 생명보험사 등은 엔화강세를 배경으로 해외 부동산과 유가증권을 사기 시작한다.

일본은 무역으로 벌어들인 막대한 자금을 해외의 부동산과 예술품 등에 투자한다. 1986년 미쓰이부동산이 엑슨빌딩을 6억 1천만 달러에 매입하고 미스비시지쇼가 록펠러센터 빌딩을 10억 달러에 매입한다. 한편 소니는 컬럼비아 영화사를 34억 달러에 매입하고, 야스다 해상화재가 반 고흐의 해바라기 그림을 4천만 달러에 매입한다.

1980년대 일본의 자금이 미국에 대규모로 흘러가던 때의 카툰이다. 미국의 노동자들이 "Buy American"(미국상품을 사자)이라고 써진 피켓을 들고 시위를 하고 있다. 그런데 저 뒤편에서 동양인 한 사람이 엔화표시 돈 자루를 들고 자그만 피켓을 들고 서 있다. 그 피켓에는 "*Buy America*"(미국을 사자) 라고 쓰여 있다.

여기서 정책실패가 나타난다. 무역마찰을 해소하기 위한 일본 엔화의 강세유도가 본래 의도하지 않았던 미국의 회사와 부동산을 매입하는

〈그림 2-14〉 미국을 사자!

자료: おおばともみつ, 世界ビジネスジョーク集.

방향으로 흘러간 것이다. 국내소비의 진작을 통해 수입을 확대하려는 일본의 금리인하는 국내 주식과 부동산버블을 초래한다. 이와 함께 기업들은 은행차입에 의한 부동산 투자에 열을 올린다. 1990년에 일본의 토지 평가액이 미국 전체 토지 평가액의 4배에 이르게 된다.

그러나 1980년대 후반 외국인들이 일본주식을 매각하고 돌아가기 시작한다. 그리고 국내 투기 열기를 식히기 위해 일본은행이 전격적으로 정책금리를 인상(1989년 12월 25일) 하고, 이듬해 4월 금융정책당국이 부동산 대출 증가율을 규제하자 기다렸다는 듯이 주식시장과 부동산시장은 얼어붙는다. 정책금리의 인상은 계속되어 1990년 8월에 6%에 이른다.

1990년 여름부터 증권회사들의 기업 손실보전 스캔들이 터지고 니케이 평균주가가 4만 엔대에서 1990년 9월에 2만 엔대로 추락한다. 1992년에는 도쿄중심부의 부동산가격이 피크에서 60%나 하락한다. 1995년 신용조합과 지방은행의 파산이 이어진다. 8월에는 효고은행 등이 파산하고 9월에는 다이와은행의 뉴욕지점이 거액의 손실을 입게 되는 사

〈그림 2-15〉 일본 엔 금리와 주가지수

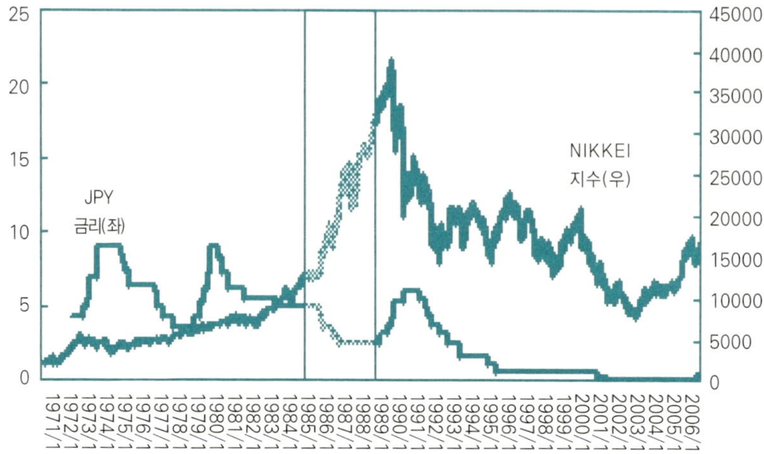


자료: BOJ 등.

고가 발생한다. 1997년 11월 3일에는 산요증권, 그리고 17일에는 홋카이도 타쿠소쿠은행, 뒤이어 24일에는 야마이치증권이 파산한다. 이를 계기로 신용시장은 얼어붙기 시작한다.

이러한 일본의 금융불안에 따라 달러 자금시장에서는 일본 금융기관에 대한 대출금리가 상승하는 재팬 프리미엄이 급격히 상승한다. 재팬 프리미엄은 일본의 은행이 해외에서 달러를 차입하는 경우 해외 은행이 통상의 금리보다 높은 금리를 요구하는 스프레드이다(〈그림 2-16〉).

예컨대 재팬 프리미엄이 100bp이면, 외국계은행은 5%에 달러자금을 조달하는 반면 일본계은행은 6%에 달러자금을 조달하는 상황이 된다. 이에 따라 외국계은행은 낮은 코스트의 자금을 조달하여 일본계은행에 대출하면 이 프리미엄만큼 수익을 확보할 수 있다.

〈그림 2-16〉 재팬 프리미엄 추이

자료: 奥田宏司, ドル體制とユーロ, 円 등

## ■ 강의 후 ■

**청개구리 3대**

글쓴이: 나귀

언제나 반대로만 나간 청개구리에게 어머니는 자기를 냇가에 묻어달라고 유언한다. 청개구리는 어머니의 죽음에 매우 슬퍼하면서, 지난날 어머니의 말을 듣지 않았던 것을 후회한다. 그리하여 청개구리는 유언대로 어머니를 집 맞은편 냇가에 묻는다.

이 청개구리가 장가가서 낳은 아들 청개구리도 매사에 반대로 행동한다. 아빠 청개구리는 지난날의 실수를 거울삼아 아들 청개구리가 나중에 자기 유언대로 해줄 것으로 생각하여 뒤편 야산에 묻어달라고 유언한다.

늘 반대로 나간 아빠 청개구리였기 때문에 그 유언이 냇가인지 야산인지 파악이 안 된 데다 자기도 항상 반대로 나간 아들 청개구리는 아빠 청개구리의 유언대로 야산에 묻어야 하는지 반대로 냇가에 묻어야 하는지 걱정하면서 아직도 아빠 청개구리를 묻지 못하고 있다고 한다.

나귀 부언해 말씀드리면, 아빠 청개구리는 어머니의 유언이 진심이라고 믿어 자기 행동을 선택하는 데 두 가지 경우수를 생각해도 되지만, 아들 청개구리는 아빠청개구리의 유언의 진실 여부에 따라 자기 행동을 선택해야 하는 경우수가 네 가지 생김으로써 의사결정에 혼돈이 발생한 상황입니다.

반장 시장에서 가격이 오른다고 해서 샀더니 가격이 떨어지고, 가격이 떨어진다고 해서 팔았더니 가격이 오르고, 그래서 사지 않고 기다렸더니 가격이 오르고, 이런 게 아닌가?

**큰바위 같은 얼굴**

글쓴이: 호테

남북전쟁 직후, 어니스트란 소년은 어머니로부터 바위 언덕에 새겨진 큰바위 얼굴을 닮은 아이가 태어나 훌륭한 인물이 될 것이라는 전설(傳說)을 들었다. 어니스트는 커서 그런 사람을 만나보았으면 하는 기대 속에서 젊은 시절을 보냈다.

세월이 흐르는 동안 돈이 많은 부자, 싸움을 잘하는 장군, 말을 잘하는 정치인들을 만났으나 큰바위 얼굴과 같은 사람은 나타나지 않았다. 그러던 어느 날 어니스트의 설교를 듣던 시인이 어니스트가 바로 '큰바위 같은 얼굴'이라고 소리쳤다.

마차를 타고 집으로 돌아가는 길에 어니스트는 손거울을 들고 자기 얼굴을 이리저리 비춰보더니 옆에 앉은 부인에게 말했다. 다음 주 읍내에 나가 친구가 운영하는 성형외과에 들려볼 참이니 미리 시간을 예약해두라고.

호테 나귀 씨 혹시 성형한 데 있습니까?

나귀 안 가르쳐줄래요.

호테 그러면 성형 잘하는 데 알고 있어요?

나귀 유도질문 같아요. 어디 고쳐야 할 데가 많아요?

호테 아니요. 모두 마음에 드는데, 내 신체 중 딱 한 군데 마음에 들지 않는 곳이 있습니다.

나귀 어딘데요? 제가 보기엔 여기저기 뜯어고쳐야 할 곳이 많은데….

호테 못생긴 새끼발가락, 딱 한 군데.

2010년 5월 29일 토요일

## 3. 강한 달러가 빚은 아시아 참극

### 미국 고금리에 따른 시장위기의 전염

국가간의 자금이동에 영향을 주는 커다란 요인은 국가간의 금리차이다. 해외로부터 자금유입을 촉진하거나 해외로의 자금유출을 억제하기 위해 금융정책을 구사한다. 자금은 돈이 있는 곳에서 돈이 없는 곳으로 이동한다. 국제적 자금흐름도 마찬가지로 돈 많은 나라에서 돈 없는 나라로 흐른다. 수익을 쫓아 자발적으로 이동하는 자금의 흐름은 어떠한 이유로 이동을 멈추거나 역류하는 상황으로 반전될 수 있다. 이리되면 돈 없는 나라는 금융위기에 빠져드는 경우가 많다.

돈 많은 부유한 사람은 돈 없는 가난한 사람에게 돈을 빌려준다. 빌려준 사람은 자신의 금전적 상황이 어려워지거나 빌린 사람의 금전적 상황이 어려워질 것으로 보이면 원리금을 돌려달라고 한다. 비가 오자 빌려간 우산을 돌려달라고 한다. 빌려준 사람은 더 좋은 수익기회가 나타나거나 자금핍박에 휩싸이게 되면 자금을 회수한다. 그리고 빌려준 사람의 자금사정이 악화될 가능성이 있다고 판단되면 빌려준 자금을 언제든지 회수하려 한다.

돈을 빌린 사람은 다른 사람에게서 다시 돈을 빌려 갚거나, 모아 둔 돈 또는 가지고 있는 자산을 팔아 갚는다. 그러나 돈을 빌린 사람이 정기적인 수입이 없거나 돈이 어딘가에 어디에 묶여있는 경우에는 위기에 빠지게 된다.

1990년대에 신흥국(*Emerging market country*)들은 환율체제를 미 달러화와 연동하면서 외자유입을 촉진하기 위해 자국의 금리를 미국금리보다 높게 유지한다. 이에 따라 미국이 정책금리를 인상하면 유입되었던 외국자본이 급속하게 이탈하면서 심각한 금융위기를 겪었다.

1990년대 초반 미국이 S&L문제로 저금리 상황을 유지하자 해외투자가들은 고금리인 멕시코 채권을 매입하면서 멕시코로 자금이 유입되기 시작한다. 그러나 미국에서 달러약세로 인해 인플레 우려기 발생하고 장기금리가 상승하면서 1994년 2월부터 정책금리를 인상하기 시작한다. 미국의 금리인상으로 채권가격이 하락하여 투자가들에게 손실이 발생하면서 멕시코에 대한 투자여력이 감소한다.

당시 1994년 1월 NAFTA가 발족하게 되자 멕시코는 미국으로부터 수입이 확대되면서 무역적자가 커지고 지방의 반정부운동이 빈발하면서 국내외투자가들이 자금을 회수하기 시작한다. 1995년 멕시코 금융시장 불안과 함께 단기금리가 급격히 상승하고 멕시코 페소화는 급격히 하락한다(〈그림 2-17〉).

1997년에는 일부 아시아 국가들에게 전염되면서 외국자본이 이탈하고 금융시장 불안에 이어 금융경제위기로 확산된다. 이 경제위기는 태국에서 최초로 발생하여 우리나라를 포함한 여타 아시아 국가들과 러시아에 급속히 전파된다. 개도국에서 이탈한 자금이 미국으로 유입되면서 미 달러화는 강세를 나타낸다.

### 아시아로 파급된 금융시장위기

1990년 초반, 미국은 경기둔화로 금리를 인하해야 하는 상황에 봉착한다. 그러나 금리를 인하하는 경우 달러의 폭락이 우려되는 상황이 된다. 달러약세와 미금리 인하는 해외에서의 미국채권시장으로 자금유입이 이뤄지지 않을 가능성이 큼에 따라 금리를 인하하기 위해서는 우선 달러가치를 안정시킬 상황에 처한다.

〈그림 2-17〉 Fed 금리와 멕시코 환율

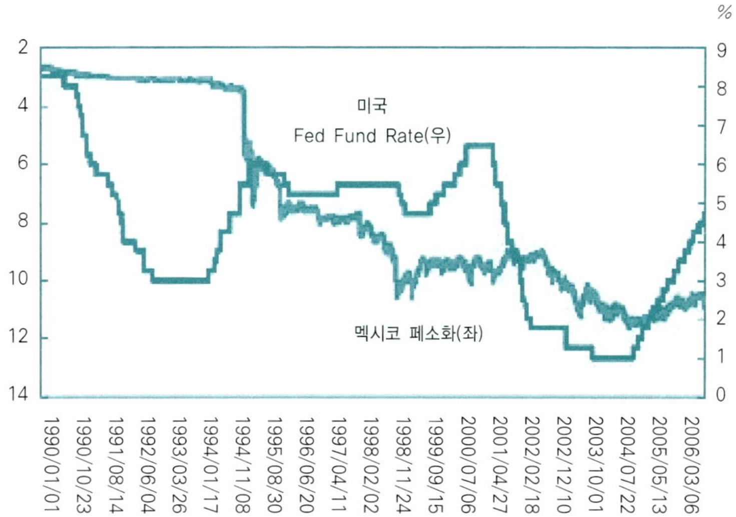


자료: FRB 등.

〈그림 2-18〉 일본 미국 유로의 정책금리 추이

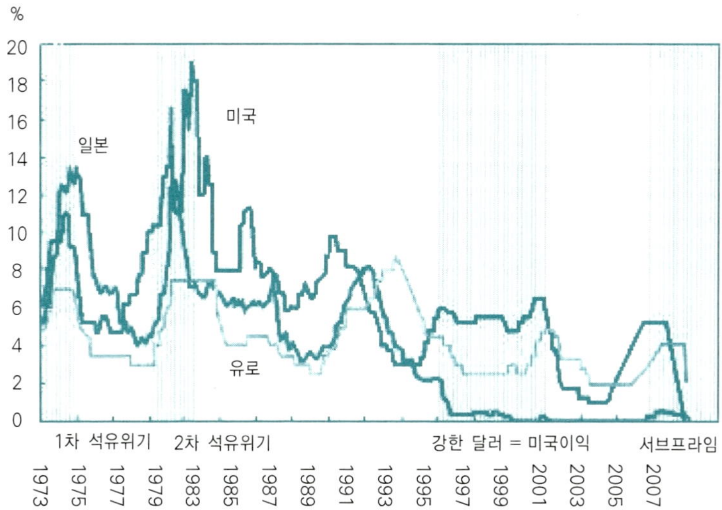


자료: FRB 등.

〈그림 2-19〉 미 달러 실효환율 추이

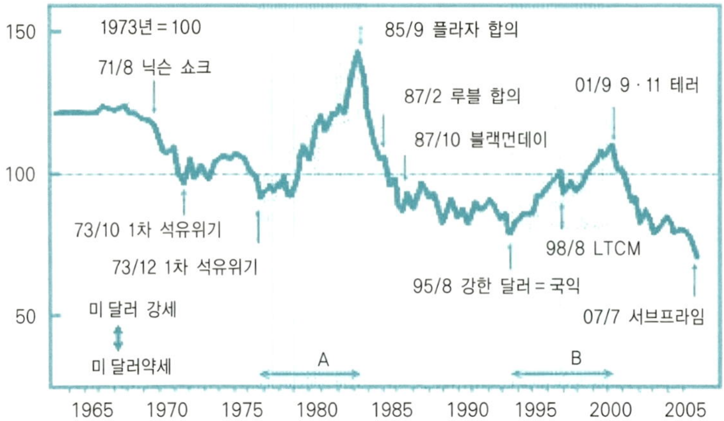


자료: FRB.

1995년 8월 재무장관에 취임한 루빈 장관은 강한 달러가 미국의 국익이라는 통화정책의 기본노선을 바꾼다. 그리하여 미국, 일본, 독일 중앙은행은 달러를 매입하고 엔과 마르크를 매각하는 시장개입을 실시한다.

일본은행은 9월 공정할인율을 0.5%까지 인하하여 일본과 미국 간의 단기시장금리차가 5% 이상 확대된다. 그리고 80엔 이하까지 강세를 보였던 엔 환율이 점차 약세로 전환된다.

엔강세·달러약세의 시정은 금융기관의 대외 외화자산을 일거에 증가시키는 결과를 초래한다. 일본계은행의 해외투자로 미국과 유로시장에 유입된 자금의 일부가 국제금융시장의 자금중개에 의해 아시아에 흘러들어간다. 이 자금은 아시아에 대한 투자자금의 원천으로 활용된다.

엔화환율의 약세로의 전환과 엔화 금리의 하락은 일본 국내투자가뿐만 아니라 해외투자가들이 저금리 통화를 조달하여 고금리 통화에 운용하는 '엔캐리 트레이드'를 촉발한다. 엔화의 약세가 진행되고 미국과 일본 간의 금리차가 지속되는 상황에서 저금리의 엔화자금을 조달하여 달

〈그림 2-20〉 태국의 외환시장 개입

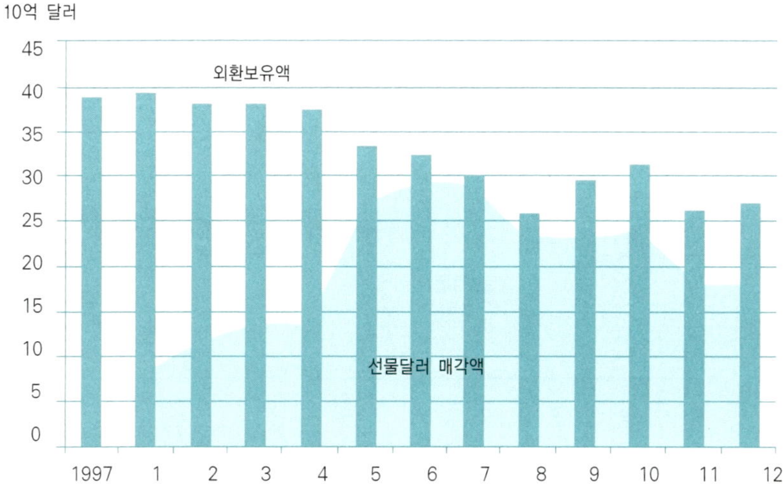


자료: BOT.

러로 바꾸어 운용하면 금리차뿐만 아니라 환차익까지 얻을 수 있게 된다. 이는 금융기관이 외환시장이나 스왑시장에서 달러를 조달하여 해외본지점 계정으로 해외지점에 달러자금을 제공하거나 해외의 헤지펀드와 투자은행들이 엔을 차입하여 달러로 운용하는 형태를 취한다.

1997년 태국의 금융위기를 초래한 것은 이 같은 캐리 트레이드다. 낮은 이자율의 자금을 빌려 높은 이자율의 자산에 투자하여 더 많은 수익을 확보하는 것이다. 예컨대 태국 바트화의 이자율이 10%일 때, 투자가는 이자율이 5%인 미 달러를 빌려 태국 바트화로 바꾸어 운용하면 5%p만큼 더 많은 이익을 올릴 수 있다.

당시 태국의 외환정책은 수년간 바트화를 미 달러에 연계하여 미 달러당 25~26바트 범위 내 일정수준으로 유지하는 환율정책을 고수했다. 헤지펀드 등 해외투자가의 입장에서는 환율이 고정되어 있다시피 하니 환위험 없이 캐리 트레이드의 대상으로 적격인 셈이었다.

〈그림 2-21〉 Fed 금리와 태국 환율

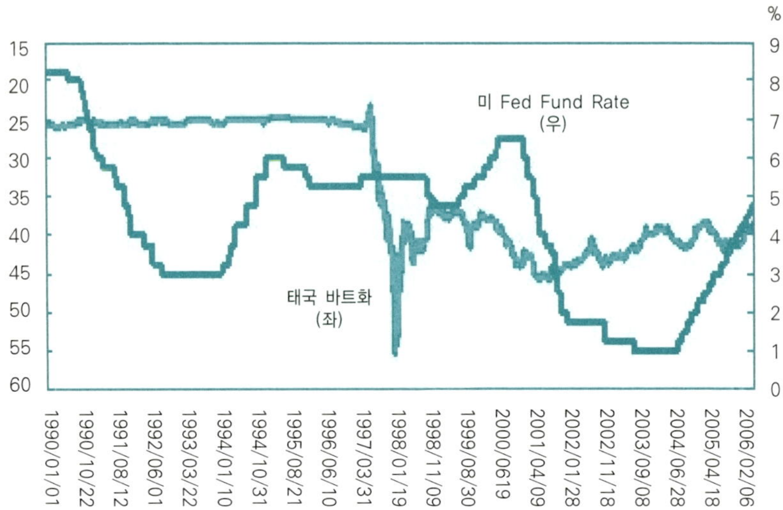


자료: FRB 등.

1997년에 들어 바트 환율이 26바트화 밑으로 가치가 떨어지자 태국 중앙은행은 바트화 가치를 올리기 위해 장외 파생금융 시장에 뛰어들어 미 달러화를 선물로 매각하기 시작한다(〈그림 2-20〉).

얼마 후 태국 중앙은행의 외환보유액은 바닥을 보이기 시작한다. 5월에는 선물환시장에서의 달러매도액이 현물보유 외환보유액에 육박한다. 1997년 7월 2일 태국은 환율방어를 포기한다고 선언하면서 바트화는 폭락하기 시작한다(〈그림 2-21〉).

태국은 당시 무역적자 상황에 처했던 터에 부동산의 불황과 주가폭락 등 자산버블의 붕괴가 통화위기를 불러일으키고 급기야는 금융위기로 번진다. 그리고 얼마 지나지 않아 인도네시아, 필리핀, 말레이시아가 비슷한 상황에 처하게 된다.

**선생** 환율안정을 위해 선물시장이나 NDF시장에 뛰어드는 것은 별로 바람직스러운 일이 아니며 매우 주의할 필요가 있다.

**호테** 현물환시장보다는 선물환시장에 개입하면 적은 금액으로도 더 큰 효과를 볼 수 있지 않습니까?

**선생** 그 말은 맞다. 그러나 시장에서 정부나 중앙은행이 어떤 특정방향으로 시장에 개입하고 있다는 사실이 알려지면서 수많은 투기꾼들을 불러 모으는 상황으로 돌변할 수 있다. 그리고 염두에 두어야 할 점은 롱포지션을 취하든 숏포지션을 취하든 이 포지션은 언젠가는 해소하지 않으면 안 된다는 사실이다.

**나귀** 시장에 알려지지 않도록 아무도 모르게 개입하면요?

**선생** 중개자가 있고 상대방이 있는 시장거래는 감출 수가 없다. 내가 알면 네가 알고, 하늘이 알면 땅도 알고, 새가 들으면 쥐도 듣는다.

태국 바트화가 폭락하자 태국, 말레이시아, 싱가포르, 홍콩 4개국 중앙은행은 상호 통화방어각서에 따라 바트화 급락을 막기 위해 약 120억 달러 상당의 바트화를 매입하는 시장개입을 한다. 그 후 일본, 중국, 호주, 인도네시아 등도 자금을 지원한다.

당시 아시아는 단기성 외화자금의 유입에 의존하면서 태국과 인도네시아는 경공업 위주의 중국과 경쟁적 관계에 놓인다. 1990년대 전반 엔강세에서 후반 엔약세로 전환되면서 한국도 대외경쟁력이 악화되는 상황에 처한다. 태국의 금융위기가 아시아 국가들에 전염되면서 외국자본의 이탈과 금융시장 불안에 이어 금융경제위기로 확산된다. 이러한 금융경제위기는 한국을 포함한 여타 아시아 국가들과 러시아에 급속히 전파된다.

이 위기로 태국은 그 해 8월 5일, 인도네시아는 10월 31일, 한국은 12월 3일 IMF 구제금융을 받게 된다. 많은 기업이 파산하고 금융기관의

〈그림 2-22〉 금융구제를 위한 재정지출

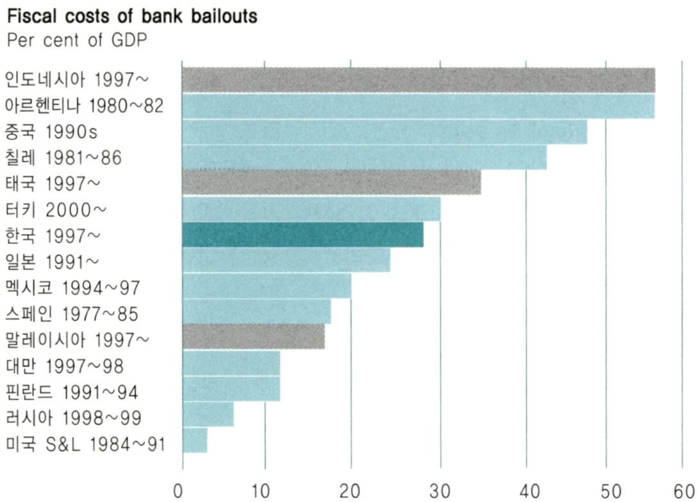


자료: World Bank.

정리와 통합, 그리고 금융구제를 위한 정부의 재정지출이 잇따른다. IMF에서 주도한 국제수지 적자해소를 위한 금융긴축 프로그램이 기업도산과 은행의 경영위기를 초래하였다는 이유로 나중에 IMF는 비난의 대상이 되기도 한다(〈그림 2-22〉).

금융위기가 발생한 요인이 무엇인가에 대한 수많은 분석 자료를 접하다 보면 금융위기를 당한 나라의 금융경제상황이나 법제도운용 측면 등 내적요인에 관한 취약점만을 내세워 분석한 경우가 많다. 패전국 책임론처럼 채무국 책임론이다.

어느 학교에서 힘 센 학생이 힘 약한 학생을 때려 힘 약한 학생이 병원에 입원하는 사고가 벌어졌다. 사고를 조사한 학생주임 교사는 다음과 같은 보고서를 작성하여 교장선생님에게 올렸다.

이와 같은 사고가 발생한 근본적 이유는 입원한 학생이 선천적으로 체구가 왜소하고, 평상시 체력단련을 게을리 하였으며, 이제까지 태권

〈그림 2-23〉 우리나라의 단기채무

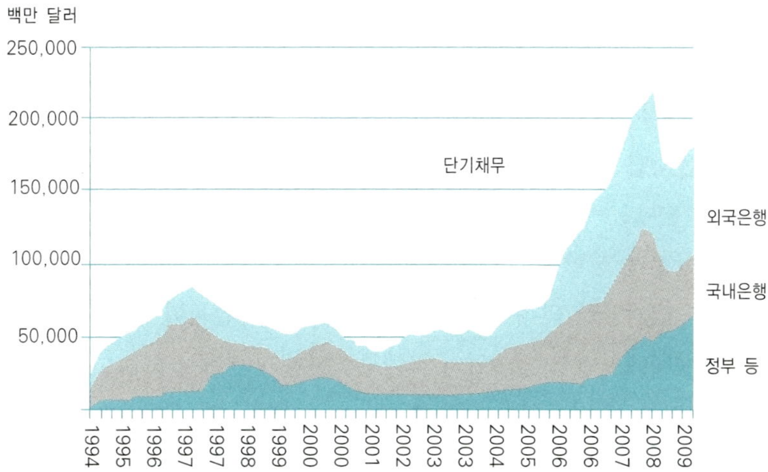


자료: 한국은행.

도나 검도 등을 배우기 위한 노력을 한 번도 기울인 바가 없다는 데 있다. 또한 힘 센 학생이 무력을 사용하려는 상황을 재빨리 파악하지 못해 도망가지 않은 데도 그 원인이 있다. 앞으로 이러한 사고가 재발하지 않기 위해서는 힘 약한 학생으로 하여금 상황판단 능력과 강건한 체력을 갖도록 지도해야 한다.

물론 한 국가의 금융위기에 그 국가의 잘못이 없을 수야 없다. 무리하게 단기외채를 끌어다가 장기 투자함으로써 유동성위기를 자초한 사실은 질책대상이 된다.

## 우리나라 금융위기의 진행과정

1996년 7월 한국은 OECD에 가입하고 선진국의 문을 두드리면서 금융자본시장의 문을 연다. 1997년 초 우리나라 은행금융기관의 해외 단기차입금리는 LIBOR+0.27% 수준으로 그다지 높은 수준은 아니며 외국인 주식투자자금이 유입될 정도로 금융자본시장은 안정된 상태를 유지한다.

그런데 1997년 1월 하순에 국내 자산규모 14위의 한보철강이 부도 처리되면서 자금시장이 얼어붙기 시작한다. 여기에 국내은행들이 차입금의 절반을 의존하던 일본계은행이 3월 결산을 앞두고 자금공급을 축소하려는 움직임으로 인하여 해외 단기차입금리가 소폭 상승한다.

3월 하순에는 삼미가 법정관리를 신청하는 상황에서도 자금사정은 비교적 안정적 상황을 유지한다. 그러나 우리나라 경상수지의 적자가 확대되고 대기업이 연쇄적으로 부도를 내자 원화환율이 상승할거라는 우려가 팽배해지면서 외국인의 국내주식투자가 순유출을 보이기 시작한다. 이러한 시장 분위기 때문에 4월에 들어서는 외국계 은행이 국내은행에 대한 크레디트 라인을 다소 늘리기는 했지만 장기자금이 아닌 초단기성 자금을 제공하려는 움직임으로 바뀐다.

은행별 차입차별화 현상이 심화되면서 일부 시중은행은 자금조달의 어려움이 가중되고 차입 만기도래분 중 일부만 기한이 연장되고 중장기 차입은 거의 불가능한 상황으로 치닫게 된다. 종금사의 경우에는 외화 차입이 어려워지자 콜 자금에 의존한다.

5월 중순에는 경영상황이 비교적 좋은 은행들마저도 초단기 CP 발행이 어려워지고 기한물차입도 절반만 롤오버되면서 단기금리가 기한물 금리보다 더 높아지는 금리역전 현상이 발생한다. 이렇게 되자 시중은행들이 지방은행과 종금사에 대한 대출을 계속 회수한다.

6월 말로 구미계 은행들의 반기결산이 끝나자 우리나라로 자금유입이 늘어나고 7월 초 국내은행의 차입여건이 다소 회복기미를 보인다. 특히 태국, 인도네시아 등 주요 동남아 금융시장 여건이 악화되면서 이들 지역에서 이탈한 자금의 일부가 우리나라 은행들로 유입된다.

그러나 7월 15일 기아그룹이 부도유예협약대상으로 지정되면서 국내은행의 자금조달 여건이 더욱 어려워지는 상황으로 치닫게 된다. 국내

〈그림 2-24〉 차입금리 스프레드 추이

자료: 한국은행.

은행에 대한 자금공여를 기피하는 해외금융기관의 수가 늘어나고 높은 금리를 요구하는 사례가 빈번해진다.

9월 중순 일본경제신문은 대기업들의 연이은 도산으로 한국금융기관의 부실채권 총액이 급증하였다는 기사를 톱으로 싣는다. 그러나 일본계 도시은행들은 한국 금융기관들과의 관계를 감안하여 현재로서는 급격한 여신감축 등은 고려하지 않고 있다는 반응도 함께 싣는다.

11월 5일에 아시안 월스트리트 저널, 블룸버그 등은 한국의 보유외환이 금융위기를 극복해 나가는 데 충분하지 못하다고 보도한다. 주요 내용은 금융기관의 신용도 하락에 따른 국제금융시장에서의 차입난, 외채 상환부담의 증가, 외환보유액의 부족 등으로 태국 등 동남아 국가들처럼 금융위기에 빠져들고 있다는 것이다. 한국은행은 원화가치 방어를 위해 보유외환을 매각하고 있으나, 150~300억 달러로 추산되는 외환보유액으로는 충분하지 못한 수준이라는 것이다(〈그림 2-26〉).

〈그림 2-25〉 경상수지와 원달러 환율

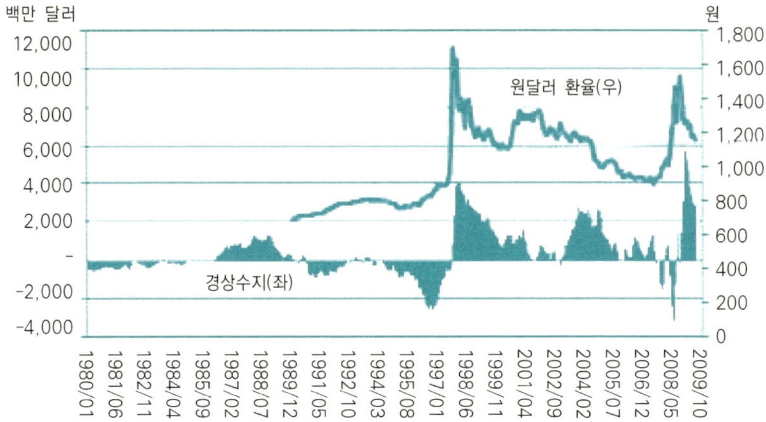


자료: 한국은행.

1996년 말 330억 달러에 이르는 외환보유액 중 일부 자금이 시중은행에 나가 있었다. 외환보유액의 시중은행 예탁제도는 1997년 외환위기 바로 직전에 만들어진 것은 아니다. 이 위기 당시 이전 오래전부터 있어 온 제도이다. 시중은행이 적극적으로 외화자산을 운용하여 높은 수익을 올리면 국부를 증대시킬 수 있다는 취지로 만들어진 제도이다.

우리는 추운 한겨울을 나기 위해서 곳간에 식량을 저장한다. 그런데 곳간에 식량이 없다. 어디로 갔을까? 옆집에게 빌려준 식량을 돌려달라고 하지만 옆집도 며칠째 굶고 있는 상황이다. 외환위기가 발생하자 시중은행에게 빌려간 돈을 갚으라고 하지만 시중은행은 돈을 빌리지도 못하니 갚을 길이 없다. 시중은행도 해외투자뿐만 아니라 지방은행이나 종금사에 빌려주어 돌려받지 못한다. 종금사 자금은 동남아국가, 중남미국가, 러시아 등에 투자되어 있다.

최근 외환보유액이 너무 많으니 적정수준을 제외한 외화자산을 수익확대에 활용하자는 논의가 다시 일고 있는 것으로 안다. 그러면 외환보유액의 적정수준이 얼마인가? 적정 외환보유액 규모는 나라마다 사정에 따라 다를 것이다. 학자들은 국제 교역규모의 몇 %, 외화채무의 몇 % 등의 지표를 제시해가면서 저마다 적정 외환보유액을 계산하려고 애쓴다. 여기서 한 가지 짚고 넘어가야 할 것은 외환보유액은 서서히 증가하지만 외채는 순식간에 늘어날 수 있다는 것이다.

〈그림 2-26〉 한중일 외환보유액 추이

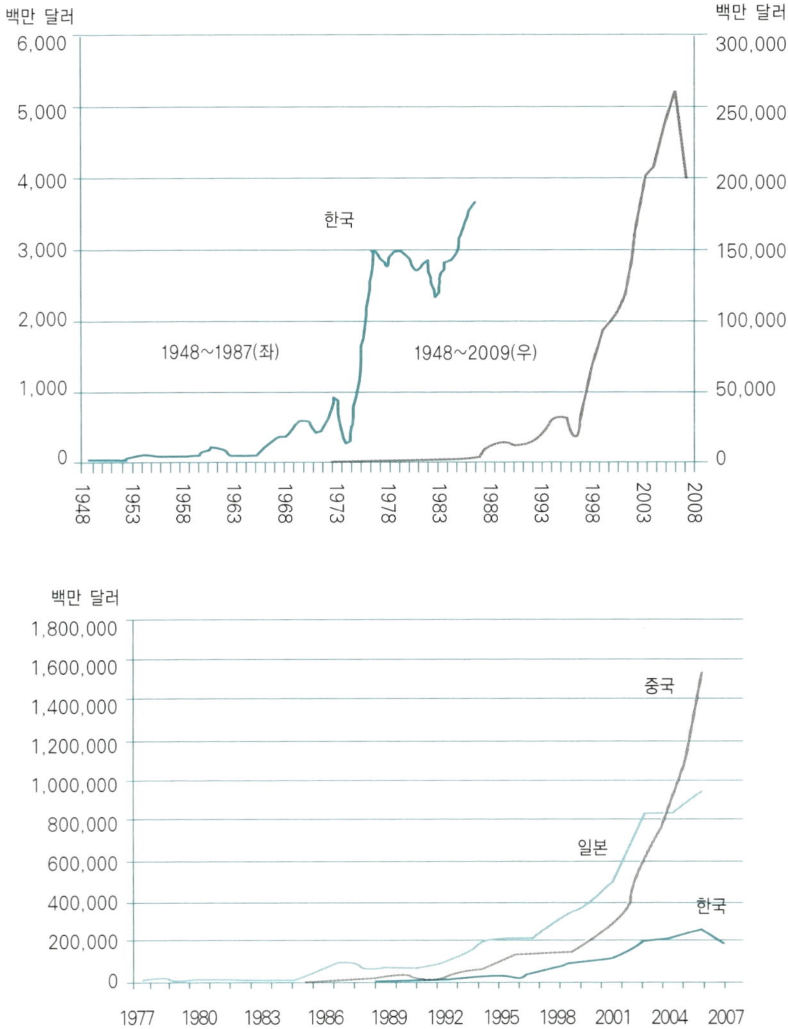


자료: IMF.

11월 중순 정부는 금융시장 안정대책을 발표하였으나 한국 경제 여건 등을 고려할 때 IMF에 자금지원 요청이 불가피할 것이라는 견해가 나타난다. 시장에서는 금번 안정대책이 금융불안의 구조적 문제에 대한 근본적 해결책으로는 부족하다고 평가한다. 종금사 영업정지 조치가 이뤄지고 3~4개 시중은행이 정리대상에 포함될 것이라는 기사가 보도되자 외국계 은행들은 우리나라 은행에 대한 크레디트 라인(*Credit-Line*) 제공을 더욱 기피한다.

드디어 12월 3일 IMF와의 협상이 타결된다. 그러나 대부분의 외국계 은행과 투자가들이 관망하는 자세를 보이는 가운데 우리나라 은행들의 차입여건은 뚜렷하게 호전되지 않는다. 이는 대부분 해외투자가들이 한국의 구조조정 과정에 대해 의구심을 가진 데다, 특히 개별 은행의 존폐 여부가 여전히 불확실함에 따라 만기가 도래되는 기간물의 경우 일단 회수하고 사태추이를 관망하려는 자세를 보였기 때문이다.

또한 시기적으로 12월 말 결산이 임박함에 따라 대부분의 외국계 은행들이 BIS 자기자본비율 제고를 위해 자금공여 규모를 축소할 수밖에 없는 상황에 처한다. 특히 우리 은행들의 차입의존도가 높은 일본계은행들은 자체 자금조달 어려움 등으로 자금공여 규모를 줄일 수밖에 없는 상황으로 치닫는다. 일본은 산요증권(三洋證券), 홋카이도 타쿠쇼쿠은행(北海道拓殖銀行), 야마이치증권(山一證券) 등의 연이은 경영파탄을 앞두고 빚어진 금융시스템의 불안, 그리고 주가하락으로 인한 주식평가손 등으로 일본 금융기관의 자체 자금사정이 크게 악화된다. 일본도 재팬 프리미엄(Japan Premium)의 상승으로 달러자금을 조달하는 데 어려움을 겪고 있어 한국계 은행에 대한 크레디트 라인과 투자확대 여력이 한계에 도달한 실정이다.

12월 25일 IMF와 주요 선진국들이 조기에 자금을 지원하겠다고 발표하면서 외국계 은행들이 우리나라 은행에 대한 크레디트 라인을 재검토

〈그림 2-27〉 한국과 태국의 무역수지 변화

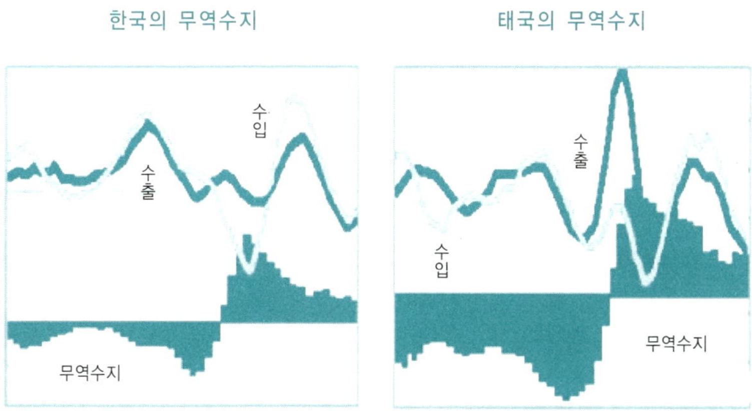


하겠다는 의사를 보이는 등 다소 긍정적 반응이 나타난다.

대부분의 일본계 금융기관들은 BIS 자기자본비율 달성 등에 대비하기 위해 자산압축을 추진 중에 있어 한국계 은행에 대한 융자금을 회수하고 싶어 하지만 한국의 금융 · 경제위기를 방치할 경우 일본이 가장 큰 타격을 받게 되므로 도와줄 수밖에 없다는 입장으로 선회한다. 12월 말에는 일본 대장성과 일본은행의 적극적 권유에 힘입어 우리나라 은행에 대한 융자금 연장이 비교적 원활히 이뤄진다.

1월 초 주요 선진 11개국(G10 및 스위스) 중앙은행과 IMF는 민간금융기관을 대상으로 한국에 대한 융자 계속 여부를 모니터링하기 시작했다고 보도된다. 그리고 한국에 대한 자금을 전액 롤오버(*roll-over*) 하지 않은 금융기관에 대해서는 그 이유를 청취하고 이를 매일 개최되는 관계국 당국자 전화회의에 보고하기로 한다.

그러자 외국계 주요 은행들은 국내금융기관의 만기도래 채무에 대한 롤오버 비율을 높이는 반면, 국내기업(해외현지법인)에 대한 여신공여 규모를 크게 축소하는 양상을 보인다.

**선생** 자! 시간여행을 떠나볼까? 어디서부터 문제지? 어디서부터 풀어야 하나?

**호테** 나귀 씨를 미국, 일본, 유럽 등에 보내 큰손들에게 찾아가 사정을 해보도록 하는 것이 어떻겠습니까?

**나귀** 이번에는 같이 안 갈 거에요?

**호테** 국내에 남아 할 일이 태산 같습니다. 정부에 OECD가입을 재고하자고 해야지요. 단기 해외차입의 억제토록 하고 외국자본이 유출되지 않도록 규제하자고 해야지요. 부채비율이 무려 400%에 이르는 기업들의 경영자들에게 부채비율을 낮추라고 해야지요. 또 환율운용의 탄력성을 기하도록 해야지요.

**선생** 그 모든 것을 일거에 해결하는 좋은 방법은 없을까?

**호테** 우리나라 원화의 대외교환성을 공표하는 겁니다.

**선생** 환율운용과 관련하여 의미 있는 그래프(〈그림 2-27〉)를 소개하면, 당시의 위기와 더불어 한국 원화와 태국 바트화는 급격히 약세로 치닫는다. 이에 따라 두 나라 모두 무역수지가 흑자로 돌아서는데, 산업구조상의 차이로 한국은 급격한 수입 감소, 그리고 태국은 급격한 수출 증가로 인한 흑자 상황이 된다.

## ■ 강의 후 ■

**분노의 포도 II**

글쓴이: 호테

옛날에 산속에 매우 게으르고 어리석은 여우가 살고 있었다. 다른 여우들이 열심히 먹이를 사냥하는 동안, 이 여우는 산속에 있는 열매를 따 먹는 것만 낙으로 삼고 있었다. 그러던 어느 날, 탐스럽게 익은 포도가 주렁주렁 열린 포도나무를 발견했다. 저 포도는 정말 맛있을 거라고 생각하면서 가까이 다가갔으나, 포도나무는 뾰족한 가시덩굴로 둘러싸여 있어 더 이상 다가갈 수가 없었다. 여우는 포도나무를 바라보며 말했다. “아마, 저 포도들은 분노로 가득 차 매우 시디실 거야. 그래서 난 안 먹을 테야." 되돌아가려다 다시 한 번 포도나무를 쳐다 본 여우는 환한 미소를 지으면서 말했다. "그래, 맞아! 내년 초여름쯤 가시덩굴이 우거지기 전에 미리 들어와 기다리다가 포도가 익으면 따먹어야지."

나귀 포도 하나 따먹으려고 그렇게 어렵게 사세요?

호테 다음 '분노의 포도 Ⅲ' 이야기가 또 있습니다.

되돌아가던 여우는 '아니다. 가시덩굴을 잘라내고 포도를 따먹어야지. 왜 진작 이런 생각을 못했을까?' 하면서 가시덩굴을 잘라내기 시작했다. 해가 질 무렵 가시덩굴을 다 잘라냈으나 날이 어두워져 다음 날 아침 일찍 포도를 따먹기로 작정하고 집으로 향했다. 다음 날 아침 여우는 부푼 기대를 안고 흥얼거리면서 포도나무로 향했다. 그런데 목을 빳빳이 세운 사자와 몸에 문신을 한 호랑이 여러 마리가 한데 어우러져 포도를 따먹고 있었다.

나귀 '분노의 포도 Ⅲ'가 더 멋있는 것 같아요. '분노의 포도 Ⅳ'는 언제쯤 나올 수 있어요?

호테 이야기가 진전될수록 저의 진한 매력이 나타나잖습니까?

나귀 조금만 풀어주면 꼭 딴 데로 흘러요.

반장 금융시장을 개방하고 나서 다른 나라 사람들한테 좋은 일 많이 해주는 상황을 이야기하려고 한 거지?

호테 저의 의도를 작품에 아무리 숨기려 해도 반장님만은 속일 수가 없어요.

**잃어버린 10년**

글쓴이: 나귀

옷과 보석을 좋아하는 루아젤 부인은 문부성 장관의 만찬모임에 참석하고, 집으로 돌아오는 길에 친구 포레스티에 부인한테 빌린 다이아몬드 목걸이를 잃어버렸다. 아버지에게서 물려받은 1만 8천 프랑에 빚을 얻어, 팔레 루아이얄의 어느 보석상에서 3만 6천 프랑으로 잃어버린 것과 똑같은 목걸이를 사서 포레스티에 부인에게 돌려주었다.

고리대금의 이자와 묵은 이자의 이자까지 다 갚기까지 그녀의 고단한 삶은 10년 동안이나 계속되었으며 그녀는 억세고 완강하고 거칠고 가난한 살림꾼 아낙네가 되어버렸다.

그러던 어느 일요일, 그녀는 샹젤리제 거리로 산책을 갔다가 우연히 어린 아이를 데리고 산책을 하는 포레스티에 부인을 만나 당시에 빌렸던 목걸이가 기껏해야 5백 프랑밖에 되지 않는 가짜였다는 것을 알게 되었다. 돌려받은 다이아몬드를 바라보면서 자신의 허영심을 탓하면서도, 가짜가 판치는 세상의 희생물이 되었다는 한스러움으로 잠을 이루지 못했다.

다음 날 목걸이를 보석상에서 감정한 결과, 그동안 값이 30만 프랑 가까이 올랐다. 다이아몬드를 팔아 큰돈을 쥐게 된 루아젤 부인은 부동산투자로 많은 돈을 벌었고 지금은 주식투자와 외환증거금거래에 열중하고 있다고 한다.

**반장** 일본의 외환증거금거래, 즉 FX마진거래와 관련된 이야기인데 2000년대 중반부터 FX마진거래를 주도하고 있는 부인들이 외환시장의 움직임을 좌지우지하는 손으로 등장한다. 이들은 남편이 출근하고 아이들이 등교한 직후 오전 9시부터 거래를 시작하지. 어느 날 여고 동창회 총무가 동기들의 저녁모임 날짜를 잡기 위해 여기저기 전화를 걸었다. 한 동창에게 전화를 걸어 모임일자로 모월 모일이 어떤지 물어보자 그 동창은 잠깐 기다리라고 하더니….

**나귀** 그래서요?

**반장** …스케줄을 점검하고 나더니 그날은 안 되겠다고 말했지. 무슨 일이 있느냐고 되묻자, 그날 밤 미연준의 FOMC회의가 있는 날이란다. 지금은 어느 누구도 이상하다고 생각하지 않을 수도 있어.

**호테** 제가 오늘 저녁을 내면 어떨까요?

**나귀** 오늘은 어렵겠어요.

**호테** 왜요?

**나귀** G20의 국제공조 문제로 회의가 열리거든요.

2010년 6월 5일 토요일

## 4. 서브프라임 사태가 프라임 사태로

### 금융시장을 둘러싼 분위기 변화

| 글로벌 저금리와 이자율 동조 |

국제적 금융위기는 금리수준과 결부된 자금조달과 자금운용에서 그 씨앗이 싹트기 시작한다.

일부 국가는 고금리를 통해 해외자본이 유입되도록 유인하는 수단으로 활용한다. 이처럼 금리를 자본유입의 수단으로 활용하는 시절에는 경쟁적 금리인상으로 국가간 불협화음이 일어나고 시장을 교란하는 요인으로 작용한다.

그러나 일부 국가는 금리를 낮은 수준으로 유지하여 국내자본을 해외로 유출시키는 수단으로 활용한다. 강제적으로 해외에 투자하도록 하는 것은 아니다. 저 수익률의 금융환경에서 각국의 투자가들은 수익률이 높은 금융상품으로 눈을 돌릴 수밖에 없다.

스위스와 일본 등 자본축적이 이뤄진 나라들은 자국의 저금리로 인해 수익률 한계에 봉착한다. 그리고 수익률 향상의 방법으로 다른 나라에 대한 투자로 눈을 돌린다. 이들 나라들은 국제금융시장에 자금을 공급하는 역할을 수행한다. A국이 B국에 투자하고 B국은 C국에 투자하는 연쇄가 이뤄지면서 어떤 금융위기가 전세계적 금융위기로 파급되는 토양이 마련된다.

이와 함께, 가계와 기업의 자본이 축적된 나라뿐만 아니라 해외에서 자금이 유입된 나라에서는 시장에 자금이 풍부해지면서 이자율이 낮아

〈그림 2-28〉 미 정부채 10년물과의 금리차

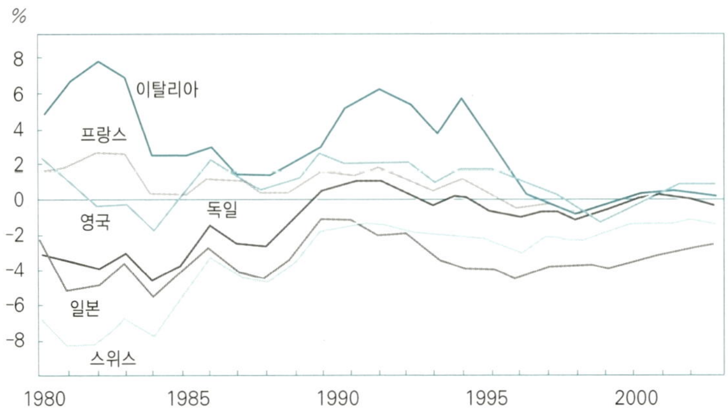


자료: Sydney Homer & Richard Sylla, *A History of Interest*.

질 수밖에 없는 상황으로 전개된다. 이것이 글로벌 저금리로 각국 이자율이 동조하는 현상을 불러일으킨다.

1990년대에 공산권이 국제금융시장에 새롭게 진입하고, 각국의 기술발전에 의한 생산성 향상과 더불어 자원 활용의 효율성을 확보한다. 그리하여 2000년 이후 세계적으로 물가가 안정되면서 국제적 저금리 체제로 진입한다(〈그림 2-29〉).

여기서 짚고 넘어가야 할 하나는, 물가지수를 발표하는데 언제부터인지 코어 인플레이션(*core inflation*)이라는 용어가 사용되기 시작한다는 것이다. 이는 핵심 물가지수 또는 근원 물가지수라고 하는데, 일시적 외부충격이라든가 계절적 요인에 의한 물가의 오르내림을 배제하는 물가지수이다.

이 지수는 식료품이나 에너지의 가격 등을 제외한 물가로서 물가 트렌드 파악이나 인플레이션 목표설정에 활용하는 지표이다. 그러다보니 발표되는 물가상승률이 낮은 수준에 머무는 상황이 된다.

〈그림 2-29〉 주요국의 장기금리 추이

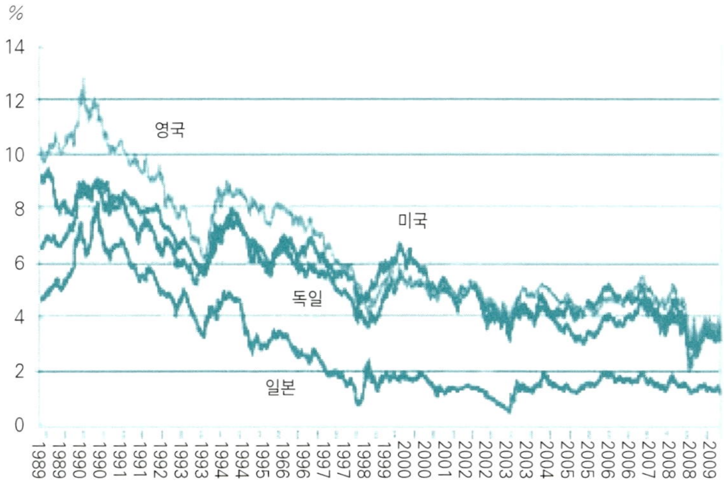


자료: 한국은행.

〈그림 2-30〉 파생금융거래 규모

자료: BIS.

〈그림 2-31〉 미국의 은행 파산 건수

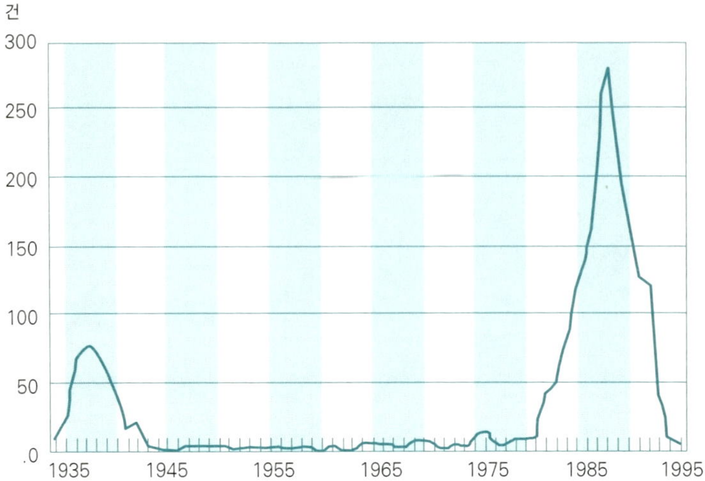


자료: FDIC.

한편, 먼 옛날 1880년대에도 세계 자본시장의 통합과 국제적 자본이동의 증대에 기인하여 각국의 이자율 격차가 축소되는 현상이 나타난 적이 있다. 자금 잉여국에서 자금 부족국으로 돈이 이동하면서 자금 부족국의 이자율이 하락한다. 그리고 채무불이행에 대한 우려가 작아지면서 국가간 스프레드도 축소된다.

그때와 마찬가지로, 2000년대에 들어 국제적 저금리와 저스프레드 현상이 나타나고 국별 이자율간 동조화 현상이 나타난다. 그러나 저금리와 저스프레드 상황은 시장참가자들이 위험한 투자에 눈을 돌리도록 부추긴다. 일정수준의 이익을 확보하려고 파생금융거래와 레버리지거래에 빠져든다(〈그림 2-30〉).

### | BIS 자기자본규제의 회피 |

미국에서는 S&L문제로 1980년부터 1994년까지 많은 은행과 저축대부조합이 파산한다. 1980년대 당시 일본의 금융기관들은 저리의 엔화

〈그림 2-32〉 미국의 은행 자기자본비율

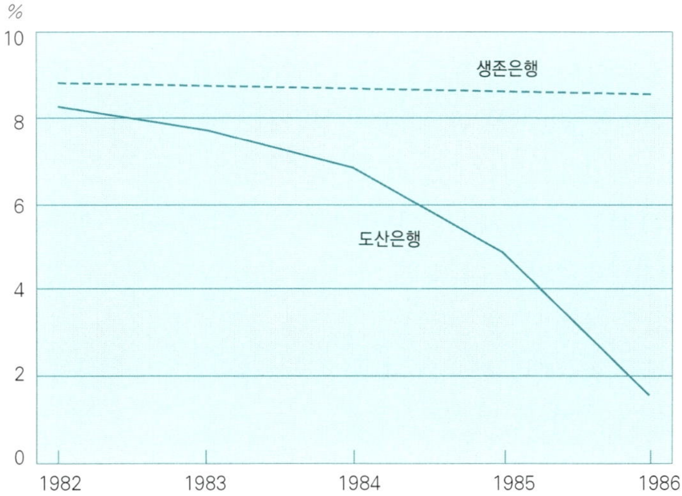


자료: FDIC.

와 풍부한 유동성으로 전세계를 누비고 다닌다. 자산규모로 세계 최대 은행 순위를 일본계은행이 석권한다(〈그림 2-31〉).

FRB의 볼커의장은 1984년 3월 중앙은행 총재회의에서 자기자본비율의 국제적 통일의 필요성을 역설한다. 상이한 제도를 갖는 국가간에 자기자본비율의 상호비교가 가능하도록 통일된 국제적 자기자본비율을 설정하자고 바젤위원회에 제안하게 된다.

1986년 9월 영란은행 총재공관에서 미국과 영국의 두 나라 중앙은행 총재는 국제적 자기자본비율을 만들기로 한다. 금융기관이 뉴욕과 런던 국제금융시장에 참가하려면 이 비율을 지키도록 한다는 것. 그리하여 1987년 미국과 영국의 은행감독당국은 자기자본비율의 국제적 통일에 관한 공동제안을 발표한다. 두 나라간 합의에 의해 이뤄진 이 제안에 독일과 프랑스와 일본은 반대한다.

1988년 BIS에서는 국제적인 은행 금융기관의 경영건전성 확보라는 목적으로 소요자기자본비율이라는 틀이 만들어진다. 운용자산의 위험의 크기에 대한 최저 소요 자기자본비율을 미국은 10%를 주장하고 일본은 6%를 주장하여 절충점으로 8%가 되었다고 한다. 이 자기자본비율 8%의 기준을 굳이 찾자면, 미 FDIC의 자료에서 자기자본비율이 8% 이상인 금융기관은 망하지 않고 살아남더라는 것이다(〈그림 2-32〉).

미국의 상위 은행들의 자기자본비율은 평균 약 8%이며, 일본은 유가증권 평가익을 감안하지 않으면 4% 정도이고, 감안하면 6% 정도로 일본은행들은 자기자본을 늘리든지, 리스크 자산을 줄이든지, 뉴욕과 런던시장에서 철수해야 한다. 나중에 일본의 요구로 주식평가익의 45%를 자기자본에 산입하기로 합의한다.

그러나 주가하락은 은행의 이익을 감소시켜 자기자본비율을 하락시키는 요인으로 작용한다. 1990년대 주가하락은 일본계은행들이 영업하는데 발목을 잡는다. 이 자기자본비율 8%를 기준으로 개도국의 은행 금융기관들은 생존의 갈림길에서 웃고 울어야 하는 상황도 벌어진다.

> 초등학교 학생들이 동네에 하나밖에 없는 학교 운동장에서 막 축구를 하려고 하는 사이 고등학생들이 나타났다. 그리고는 초등학교 학생들에게 각 팀 11명씩 참가하여 시합하자고 제의하면서 이긴 편이 운동장을 쓰자고 했다. 초등학생들은 실력의 차이로 한 편에게만 유리한 불공정 게임이라면서 그렇게 할 수 없다고 말했다. 그러자 고등학생들은 말했다. 한 편이 11명이 되어 모두 22명이 축구를 하는 것은 국제적 룰이며 국제적 룰에 따라 시합을 하는 것이 공정한 게임이다, 그리고 자꾸 강한 상대와 시합을 해보아야만 축구실력이 향상되면서 경쟁력이 커진다고.
>
> 초등학생들은 운동장을 자기들이 먼저 선점했으므로 그럴 수 없다고 버텼다. 그러자 고등학생들은 마음에 들지 않는다면 초딩과 고딩 반반씩 섞어서 팀을 구성하여 시합을 하자고 제안했다. 이 제안으로 이뤄진 시합에서 고등학생들의 축구잔치는 계속되었다.

은행은 자기자본비율이 떨어지지 않도록 하려면 자기자본비율의 분모에 해당되는 리스크자산을 축소해야 한다. BIS 규제가 도입되자 자기자본비율이 낮은 일본의 은행들은 대출을 축소해야 하는 상황에 직면하게 된다. 이로 인해 일본의 엔표시 대출이 급격히 감소하면서 국제 신디케이트론이 축소된다.

이 규제로 위험가중치가 낮은 선진국으로의 자금이 집중되는 현상이 나타난다. 은행 금융기관은 대출자산의 가중치를 낮추기 위해 이를 증권화하여 시장에 유동화시킨다. 시장에서 팔리지 않은 증권을 보유하더라도 신용등급이 높아진 탓에 더 적은 자기자본이 소요된다. 그리고 대차대조표에서 부실자산을 제거하기 위해 별도의 회사를 운용하는 사례가 여기저기에서 발생한다.

## 부채의 증권화에서 자산의 증권화로

은행 금융기관은 전통적으로 예금을 받아 대출해 주는 업무를 영위해 온다. 1980년대에 이르러서는 대출자산의 리스크를 줄이고 대규모 자금을 공급하는 방안의 하나로 여러 금융기관이 함께 대출해 주는 신디케이트론을 활발히 활용한다. 그러나 금융기관의 금융혁신은 여기서 그치지 않는다.

1990년대에 들어서는 대출자산을 증권으로 만들어 시장에 내다 판다. 그리하여 대출자산이 부실화되어 입게 되는 위험을 제거해 버린다. 예금을 받아 대출해 주고, 그리고 다시 들어온 예금을 대출해 주는 신용창조와 달리 증권을 담보로 대출하는 금융에서 더 나아가 증권을 담보로 증권을 발행하는 증권창조가 이뤄진다.

증권화에는 채무자의 부채 증권화와 채권자의 자산 증권화가 있다. 부채의 증권화는 주식과 채권을 발행하여 자금을 조달하는 것을 말한

〈그림 2-33〉 금융거래 상품

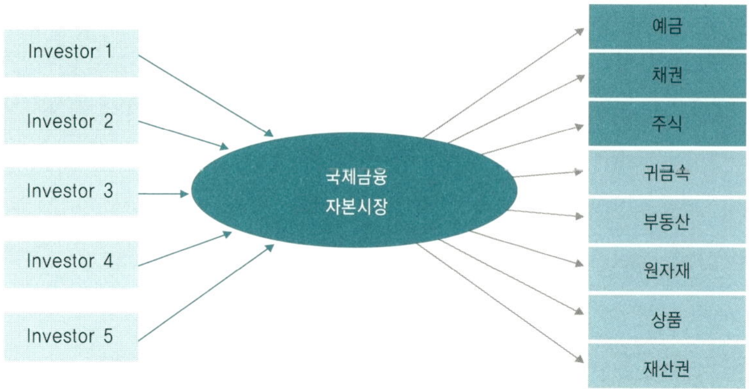


다. 자금을 조달하는 부채의 증권화는 국가채무를 증권화한 정부채와 기업채무를 증권화한 사채 또는 주식 등을 말한다. 자산의 증권화는 대출채권 등을 증권화하고 시장에 이를 팔아 자금을 회수하는 것을 말한다. 서브프라임 사태는 주택대출채권의 증권화에 기인하여 발생한 금융위기이다.

이제는 대출채권의 증권화에 더하여 부동산의 리츠나 금의 ETF처럼 실물자산을 증권화하고 있다. 그리고 탄소배출권과 같은 권리를 증권화한 상품이 등장하고 있다. 거래소에 상장된 금융상품을 지수화한 다음에 이를 매개로 또다시 새로운 상품을 만들어 시장에 내다팔고 있다.

미국은 2000년 닷컴버블붕괴, 2001년 동시다발테러 발생, 2002년 부정회계문제 발생, 2003년 이라크전쟁 등에 대응한 연속적 금리인하로 저금리상황이 된다. 이에 금융기관은 기업대출이 축소되자 주택구입 수요의 증가에 대응하면서 새로운 수익원 확보가 필요한 상황에 처한다. 그리하여 대출자산의 증권화에 박차를 가한다(〈그림 2-34〉).

증권화에는 여러 문제점이 도사린다. 주택대출증권인 모기지 증권(MBS)에 대한 신용 디폴트스왑(CDS) 거래가 이뤄지고 MBS를 담보로 채

〈그림 2-34〉 미국의 금리와 상업은행 부동산대출

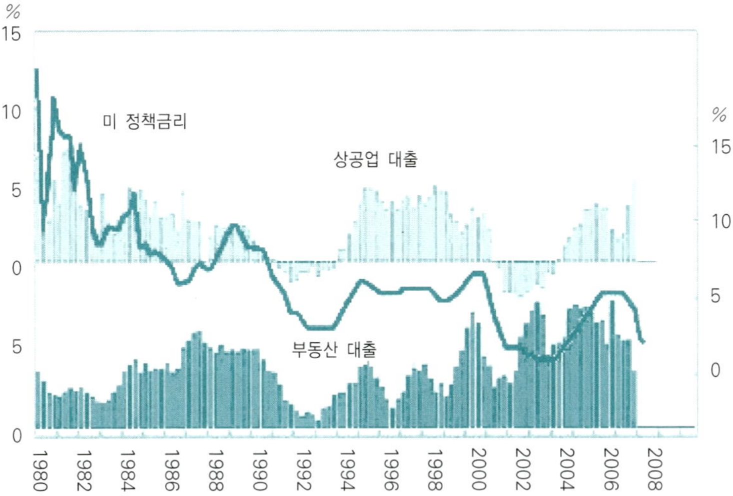


자료: FRB.

무담보증권(CDO와 ABCP)이 발행되는 증권이 증권을 낳는 증권창조의 연결고리에서 주택대출 차입자에 채무불이행 문제가 발생하면 이 증권화한 자산의 거품이 연속적으로 무너져 내리는 결과를 가져온다.

자산담보증권의 상환불능이 발생한 경우, 자산담보증권에 직접 투자한 헤지펀드와 금융기관에 손실이 발생하고 금융기관은 헤지펀드에 빌려준 자금의 회수가 어려워진다. 금융기관의 유동성 소요자금 조달에 따라 시장금리가 상승하고 신규융자를 억제하면서 신용경색이 발생한다. 또한 헤지펀드는 파산 또는 청산하거나 증권투자 자금을 회수하게 되면서 증권가격이 급속히 하락한다.

한편, 투자자산이 직면하는 금융리스크에는 시장리스크, 신용리스크, 유동성리스크, 규제리스크 등이 있다. 투자은행 등 금융기관과 헤지펀드, 그리고 연기금운용기관 등은 어떻게 하면 이 리스크를 줄일 수 있을까 골몰했다.

〈그림 2-35〉 자산담보부 증권의 자금흐름

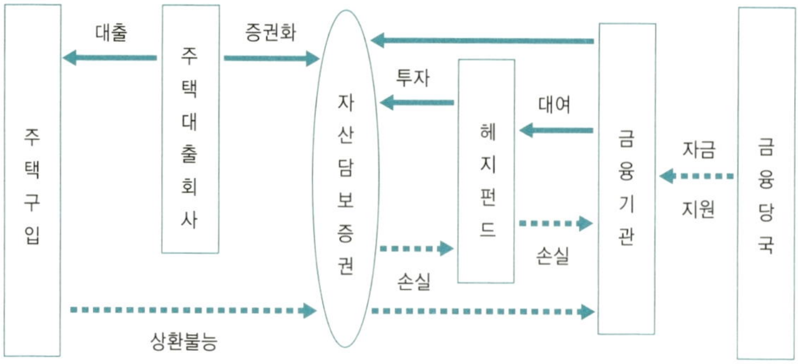


우선 시장리스크를 줄이려면 시가변동에 별로 영향받지 않는 비상장 주식에 투자하거나 개별종목의 리스크를 줄이는 분산투자를 하거나 경기변동에 대응하여 공매도와 선물로 매각하는 방법 등을 활용한다. 규제리스크를 회피하기 위해 신용평가기관에게 높은 등급을 받은 투자물을 구성자산에 편입한다.

다음으로 신용위험을 줄이기 위해 대출채권을 증권화하여 유동화한다. 또는 차입자의 신용을 담보로 하는 CDS거래를 한다. 이로 인해 대출시장에 참가할 수 없는 증권회사나 보험회사, 연금기금, 더구나 개인투자가까지도 이 시장에의 참가가 가능해진다.

그런데 문제는 여기서 발생한다. 신용위험을 시장위험으로 바꾸어 놓았다는 데 있다. 주식과 채권은 거래소에서 거래되면서 발행자의 경영상태가 어느 정도인지 투자가에 알려져 있다. 그러나 금융기관 대출에 있어서는 차입자의 신용상태가 어느 정도인지 투자가는 알지 못한다. 차입자의 신용위험이 보유한 증권의 시장위험에 전이된다. 시장참가자들은 이 신용위험을 인식하지 못한 상황에서 보유증권이 시장에서 일거에 폭락하는 상황을 맞게 된다. 그리하여 보유하고 있는 건전자산에까지 그 영향이 파급된다.

대출은행은 대출자산을 증권화하여 투자가들에게 매각하여 리스크를 제거했다고 한다. 개별은행의 입장에서는 리스크 체감의 법칙이다. 일견 다수의 투자가들에게 리스크가 분산됨으로써 시장전체적 리스크가 감소된 것처럼 착각할 수도 있다. 그러나 차입자의 채무불이행 위험의 크기는 하나도 변하지 않는다. 리스크 불변의 법칙이다. 증권화하여 다수의 투자가들에게 리스크를 분산한다고 차입자의 리스크 크기가 줄어든 것이 아니다.

대출 금융기관은 리스크를 제거했다고 장담하겠지만, 더 많은 리스크를 선택할 여지가 생기기 때문에 더 많은 리스크를 선택한다. 그리하다보면 금융시장리스크의 크기는 누적적으로 증가한다. 대출 금융기관은 리스크를 제거 가능하다고 믿어 대출심사를 소홀히 한다. 그리고 이미 자기의 손을 떠난 자산에 대해 철저히 사후 관리할 필요성을 상실한다. 리스크 체증의 법칙이다.

또한 직접대출의 경우 차입자의 경영상황이 어려워지면 차입자는 대출은행에 차입연장을 요청하면서 위기를 벗어날 수도 있으나 증권화는 자금의 공급자와 수요자가 단절되면서 이러한 해결에 어려움이 있다. 이 또한 리스크 체증의 요인이 된다.

## 시장에 휘몰아친 블랙 에브리데이

2007년 상반기까지만 해도 서브프라임 대출이란 단어를 들어본 사람은 그리 많지 않았을 것이다. 그리고 알트 에이(Alt A) 대출이라는 단어는 더더욱 아니다. 서브프라임 대출의 부실에 따른 주택대출 관련 증권화 상품에서의 손실로 투자은행들의 경영악화가 뉴스를 장식하더니 시간이 흐르면서 모노라인과 특별회사(SCV)의 도산에 대한 우려가 쏟아져 나왔다. 이 용어도 생소하다. 모노라인은 채권만을 보증하는 회사여

〈그림 2-36〉 미국의 주택자금 차입비율

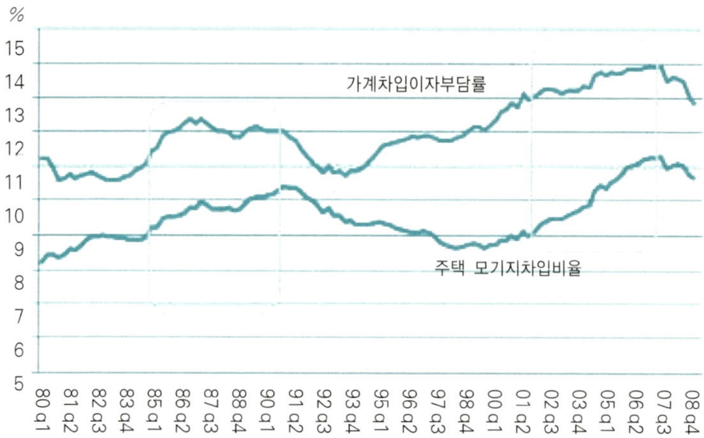


자료: FRB.

서 모노라인이라고 한다. 처음에는 지방채를 보증하는 업무로 출발하였으나 나중에는 주택대출채권도 보증하는 업무로 영역을 확대한다.

신용이 낮은 고위험 채무자에 대한 모기지대출이 서브프라임 대출이다. 이들 고위험 채무자들은 2000년 이후 집값 상승과 신종 모기지대출 상품의 개발에 힘입어 수입과 직장, 자산이 없어도 대출받을 수 있는 NINA(*No Income, No Asset*), NINJA(*No Income, No Job & Asset*) 등 모기지대출 시장에 빠른 속도로 확대된다. 금융기관의 입장에서는 주택대출을 증권화한 상품을 유동화하여 대출리스크를 제거하면서 주택금융 융자심사와 사후관리를 소홀히 하게 된다.

저금리 상황에서는 주택시장이 활황이었으나 점진적 금리인상과 더불어 2006년 후반부터 미국의 주택시장이 얼어붙기 시작한다. 당시 대부분의 주택론은 2년간 고정금리를 적용하고, 3년째부터는 변동금리를 적용하는 조건으로 대출된다. 금리를 인상하는 과정에서 상환해야 할 이자가 급격히 증가하는 구조이다.

은행 금융기관은 SIV를 활용하여 주택대출 자산을 매각한다. 이러한 자산압축은 대차대조표상의 리스크를 제거하여 BIS 자기자본을 상승시키는 효과가 있다. 또한 복수의 MBS 모기지를 뒤섞어 고수익 저위험 상품을 만들어내고 모노라인의 보증을 받아 신용평가회사로부터 높은 신용등급을 부여받는다. 매각되지 않은 자산을 그대로 보유하더라도 자산의 신용등급이 상승하여 BIS 자기자본을 상승시키는 효과가 있다.

> 어린 시절 시골에서 자란 아이들의 여름 놀이터는 개울가였다. 지금은 논과 밭이 반듯반듯하게 정리되어 개울도 직선으로 흐르고 있지만 당시에 개울은 들판사이로 구불구불하게 이어져 갔다.
> 이 개울 풀숲 사이에는 이름 모를 물고기들과 개구리들이 모여 살았고 그 위로 잠자리들이 날아다녔다. 그 뜨거운 여름 태양빛 속에서도 동네 아이들은 왕잠자리 사로잡기에 시간을 보낸다.
>
> 암컷 왕잠자리를 사로잡아 잠자리의 다리를 실로 묶은 다음, 반대편 실의 끝을 막대기에 묶는다. 그리고 개울가에서 머리 위로 막대기를 돌려 암컷 왕잠자리가 원을 그리며 빙빙 돌게 만든다. 얼마 지나지 않아 수컷 왕잠자리가 달려들고 엉겨 붙은 두 잠자리를 땅에 내려놓고 수컷 왕잠자리를 사로잡는다.
>
> 어떻게 살아있는 생물을 그렇게 비정한 방법으로 다루었는지 비난받아 마땅하다. 억지로 핑계를 대자면 그만큼 가지고 놀 것이 없었던 시절이었고, 지렁이를 낚시에 꿰어 물고기를 낚는 것과 별반 다르지 않다는 것이다.
>
> 비정한 놀이는 더해간다. 암컷 왕잠자리를 사로잡지 못한 아이는 다른 아이가 사로잡은 수컷 왕잠자리를 빌려 다리를 실로 묶은 다음, 꼬리 전체에 흙칠을 한다. 암컷 왕잠자리로 위장하는 것이다. 그리고 왕잠자리 사로잡기 놀이는 같은 방법으로 계속된다.

미국에서는 약 10조 달러에 이르는 주택대출채권을 담보로 한 모기지 증권(RMBS)이 약 6조 달러가 발행된다. 이 증권을 다시 가공한 채무담보증권(CDO)이 전세계에 약 3조 달러어치가 발행된다. 이 채무담보증권을 가공하여 다시 자산담보 CP(ABCP)가 전세계에 1.6조 달러어치가 발행된다. 이처럼 주택 실물자산에 대한 대출자산이 증권화되어 광범위하게 시장에서 거래된다. 미국의 30년 만기 주택대출이 SIV에 의해 만기 1~3개월로 단축된 CP로 조달되면서 심각한 만기불일치가 일어난다. 그리고 이 대출에 문제가 생기면 은행들의 CP 발행이 곤란을 겪으면서 시장이 위축된다.

2004년 하반기 이후에 미국의 주택가격 상승률이 둔화되고 2005년부터는 모기지대출 연체율이 상승하기 시작한다. 2006년 하반기부터 일부 고위험 모기지대출기관이 도산하거나 수익성이 크게 악화되면서 고위험 모기지대출 관련 금융기관의 부실화에 대한 우려가 팽배해지기 시작한다.

2007년 3월 미 연준과 통화감독청 등 금융감독당국은 부실우려가 확산되고 있는 고위험 모기지대출의 건전성을 제고하고 리스크 관리 강화 등을 위한 제안(*Proposed Statement*)을 발표한다. 모기지대출에 대해 우려를 표명함과 함께 서브프라임 주택대출에 관한 가이드라인을 제시한다. 그러나 당시 개최된 미의회 공청회에서는 서브프라임론의 대출잔액이 1.3조 달러에 이르고 100만 세대가 채무불이행에 이를 것으로 추산하였지만 시장에서는 그리 심각한 상황이 아닌 것으로 판단한다.

그렇지만 버블붕괴는 착착 진행되어 간다. 2007년 4월 주택대출은행인 뉴-센추리은행이 파산하고, 6월에는 베어스턴스 산하의 2개 헤지펀드가 파산한다. 주택가격 하락과 연체율 상승을 계기로 신용평가기관들이 주택담보대출의 등급인하를 검토하고 있다고 발표한다. 이에 투자가들 사이에서는 불안감이 일면서 세계적 주가하락이 뒤따르고 구미의 금융기관과 헤지펀드들이 신흥시장으로부터 자금을 회수하려는 움직임이 나타난다.

8월에는 독일 IBK은행의 서브프라임 투자손실에 대해 독일 연방은행

〈그림 2-37〉 TED Spread

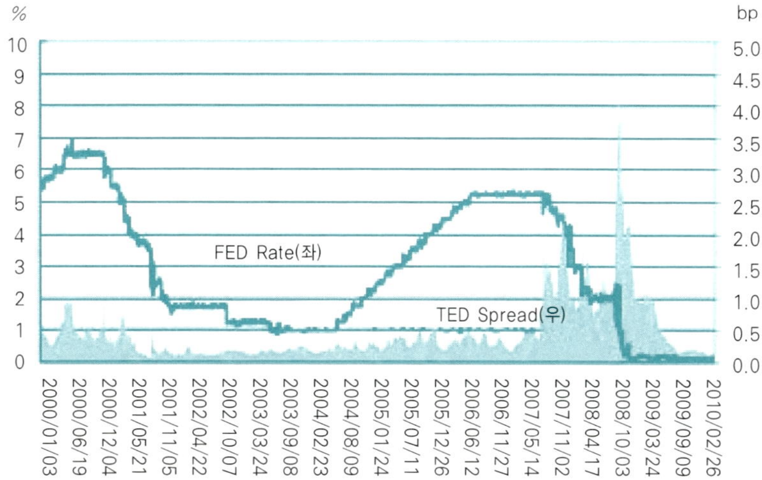


자료: 한국은행.

이 구제방안을 발표하고 프랑스 BNP파리바가 서브프라임증권에 투자한 산하의 3개 펀드자산을 동결한다. 유럽 금융기관들이 9월 말 결산에 대규모 서브프라임 대출관련 손실을 계상한다. 2008년에 들어서자 금융보증회사인 모노라인의 경영부진이 표면화되고 3월 제이피모건이 베어스턴스를 흡수 합병한다. 7월에는 미 주택금융공사인 페니메와 프레디메의 위기가 부상되고 9월에 리만브라더스가 파산한다.

2008년 9월 15일 미국의 리만브라더스가 파산한 다음 날 런던의 금융가는 술렁이기 시작한다. 정오에 이르러서야 게시된 LIBOR(London Inter-Bank Offered Rate: 런던 은행간 대출금리) 1일물 금리가 치솟았고 달러자금의 흐름이 멈춰 버린다. 증권거래소의 주가는 곤두박질친다(〈그림 2-37, 38〉).

미국, 일본, 유럽 중앙은행은 달러자금 공급방안을 발표한다. 아이슬란드가 국내은행의 예금을 전액 보장한다고 발표한 것을 계기로 예금인출이 쏟아지기 시작한다. 10월에는 독일, 덴마크, 스웨덴이 예금보호를 발표한다. 그리고 유럽이 금융기관에 공적자금을 투입하기 시작한다.

〈그림 2-38〉 주요국 주가지수

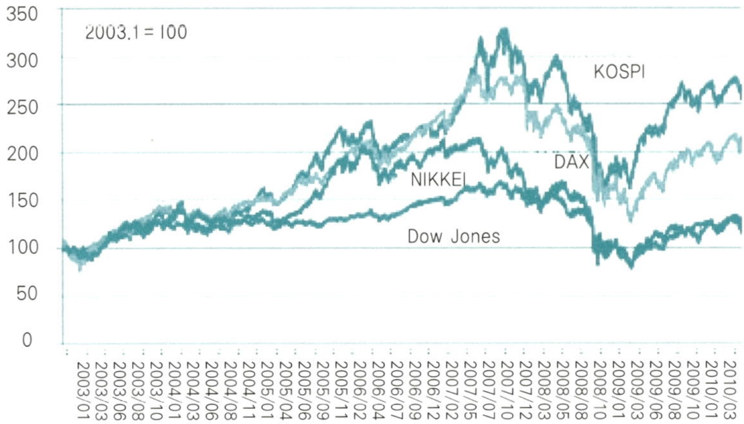


자료: 한국은행.

선생 일본에서 쓰는 말 중에 불이(不二)라는 단어가 있다. 둘이 아니라 셋인가 하는 의미 같기도 한데, 실은 첫 번째라는 의미로 으뜸이라는 뜻이다. 먼 옛날 시골 어느 마을에 아버지가 아이에게 '불이'(不二)라는 이름을 지어주었다. 아이들이 어렸을 적에는 친구들과 뛰어놀다보면 시간 가는 줄 모른다. 해가 저물어 어두컴컴해지는 시간. 부모가 아직도 집에 돌아오지 않은 아이를 찾아 나선다. 그 다음 일어날 상황을 이야기해 보겠나?

나귀 아이 이름을 부르며 찾아다니자 동네 사람들이 뛰쳐나옵니다. 그러면서 어디야? 어디? 하면서 이리저리 뛰어다닙니다.

선생 이 상황이 극장에서 일어났다고 하자. 모든 관객은 출구로 모여들 것이다. 시장위기가 일어나면 모든 시장참가자들이 시장을 빠져 나가기 위해 몰려나간다. 개별의 목표와 전체의 목표가 불일치하는 '구성의 오류'가 일어난다.

### 위기발생 원인을 둘러싼 국제적인 논쟁

어느 한 분석가는 서브프라임 문제를 1997년 아시아 금융위기까지 거슬러 올라가 신흥 개도국의 과잉유동성에서 비롯된 것이라고 분석한다. 신흥 개도국들이 1997년 아시아 통화위기의 경험과 위기를 극복하는 과정에서 막대한 경상수지 흑자를 축적하여 선진국에 투자하던 중 2000년 IT버블붕괴로 투자처를 찾지 못하고 국제과잉유동성을 유발하였으며, 이 과정에 미국이 디플레를 방지하기 위해 금융완화를 시도하면서 주택버블을 초래하였다는 것이다.

이러한 논리로 문제의 요인을 찾다보면 가깝게는 제 1차, 제 2차 세계대전을 계기로 국제적 금융 헤게모니가 이동한 데까지도 연결시킬 수 있으며, 더 멀리는 인류가 동굴에서 나와 집을 짓기 시작하면서 문제의 씨앗이 잉태된 데까지 연결시킬 수도 있다.

선진국들은 국제 불균형의 문제를 들고 나왔다. 중동 산유국 및 중국 등 아시아 신흥국들이 경상수지 흑자로 축적한 자금을 미국으로 환류시킴으로써 발생한 버블이라는 것이다. 그러면서 경상수지의 불균형을 해소하는 방안이 마련되어야 한다는 것이다(〈그림 2-39〉).

반면, 신흥국들은 미국의 주택론 대출과 관련된 일련의 금융불안 사태는 미국의 IT버블붕괴 이후 FRB의 금리인하와 장기간 저금리의 유지에 그 원인이 있다고 본다. 미국은 2001년 1월부터 정책금리를 인하하기 시작하여 2003년 6월 정책금리를 1%까지 인하한다. 역사적으로 보면 평균적으로 3~4%의 수준에서 머무를 금리를 1% 수준까지 내린 것이다. 이와 같은 저금리 지속으로 부동산 투자가 과열되고 신용이 낮은 서브프라임의 주택론을 증권화하여 판매함으로써 신용버블을 야기 시켰다는 것이다.

막대한 재정적자를 정부채 발행으로 충당하던 미국의 입장에서 장기간의 저금리 유지가 정부채 투자가들의 이탈을 초래할 수도 있다. 투자가들이 미 정부채를 외면한다면 막대한 재정적자를 매울 자금을 조달하는 데 어려움이 발생한다.

아이러니하게도 신흥국의 민간투자 부문에서 막대한 자금이 미 정부채 시장으로 흘러들어간다. 이와 함께 일본정부의 협조적 외환정책도 미국이 장기간 저금리를 유지할 수 있도록 도와준다. 일본은 외환시장에 개입하여 달러를 매입하고, 사들인 달러(2003년 5월~2004년 3월에 약 3천억 달러) 대부분이 미 정부채 매입에 투입된다(〈그림 2-40〉).

한편, 미국경제의 대규모 적자에 의한 세계적인 불균형 문제가 대두되면서 달러폭락 또는 달러위기에 대한 이야기가 심심찮게 나돈다. 미

〈그림 2-39〉 경상수지 불균형과 자본이동

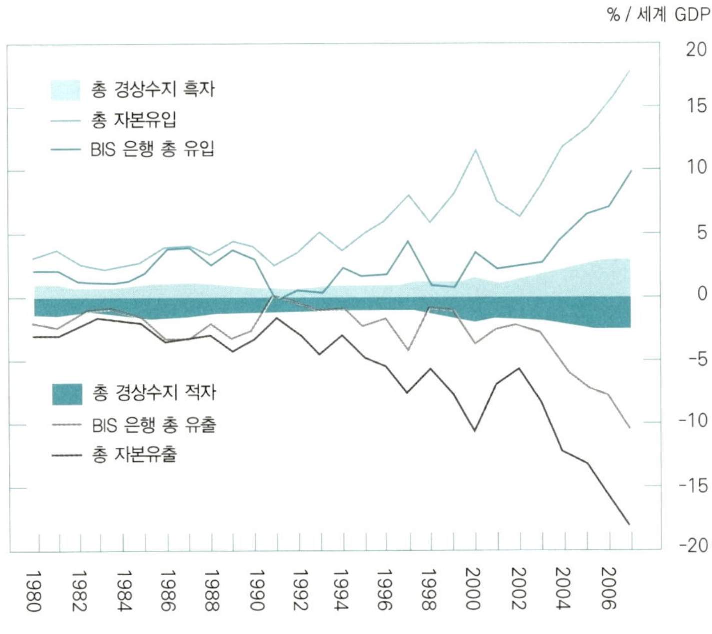


자료: Bank of England Financial Stability Report .

국의 무역수지가 적자인 반면, 산유국과 중국 등 동아시아는 무역흑자를 지속적으로 누리고 있다(〈그림 2-41〉).

〈그림 2-40〉 일본의 외환시장 개입과 미정부채 보유

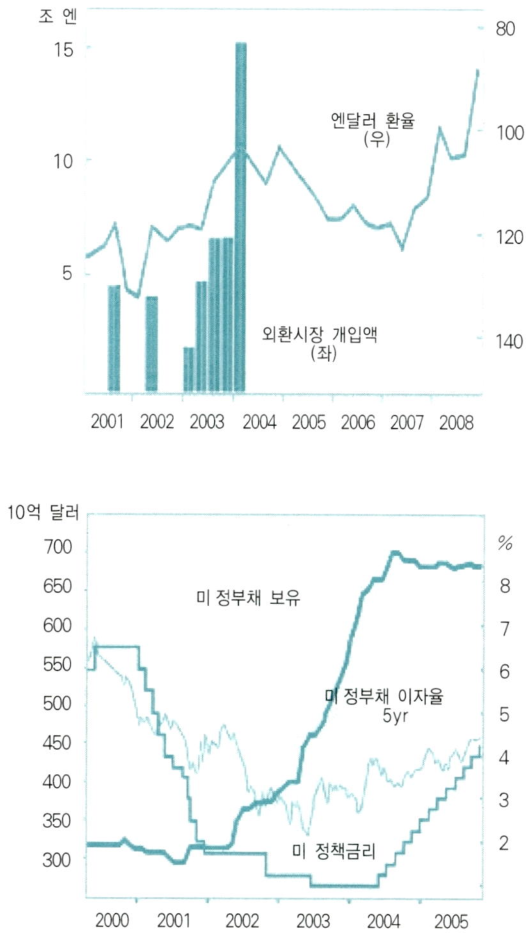


자료: 미 재무성 및 일본은행 등.

〈그림 2-41〉 경상수지 추이

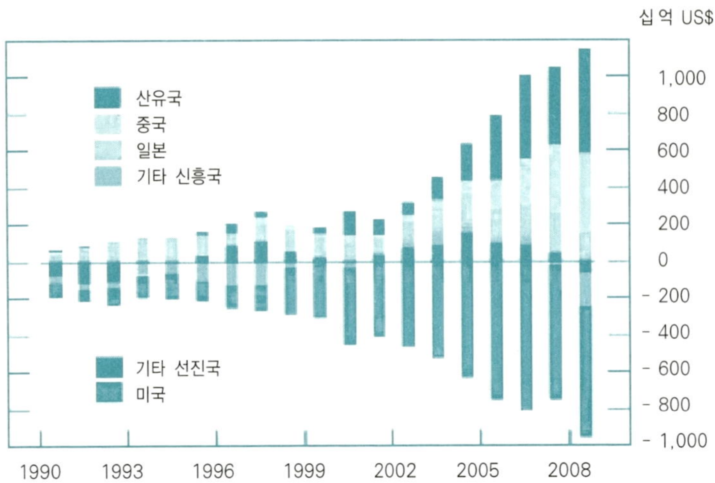


자료: IMF World Economic Outlook.

> 어느 가족이 있다. 형은 금융업에 종사하고 있으며 동생은 농업에 종사하고 있다. 형은 동생에게 논과 밭을 사주고 경작하도록 하고 있으며, 그 대가로 가을 추수가 끝나면 동생은 형에게 수확한 곡식의 일정분을 형에게 보낸다. 형은 증권투자 등으로 많은 돈을 벌고 있으며, 도회지에서 문화생활을 즐기며 살아가고 있다. 형은 농산물이나 생필품을 직접 생산하지 않기 때문에 가계의 상품수지 측면에서 보면 언제나 적자 상태이다. 동생은 농산물을 생산하여 일부는 형에게 보내고 일부는 시장에 내다 팔고 있어 상품수지에서는 항상 흑자이다.

국제 불균형을 어느 시각에서 보느냐에 따라 상황이 달라진다. 과거에 무역수지가 적자이면 국제 불균형 문제가 커다란 이슈가 되었다. 국제거래에서 단순하게 상품의 교역결과에 따른 무역수지만을 본다면 농산물과 공산제품을 생산 수출하여 무역수지가 흑자인 나라가 대외경쟁력 있고 비교우위에 있는 나라인 것처럼 보일 수도 있다.

한 국가가 비교우위에 있는 상품을 생산하여 다른 나라와 교역한다면 국제적 무역은 국가간 서로 이득이 된다. 여기서 대외교역의 영역을 한 단계 확대해보자. 상품이 아니라 비교우위에 있는 산업을 육성하여 다른 나라와 거래한다면 국가간 서로 이득이 된다는 것도 성립될 수 있다. 제조업을 버리고 비교우위에 있는 금융업에 특화하고 다른 나라의 금융시장에 진출하여 수익을 확보하는 것도 같은 논리가 가능하다. 다만, 금융업에 투하되는 것은 생산자본이 아니라 금융자본이라는 것뿐이다.

이제는 플라자 합의와 같은 무역수지 불균형을 타개하기 위한 인위적이며 대폭적 달러약세의 유도가 미국의 수출에 도움을 주지 못하는 상황이 된다. 달러약세가 되면 수입가의 상승으로 수입이 감소하여 어느 정도의 무역수지 개선에 도움이 되겠지만 수출의 증대는 기대하기 어렵다.

기존 생산기반을 축소하여 다시 생산하려고 할 때쯤에는 기술의 발전이 한참 진행된 후이다. 그리고 생산에 숙련된 인력을 구하기도 힘들어진다. 서비스업에 종사하던 사람을 불러다가 제품을 만들라고 한들 쉽지가 않다. 그리고 미국 수출업자를 위한 달러약세가 언제까지나 지속될 거라는 확실한 보장도 없다.

무역흑자로 돈을 벌어들인 중국 등 아시아 국가들은 주로 미 정부채에 투자하고 있다. 일본 엔과 스위스 프랑은 캐리트레이드로 미국과 영국에 모인다. 중동국가들은 오일머니를 영국을 거쳐 미국 증권에 투자하고 있다. 이렇게 전세계의 돈이 미국으로 모이게 된다. 그리고 미국은 집중된 돈을 무역수지 적자에 충당하고 나머지는 신흥국에 다시 투자한다(〈그림 2-42, 43〉).

미국으로 향하는 외국의 자금은 주로 저금리의 미 정부채에 투자된다. 해외로 향하는 미국의 자금은 주로 고수익의 직접투자와 주식에 투자된다. 이리하여 채무가 많음에도 불구하고 해외에서 벌어들이는 소득수지는 흑자를 나타낸다. 한편으로 미국의 해외부채는 달러표시 자산이다. 미국의 해외채권은 대부분 현지통화표시 자산이다. 그동안 점진적 달러약세는 미국에게 부채삭감효과와 자산증가효과를 가져온다 (〈그림 2-44〉).

〈그림 2-42〉 미국의 무역수지와 순자본유입

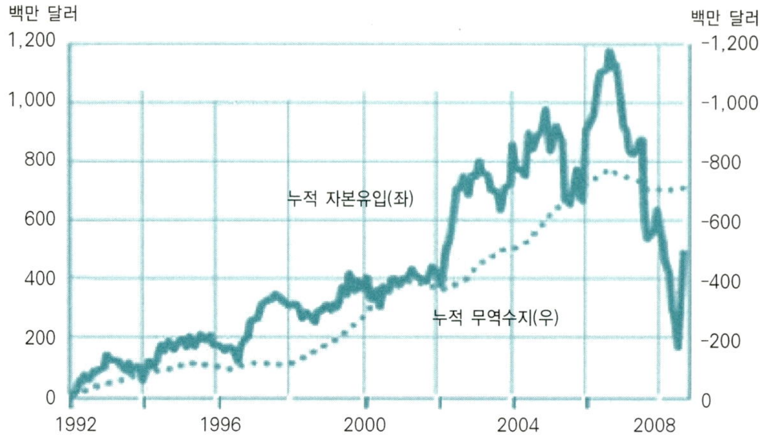


자료: Bureau of Economic Analysis.

〈그림 2-43〉 미국의 순 대외투자

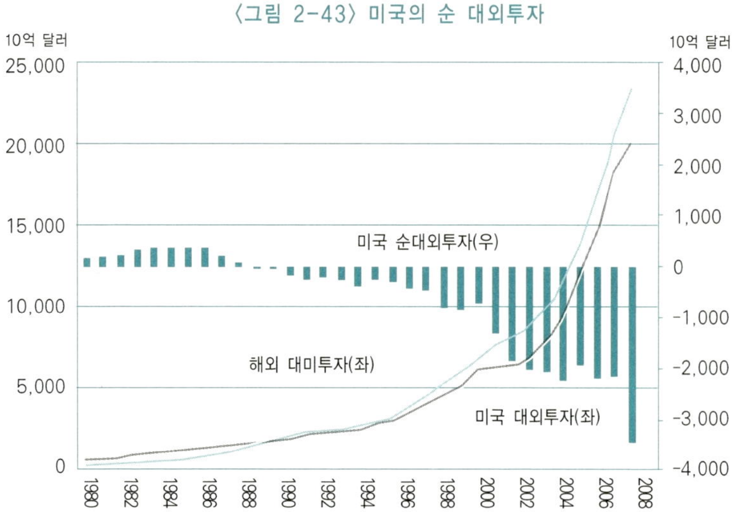


자료: Bureau of Economic Analysis.

〈그림 2-44〉 미국의 경상수지와 소득수지

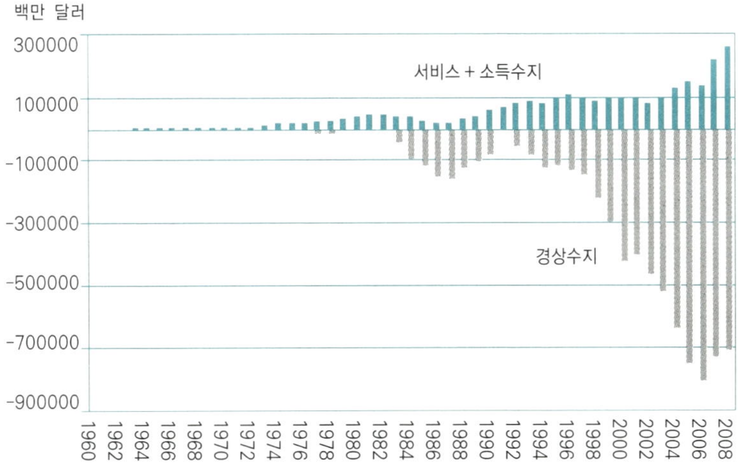


자료: Bureau of Economic Analysis.

**호테** 미국으로 유입되어 미 정부채에 투자된 해외의 투자자금이 다시 신흥국의 직접투자나 증권투자로 이동하는 메커니즘이 잘 이해되지 않는데요.

**선생** 미국의 재정수지 적자로 발행된 미 정부채를 그동안 해외투자가들이 사주지 않았다면 누가 사주었을까?

**호테** 미국의 연기금 등 기관투자가와 개인투자가들이 사주었겠지요.

**선생** 1980년대까지는 일본의 자금이, 1990년대에는 신흥국 민간부문의 자금이 미 정부채를 대거 매입한다. 해외의 투자가가 미 정부채 발행시장이나 유통시장에서 채권을 매입하면 그만큼 미국의 투자가는 채권을 재매입하지 않거나 보유채권을 시장에 매각한다. 그러면 외국투자가의 돈이 미국 정부로 들어가는 것이 아니고 미국투자가의 수중으로 이동한다. 그리하여 미국투자가들의 돈은 해외에 직접투자나 증권투자로 유출된다.

호테 다음은 이효석 작가님의 '메밀꽃 필 무렵' 요약입니다.

메밀꽃이 핀 어느 여름 밤, 허 생원은 토방이 무더워 개울가로 목욕을 하러 갔다가 물방앗간에서 성 서방네 처녀를 만나 관계를 맺었다. 그러나 그다음 날 처녀는 빚쟁이를 피해서 줄행랑을 놓는 가족과 함께 떠나고 말았다.

많은 세월이 흐른 어느 날, 허 생원이 나귀를 몰고 장으로 가는 도중에 장돌뱅이 동이가 편모(偏母)만을 모시고 살고 있으며, 모친은 고향이 봉평이지만 지금은 제천에서 살고 있다고 이야기를 듣게 된다. 그리고 지금도 아비를 한 번 만나고 싶다는 말을 했다는 것이다.

나귀가 걷기 시작하였을 때, 동행하는 동이의 채찍이 왼손에 있었다. 허 생원은 어둠 속에서도 동이가 자기처럼 왼손잡이임을 알게 되었다.

**발가락도 닮았다**

글쓴이: 호테

한참 길을 가다가 불빛이 새어나오는 가게 앞에 다다르자 장돌뱅이에게 신발을 벗고 양말도 벗어보라고 했다. 가게 불빛으로 비춰진 발을 본 순간, 아! 발가락도 닮았다. 순간 내 자식이 내 자식인지, 그리고 남의 자식이 내 자식인지 출생의 비밀을 간직한 모든 이들에게 값싸고 빠르게 DNA 검사를 해준다는 인터넷 광고가 허 생원의 머리를 스쳐갔다.

호테 나귀 씨와 저는 숙명인 것 같습니다. 당나귀를 영어로 동키(*donkey*)라고 하잖습니까? (갑자기 운명론자처럼 호테가 말을 꺼냈다.)

나귀 무슨 궤변?

호테 당나귀가 등장하는 스페인 애니메이션 영화 〈돈키호테〉가 있습니다. 이 영화에서 말이 되고 싶어하는 당나귀 루시오는 무척이나 돈키호테를 존경하고 따르게 됩니다. 믿지 않을 것 같아 여기 DVD를 증거물로 가져왔습니다.

**염소들의 침묵**

글쓴이: 나귀

양치기 소년이 '늑대가 나타났시유' 하면, 마을 사람들은 '워디? 워디? 늑대가 워디 있는겨' 라고 하고, 그러면 양치기 소년이 '너무 심심혀 장난 좀 쳐본 거유' 라고 하면, 마을 사람들은 '또 장난을 치는겨. 다음에는 절대 안 올껴!' 라는 대화를 염소들은 지금 몇 번째 들었는지 모른다.

동네 마을회관에서 경로잔치를 위해 마을 청소년들이 하는 연극 리허설을 염소들은 무대 뒤에서 잠자코 듣고 있었다. 그 다음에 동네에서 제일 큰 개가 늑대 대신 나타났어도 마을사람 아무도 달려오지 않는다는 스토리로 전개된다는 것도 알고 있었다. 그러면서 이 이야기의 희생자가 마을사람들이 아니라 자기들이라는 것을 익히 알고 있는 염소들은 침묵하면서 무대에 나가기를 거부하고 있었다.

호테 뭔가 현실을 고발하고 생에 대한 불만을 이야기하려고 애쓰는 작품 같습니다. 현실 불만족이 작품에 고스란히 담겨있는 듯하지 않습니까?

나귀 저 지금 침묵하고 있어요.

(꼬투리 안 잡히겠다는 듯이 나귀가 답했다.)

반장 시장의 생리를 초원의 생리에 절묘하게 연결한 작품인 것 같다. 풀밭에 나가면 맛있는 풀들이 많다고 꼬드기는 마을사람들, 초원의 위기상황을 조장하는 숨어 있는 손 양치기 소년, 그래도 풀밭에 나가 풀을 뜯어 먹고 살아야 할 운명으로 태어난 양들의 신세 ….

호테 그리고 알지도 못하는 상품을 이익이 많이 난다고 침 튀기며 투자를 권유하는 사람들, 시장의 위기상황을 괜찮다며 호도하는 사람들, 그리고 정작 손해를 입고 몰래 흐느끼는 투자가들 ….

2010년 6월 12일 토요일

## 5. 금융위기에 대한 정책적 대응

### 과거의 위기진행을 알아야 할 이유

버블붕괴에 따른 금융위기의 발생은 늘 반복되면서 우리 곁을 따라다니고 있다. 그리고 사람들은 버블이 발생하면 언젠가는 붕괴되어 왔다는 역사적 사실을 익히 알고 있다.

우리가 버블발생과 붕괴과정을 익히 알고 있다고 해서 대처 가능한 것이 아니다. 버블의 내용은 정치, 사회, 경제의 변화로 변이되어 가기 때문에 과거의 버블이 오늘의 버블은 아니다. 과거에 발생한 독감을 예방하는 백신을 만들었다고 앞으로 찾아오는 모든 독감을 예방할 수 있는 것이 아니다.

한 나라에서는 버블이 발생하지 않도록 미리미리 대책을 강구하는 것도 중요하다. 그러나 다른 나라에서 벌어진 사태로 인하여 영향을 받을 수밖에 없는 현실에서는 현 사태상황과 파급경로를 정확히 판단하고 적절히 대응하기 위해 과거의 위기 진전과정을 참조할 필요가 있다.

동일하게 반복되는 금융위기가 없어 과거의 금융위기에서 배울 것이 없다고 생각하는 사람도 있다. 그러나 금융위기의 발생과 이에 따른 제반 금융재정대책의 성공사례뿐만 아니라 실패사례도 교훈을 줄 수 있다.

1990년대 일본의 장기불황에 대한 일본 정책당국의 뒤늦은 재정금융대책에 대해 여기저기서 많은 비난이 있었다. 그럼에도 미국은 서브프라임 론으로 촉발된 전세계적 금융위기에 일본의 성공과 실패사례를 참고한다.

1990년대 후반 금융위기에 처한 아시아국에 대한 IMF의 혹독한 구조

〈그림 2-45〉 FRB의 위기대응

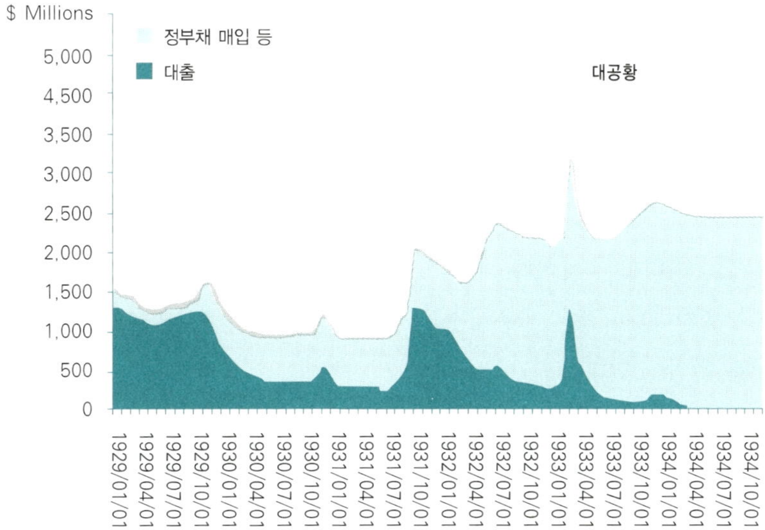


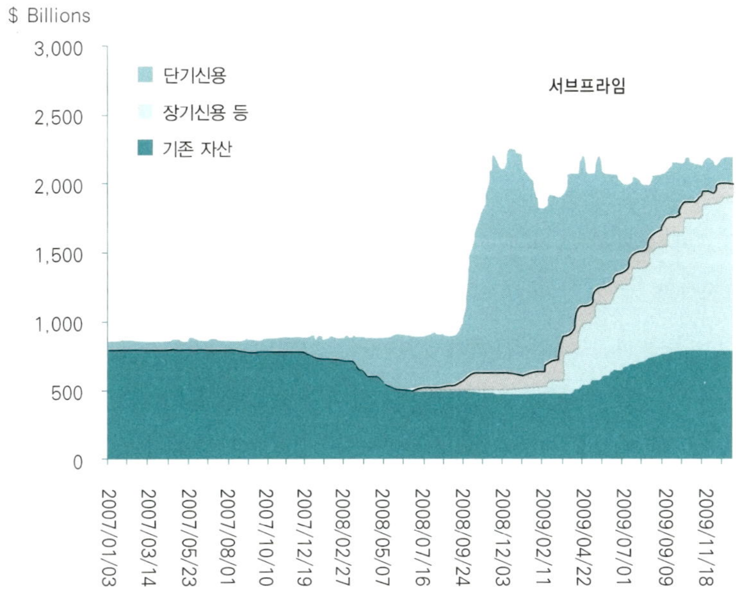


자료: David. C. Wheelock, *Lessons Learned? Comparing the Federal Reserve's Responses to the Crises of 1929~1933 and 2007~2009*, Federal Reserve Bank of Louis Review, March/April 2010.

조정 요구를 겪었거나 보았던 나라들이 IMF의 지원을 받지 않으려는 움직임을 보인 것도 역사 속의 한 교훈이다. 금융위기에 다시 발 담그지 않기 위해 그동안 해외로부터의 단기유입자금을 규제한 나라들의 사례도 교훈의 하나이다.

한편 과거의 역사적 사실을 뒤돌이보는 것은 꼭 교훈을 얻기 위함만이 아니다. 어느 곳에서나 어느 때나 버블이 발생하지 않도록 하는 것이 능사가 아니라는 것이다. 고여 있는 물에 풍랑이 휩쓸고 지나가면 물이 깨끗해진다. 버블은 상품시장과 금융시장을 살아 움직이고 숨 쉬도록 하는 측면도 있다.

과거의 위기를 되돌아보는 것은 각자의 목적에 따라 다를 수 있다. 위기를 수습해야 하는 정책당국은 당시의 정책대응이 효과 있었는가. 자금을 중개하는 금융기관은 현재의 유동성 부족을 어떻게 타개할 것인가. 시장에 참여한 투자가는 시장상황에 따른 손절매를 할 것인가.

예를 들어보자. 1920년대의 미국 대공황, 1990년대의 일본 버블붕괴, 2000년대의 IT버블붕괴 등 이들 버블붕괴는 진원지가 다를지언정 한결같이 장기간 주식가격이 하락한다. 미국의 서브프라임 사태로 연유된 버블붕괴는 재빨리 헤어 나오지 못하는 상황은 거의 비슷하다.

미국의 대공황 시절에는 금융정책 수단이 별로 없었다. 그러면 금리인하와 유동성 공급과 같은 금융정책 수단으로 적극 대응했던 2000년대의 IT버블붕괴는 재빨리 진화되었는가? 이번처럼 FRB가 시장에 돈을 마구 뿌린다고 해결될까? 뿌린 돈이 가계와 기업에 흘러가지 않고 중앙은행으로 다시 되돌아온다. 시장에 유동성을 죄거나 푸는 중앙은행의 입장에서는 답답할 뿐이다.

과거의 역사적 사실을 살펴보아야 하는 이유로 또 다른 사례를 보자. 정부는 재정자금으로 금융시장을 지원하겠다고 호언장담한다. 그래도 시장은 대답이 없다. 그러면서 또다시 시장이 꼬꾸라지는 사태가 발생한다.

이 현상의 패턴은 이렇다. 정부가 재정자금 확보를 위해 국회에 승인을 요청하는 지원방안을 상정하면 대부분의 의원들은 여야 관계없이 이구동성으로 반대한다. 국민의 혈세를 그렇게 가볍게 쓸 수 있느냐가 주된 이유다. 그래야만 자기를 뽑아준 국민들에 대한 도리라고 생각한다.

이로 인해 정부의 재정지원 안이 부결되면 시장은 즉각적으로 반응한다. 1일 주가 하락폭이 사상 최대라는 타이틀로 신문 헤드라인을 장식한다. 국회는 다시 상정된 정부안을 승인하면서 어쩔 수 없는, 그리고 어려운 선택이었음을 국민에게 부각시키는 과정을 거치게 된다. 이러한 과정을 거치지 않고는 해결되지 않는다.

**선생** 데자뷰라는 말을 들어본 적이 있나?
**호테** 지금 일어난 일이 언젠가 과거에 있었던 일로 느껴지는 현상이지 않습니까?
**선생** 미 대공황 직전의 금융경제 상황이 1990년 일본의 버블붕괴 직전, 그리고 2007년 서브프라임 사태 직전에 비슷한 현상이 재현된다.

1930년 미합중국은행의 파산을 계기로 금융위기로 치닫게 되자 파산시키지 않아야 한다는 견해가 제기되기도 한다. 이는 1997년 일본의 산요증권 파산과 2008년 미국의 리만브라더스 파산 때도 같은 견해가 되풀이된다. 대형 금융기관의 파산은 곧바로 시장에서 신용위축으로 이어진다. 경영파탄의 금융기관을 구제해야 하는가 하는 문제에 대해 국민의 세금으로 죽어가는 금융기관을 살리는 것은 모럴 해저드를 조장한다는 의견도 있고, 죽어가는 금융기관을 살려 시장의 혼란을 막아야 한다는 의견도 만만치 않다.

먼 바다에서 시작한 태풍이 다가오고 있다. 강한 바람과 거대한 파도를 몰고 점점 가까워지고 있다. 뉴스 진행자는 태풍의 중심이 지금 어디쯤 와 있다고 예보하면서 거센 비바람에 흔들거리는 거리의 풍경을 비춰준다. 사람들이 우산을 부둥켜안고 귀갓길을 서두르는 모습도 보여준다. 방파제를 넘어 해안으로 밀어 닥치는 파도를 보여준다.

커다란 파도를 잘게 잘라 작은 파도로 만들어주는 역할은 방파제나 해안을 따라 쌓은 제방이 한다. 어떤 해안에는 제방이나 방파제도 없다. 밀려오는 국제금융위기의 방파제와 제방의 역할을 금융정책당국이 한다. 이 파도를 막지 못하면 정책실패가 된다. 해안가의 사람들은 담을 쌓거나 배수구를 만들어 물이 집안으로 스며들지 않도록 한다. 이 역할은 시장에 참가하는 사람들의 몫이다. 밀려드는 물을 막지 못하면 시장실패가 된다.

주요국 중앙은행들이 제일 먼저 취한 조치는 정책금리를 매우 낮은

〈그림 2-46〉 주요국의 정책금리

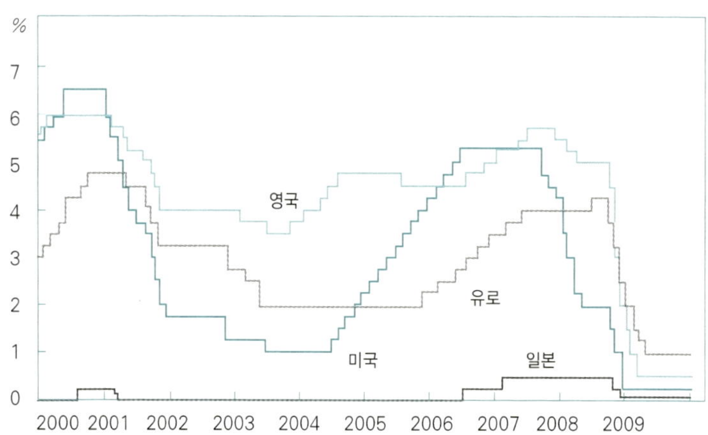


자료: 각국 중앙은행.

수준까지 인하한다(〈그림 2-46〉). 아울러 단기금융시장에 대규모로 자금을 공급함과 동시에 대출 적격담보 조건을 완화해 주고, 대출기간을 연장해 주며, 지급준비금에 대해 이자를 지급해 주는 등의 조치도 병행한다(〈그림 2-47, 48〉).

〈그림 2-47〉 FRB

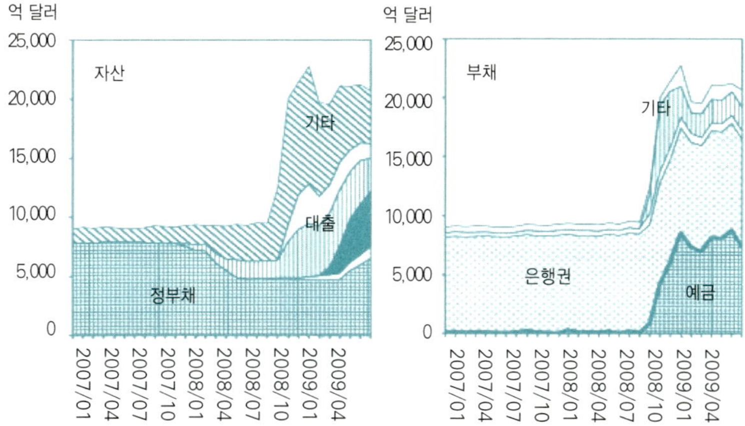


〈그림 2-48〉 ECB

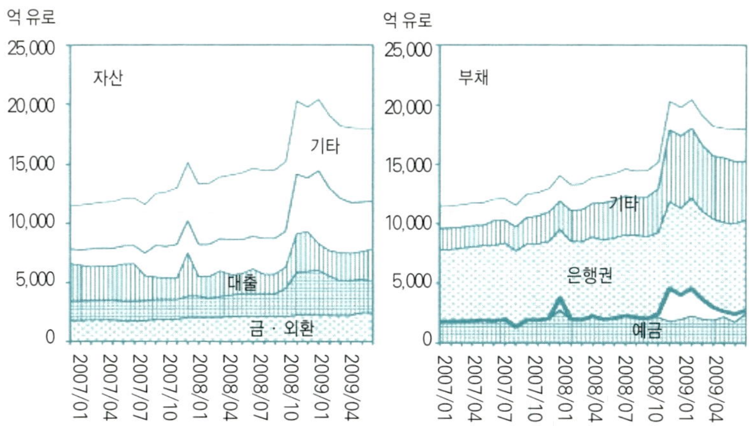


자료: 일본은행.

〈그림 2-49〉 일본의 양적완화정책

자료: 일본은행.

다음으로, 사태의 수습과정에서 각국의 중앙은행은 금리인하 외에도 이례적으로 자금공급 제도를 동원하여 시장에 유동성을 대폭 공급한다. 부채사이드에서 통화의 공급량을 증대시키는 '양적완화(*Quantitative Easing*) 정책'(量的緩和政策)을 구사한다.

이 양적완화정책(2001. 3~2006. 3)은 일본에서 도입한 정책이다. 일본의 부동산과 주식버블이 붕괴되자 일본은행은 지속적으로 정책금리를 인하하고 1999년에는 제로금리상황으로 돌입한다. 그러나 은행을 통해 경제주체와 금융시장에 자금을 공급하였으나 투입된 자금이 다시 일본은행으로 되돌아오는 상황이 지속된다.

민간부문으로의 자금공급이 원활하지 않자, 2003년부터 수출기업을 지원하기 위해 대규모 엔매각·달러매입의 외환시장 개입정책을 동원한다. 엔의 약세를 유도하여 수출주도의 경기회복을 도모하고 매입한 달러자금으로 미 정부채를 매입한다. 달러매입 개입의 결과 은행들이 과도한 엔 자금을 보유하게 되자 일본은행에 예치하는 당좌예금의 목표

〈그림 2-50〉 금융시장에의 자금공급

자료: 日本 〈朝日新聞〉.

치를 인상하기 시작한다(〈그림 2-49〉).

중앙은행은 신용시장의 경색 및 금융기관들의 손실 증대에 대응하여 단계적으로 정책대응의 강도를 높인다. 이러한 조치들로 금융기관의 손실증대와 신용위기가 전체 금융시스템의 붕괴로 이어지는 것을 방지하는 데 주력한다. 그리하여 금융시스템 안정을 위한 정책의지가 확고하다는 신뢰를 구축하는 데 역점을 둔다.

한편, 시장에의 자금공급을 확대하기 위해 종전 단기국채의 매입에 한정된 매입대상자산 범위를 대폭 확대한다. CP나 사채와 같은 민간채무를 매입해 주고 장기국채 등 장기채권도 매입해 준다. 또한 금융기관의 기능을 강화하기 위해 금융기관으로부터 주식 등을 매입해 준다. 예금은행과 보험회사 등 금융기관에 대해 개별적으로 유동성을 지원하기도 한다(〈그림 2-51〉).

중앙은행들의 금융정책은 통상의 금융정책범위를 벗어난 영역까지 포함한다. 금융위기 금융시스템의 안정을 기하고 부실 금융기관을 구제하는 역할은 어디까지 정부의 영역인지 또는 중앙은행의 영역인지에 대한 논의를 불러일으키고 있다.

〈그림 2-51〉 미국정부와 FRB의 공적자금 투입사례

미국정부
FRB

| AIG | | Citi | |
|---|---|---|---|
| 08.09.16 | 대출한도 850억 달러 설정 | | |
| 08.10.08 | 대출한도 1228억 달러로 증액 | | |
| 08.11.10 | 우선주 400억 달러 매입 | 08.10.28 | 우선주 250억 달러 매입 |
| | | 08.11.23 | 우선주 450억 달러로 증액<br>3000억 달러 정보보증 |
| | | 09.02.27 | 우선주 250억 달러 보통주 전환 |
| 09.03.02 | 우선주 700억 달러로 증액 | | |

물론 재정정책의 영역까지 중앙은행들이 신속히 필요한 조치를 강구한 것은 사태의 긴급성에 기인한다. 일반적으로 대규모 재정정책을 수행하는 데는 의회의 승인을 받는 등 시간이 소요되기 때문이다.

위기가 한참 진행하는 과정에서 중앙은행이 자금공급을 신속히 하지 않는다고 불만을 터트리는 사람들이 나타난다. 이후 위기가 어느 정도 진정되면 중앙은행의 자금지원에 따른 손실발생에 대해 비난하는 사람들도 하나둘 나타나기 시작한다. 이에 대응하여 중앙은행들은 매입하는 금융자산의 신용등급을 한정하거나, 손실발생에 대해 정부의 보전을 요구하는 경우도 있다.

### 국제협력에 의한 위기탈출

여타국 중앙은행과 통화스왑 협정을 체결하여 시장에 외화자금을 공급하고, 효과적 금융조절을 위해 중앙은행끼리 국제적으로 연대하는 체

<그림 2-52> 스왑 협정(2009년)

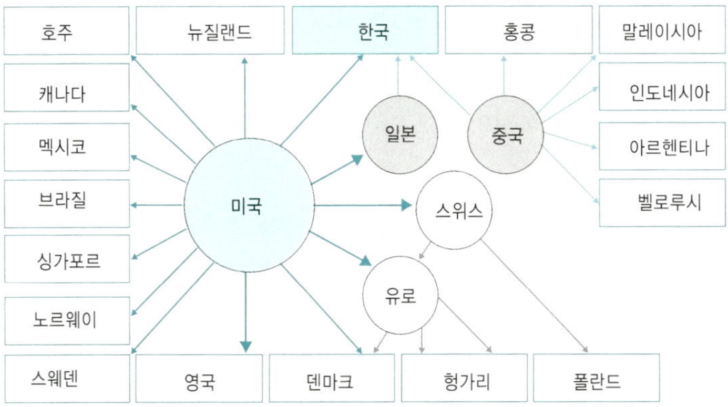


제를 구축한다. 금융의 국제화로 인하여 중앙은행간 협조적 금융정책이 시장유동성의 확보와 금융시스템의 안정에 중요한 역할을 담당한다.

한편, 아시아에서는 제도개선 차원에서 2010년 3월 치앙마이이니셔티브(CMI) 체제가 새롭게 발족한다. 그동안 양자간 협정으로 역내국가에 자금을 지원하던 방식을 기금을 만들어 다자간 협정으로 자금을 지원하는 방식으로 바꾼다.

종전 CMI가 IMF의 허락을 받아 자금을 지원하는 것과는 달리 이번에는 외환위기가 발생한 국가가 자금지원을 요청하면 역내국가들이 모여 1주일 이내에 자금지원을 결정한다. 여기서 하나의 문제가 발생한다. 국제적으로 자금지원을 요청하면 문제가 더 꼬일 수 있다는 걸 염두에 두어야 한다.

2008년 달러부족에 처한 우리나라 은행들은 국제금융시장에서 자금조달에 어려움을 겪는다. 스왑 스프레드는 천정부지로 오른다. 그동안 우리 은행들에게 자금을 빌려준 나라의 은행들이 만기에 다다른 자금의 일부를 회수하기 시작한다. 그럼에도 개별은행 입장에서 자금핍박을 공개할 수가 없는 상황이다. 이는 섣불리 자금부족을 이야기했다간 부실은행으로 낙인찍히는 시장분위기 때문이기도 하다.

어떤 사람이 많은 돈을 정기예금하고 있다. 어느 날 갑자기 돈을 쓸 일이 생겼다. 그래서 옆집에 돈을 빌려달라고 한다. 그러자 온 동네방네에 이 사람이 파산직전이라는 소문이 난다. 차라리 정기예금을 해약할 걸 ….

마찬가지로 국제적으로 손을 내밀면 파산한 국가로 낙인찍힐 수도 있다. 그러면 국제적으로 이동하는 자금들은 물밀 듯이 빠져 나갈 것이다. 지원받는 자금보다도 더 많은 자금이 도망갈 수도 있다. 그러면서 위기설이 꼬리에 꼬리를 물고 지면을 장식할 것이다. 3월 위기설, 9월 위기설 등.

어느 국가가 자금지원을 요청하면 역내국가들이 모여 자금지원을 결정하는 방식을, 평상시 어느 때고 필요하다면 자금을 빌리고 빌려주는 방식으로 바꾸면 어떨까?

금융위기가 닥치면 IMF에서 자금을 빌릴 통로가 있다. 아시아 국가들간 치앙마이 이니셔티브와 같은 자금을 빌릴 통로도 있다. 그런데 지나가야 할 통로를 아주 좁게 만들어 아무도 다니려고 하지 않는다. 2개국간 통화스왑계약을 맺으려고 몇 개월을 소비하다보니 정작 돈이 필요한 시점에서 한참 지나가 있다. 중앙은행간에도 평상시처럼 필요에 따라 언제든지 통화스왑을 할 수 있는 체제로 진전되면 더욱 좋지 않을까? 중앙은행만큼 돈을 떼일 염려가 없는 기관이 어디 있을까?

**선생** 금리와 규제는 정책적으로 결정되고 환율, 주가, 채권가, 상품가, 부동산가 등은 시장참가자들의 수급에 따라 결정된다고 하자. 여러분들이 선택할 수 있는 결정은 금리를 올릴 것인가, 아니면 내릴 것인가. 또한 규제를 풀 것인가, 아니면 묶을 것인가 하는 네 가지 선택밖에 없다. 컴퓨터 시뮬레이션 파일에 들어가 보자! 먼저 금리만이 우리가 선택할 수 있는 유일한 수단이라고 하고, 연도를 선택하고 당시의 정책금리를 여러분이 원하는 금리수준으로 변경해보라.

(호테가 1994년에 미국이 정책금리를 반만 올리고 그 수준을 2000년까지 계속 유지하는 금리를 선택했다. 그러자 1929년 대공황을 무대로 한 영화 〈포스트 맨은 벨을 두 번 울린다〉의 배경음악이 흐르면서 2007년 서브프라임 주택버블붕괴가 당겨지고, 2000년 IT버블붕괴와 동시에 겹쳐지면서 2002년 제2차 대공황 역습이라는 타이틀과 함께 헤드라인 뉴스들이 뜨기 시작했다.…)

- 그린스펀 일신상의 사유로 FRB의장직 사임
- 블랙 에브리데이 뉴욕다우 주가 85% 폭락 그리고 전세계 증시로 확산
- 국제 자금시장붕괴로 각국 중앙은행 연일 자금살포
- 동남아지역 폭동사태로 각국 계엄령 선포

## ■ 강의 후 ■

**여우와 두루미, 그리고 사자**

글쓴이: 나귀

동물나라 여우가 두루미를 초대하여 넓적한 접시에 수프를 담아 내놓았다. 두루미는 부리가 뾰족해서 수프를 먹지도 못하고 화가 머리끝까지 난 채로 집으로 돌아갔다. 다음 날, 두루미도 여우를 초대하여 맛있는 물고기를 목이 긴 길쭉한 병에 담아 내놓았다. 여우는 한참 망설이더니 병을 바닥에 내동댕이쳐 물고기를 꺼내 먹어버렸다.

이 소문이 평온했던 동물마을에 삽시간에 전해지자 자치위원장인 사자는 이 일을 다루기 위해 각 동물의 대표자 회의를 소집했다.

이 회의에 참석한 동물들은 힘센 동물들이 제시한 의견대로, 여우의 식사 에티켓에 다소간의 문제가 있으나 동물마을에서 손님접대를 위한 상차리기는 넓적한 접시와 길쭉한 병 동시에 음식을 담아내는 것을 기본원칙으로 한다는 데 합의하였다.

호테 나 같으면, '화가 치민 여우는 물고기를 꺼내 먹은 다음에 두루미도 잡아먹었다. 동물회의에서는 한 번의 식사에서는 강이나 바다에서 헤엄치는 음식, 땅을 걷는 음식, 하늘을 나는 음식을 함께 먹지 말라고 주의를 주는 선에서 마무리하기로 하였다' 라고 썼을 텐데 ….

반장 국제금융시장의 불균형 문제를 다룬 건가?

호테 발표되면 국제금융시장에 센세이션을 일으킬 거작으로 평가받을 수 있는 작품입니다. (호테가 거들었다.)

나귀 갑자기 어지럽게 만들지 말아요.

호테 상대방을 어지럽게 현혹시키는 것이 우리에게 떨어진 임무 중 하나가 아닙니까? 잘 새겨들으면 진심에서 우러나온 말이라는 걸 누구든 금방 압니다. 그렇지 않습니까. 반장님?

**우리의 마지막 수업**

글쓴이: 호테

그날도 여느 날과 같이 학교에 지각하지 않도록 나는 서둘러 들판을 가로질러 학교로 갔다. 선생님은 교단에 올라서자 베를린으로부터의 명령으로, 내일부터는 알자스와 로렌의 학교에서는 독일말로만 가르치게 되었기 때문에 오늘이 나의 마지막 수업이라고 이야기하였다.

수업이 끝나려고 할 무렵 프러시아 군의 나팔소리가 울려왔다. 그러자 선생님의 얼굴은 창백해지며 무척 아쉬운 듯이 나는, 나는, 나는 … 할 뿐 말을 더 잇지 못하였다. 그리고는 선생님은 흑판 쪽으로 돌아서시더니 "대한민국 만세"라고 썼다.

**나귀** 프랑스 만세를 대한민국 만세로 딱 한 단어 고치셨군요? 갑자기 프랑스에서 왜 대한민국이?

**호테** 프랑스로 이민 가서 동양문학을 가르치던 한국계 교포 선생님이셨는데 급작스러운 상황이 전개되자 그곳을 한국으로 착각하셨나 봅니다.

**나귀** 프랑스어로 썼겠네요?

**호테** 아니요. 한글로 썼습니다. 프러시아 군인들이 알아보지 못하도록 ….

**반장** 만약 '대한민국 만세' 라는 문자가 도착한다면 어떻게 행동해야 할까?

**나귀** 어떤 상황의 급박함을 알리는 신호로 활용하면 되겠네요.

**반장** 다음부터는 모의투자가 있기 때문에 소설 써오기 숙제는 더 이상 하지 않아도 된다.

**호테** 그동안 소설 써오기 숙제가 참 재미있었는데, 어떻게 표현할 방법이 없네요.

제 3 편

# 이상한 시장에서의 수상한 낌새

2010년 6월 19일 토요일

## 1. 시장변화를 읽는 투자분석

리수구 선생님이 얼굴에 함박웃음을 머금고 강의실로 들어왔다.

**선생** 오늘부터는 모의투자를 하면서 나와 함께 현재와 미래 시장에 대해 공부한다. 시장은 좋은 시장, 나쁜 시장, 그리고 이상한 시장이 있다. 좋은 시장과 나쁜 시장 사이에 언제나 이상한 시장이 있다. 좋은 시장에서 나쁜 시장, 그리고 다시 좋은 시장으로 바뀔 때 이상한 시장으로 접어든다. 여기서 배우는 모든 주제는 이 이상한 시장에서 그 수상한 낌새를 찾는 것이다. 조짐, 징후, 기미, 낌새, 신호, 시그널의 차이점은 뭐지?
**호테** 조짐과 징후와 기미와 신호는 한자말이고, 낌새는 순우리말이고, 시그널은 서양에서 들어온 말입니다.
**선생** 시장의 움직임은 연속되며 결코 단절되지 않는다. 과거 시장의 역사적 움직임을 현재와 미래 시장의 움직임에 연결시킬 수 있는 능력을 키워야 한다.

자산시장이 글로벌화되고, 신용 파생상품 등을 통한 위험전이가 복잡하게 발생함에 따라 한 기관이나 지역의 문제로 인한 충격이 전세계 경제가 영향을 받는 연쇄적 반응을 일으킨다. 이에 따라 각국간 긴밀히 협력을 유지하고 정보를 공유하여 시장의 반응을 신속히 파악할 수 있는 수단을 마련할 필요가 있으나 현실은 그렇지 못하다.

시장위기의 징후를 찾아내는 작업은 공표되는 자료만으로는 부족한 경우가 많다. 정책당국이 업무수행과정에서 얻은 비공개 정보로도 충분치 않은 경우가 많다. 더구나 시장에 지대한 영향을 주는 정보가 한참 후에야 입수되는 경우도 있다. 따라서 중요한 정보를 시장에서 신속히,

그리고 직접 얻는 것이 필요하다.

시장참가자들의 반응을 통해 금융위기를 초기에 판별할 수 있는 정보를 얻을 수도 있는데, 시장에서 보내오는 신호가 정책당국이 사전에 개입해야 할 긴급 상황인 경우도 많다. 예를 들어 1998년 LTCM의 경우 한 헤지펀드가 유동성 고갈로 인한 파산위험을 감지하고, 뉴욕 연방준비은행에 이를 알려줌으로써 사전에 금융시스템의 붕괴위기를 막을 수 있었다고 한다.

두 사람에게는 시장에서의 시그널을 입수하는 임무가 부여된다. 물론 여러분들이 접근할 수 있는 정도에 한한다. 시장에서 활동하는 과정에서 시장의 반응에 대한 정보를 얻게 되는데, 적극적 정보를 수집하기 위해서는 시장에 참여하는 사람들과 다양한 대화통로를 유지할 필요가 있다.

이곳에서 금융시장의 역사를 배우고, 직접 자금을 투자해 보며, 시장데이터를 분석해 보는 과정은 시장참여자들에게 실시간으로 얻은 정보를 주관적 판단으로 놓치거나 왜곡하지 않도록 하기 위함이다. 다시 말해, 시장에서 보내오는 신호와 관련되어 입수한 정보의 진위를 판별하기 위해서는 나름으로 자기의 분석틀을 만들어 시장을 분석할 줄 알아야 한다.

### 포트폴리오 투자분석과 투자기간

앞으로 몇 주 동안 주식, 채권, 외환에 대한 모의투자를 하게 된다. 이 모의투자를 하는 이유는 돈을 버는 기법을 습득하는 데 있지 않고 시장을 이해하는 최단의 지름길이기 때문이다.

현금을 실제로 투자하는 방법도 있으나 시장과 이해관계가 형성되면 시장의 움직임과 금융상품가격의 변동에 대한 기대감이 형성된다. 그리고 이 기대감이 업무수행에 투영될 우려가 있다. 어떤 기대감으로 인해 업무수행을 그르쳐서는 안 된다. 월드컵 축구 실황을 중계하는 아나

운서가 골이 들어가지 않는다고 마이크를 집어던지면 어떻게 될까? 주식시장 상황을 보도하는 아나운서가 주가가 떨어진다고 어두운 표정을 지으면서 투덜거리면 어떻게 될까?

최초 가상 투자자금으로 1억 원을 주겠다. 주식을 사고팔든, 채권을 사고팔든, 외화를 사고팔든 여러분들의 마음이다. 증권거래는 상장된 증권에 한하고 외환거래는 증권회사가 중개하는 통화에 한한다. 공매도도 허용하고 금융파생거래도 허용하지만 총 매도포지션의 금액은 5천만 원으로 제한한다. 대출자가 없기 때문에 보유증권을 담보로 자금을 차입하여 투자하는 레버리지거래는 금지한다. 투자하지 않은 현금은 단기자금시장에서 거래되는 R/P금리를 적용한다. 채권의 경과이자나 외화자산의 이자도 모두 시장에서 형성되는 이율로 성과에 반영하도록 프로그램 되어 있다. 물론 거래수수료와 세금징수도 반영된다.

리스크 한도에는 듀레이션 한도, Value at Risk 한도, Tracking Error 한도 등이 있다. 실습 목적상 투자 포트폴리오의 리스크 크기에 대한 한도는 설정하지 않는다. 손실이 발생할 때 적용되는 손절매 한도도 없다.

그리고 실습을 위해 특별히 마련된 한 증권회사 사이트에 들어가 거래하면 된다. ID와 접속비밀번호, 그리고 거래비밀번호는 화면에서 각자가 나름대로 설정한다.

**호테** 일과시간 중에는 근무해야 하기 때문에 투자하는 데 제약이 많을 것 같습니다.
**선생** 아침 일찍 일어나 예약주문을 하는 방법도 있고, 점심시간을 활용하여 투자주문을 하는 방법도 있다. 뉴욕시장은 밤새 열리니 잠 안자고 투자하는 방법도 있고, 아니면 동생에게 용돈 쥐어가면서 가격이 3% 이상 오르거나 빠지면 매매하라고 부탁하던지 ….

많은 사람들이 가격이 하락하면 추가적으로 증권을 매입하여 원가를 낮추려는 물타기(*scale trading*)를 하거나 가격이 상승하는 도중에는 추가적으로 증권을 매입하는 추격매수(*follow-through buying*)도 한다. 그리고 손실 난 종목을 붙들고 가격이 오를 때까지 하염없이 기다리는 경우도 있다. 이런 거래는 손실을 더 크게 할 수도 있다는 사실을 염두에 두기 바란다.

그리고 잘못된 주문은 큰 손실을 야기할 수도 있다. 매도주문을 매수주문으로 낸다거나, 매수주문을 매도주문으로 내는 경우도 있다. 주문량과 가격을 뒤바꾸지 않도록 주의를 기울이기 바란다.

> 한 예로, 2005년 12월 일본에서 한 증권회사가 61만 엔에 1주의 매도주문을 1엔에 61만 주의 매도주문으로 오주문을 냈다. 잘못된 주문을 냈다는 것을 알아차린 증권회사는 2분 후 증권거래소에 취소주문을 냈으나 취소실행이 되지 않는다. 8분 후 이 증권회사는 그사이 시장에서 거래가 이뤄진 부분을 제외한 나머지를 반대매매로 처리한다. 증권거래소를 상대로 한 415억 엔의 손해배상 청구에서 2009년 12월 도쿄지방재판소는 증권거래소에 107억 엔의 지급명령을 판결한다.

투자기간의 장단에 따라 투자기법이 다르다. 데이트레이딩과 같은 단기적 투자운용은 주로 차트분석과 같은 기술적 분석, 즉 테크니컬 분석을 활용한다. 바이 앤드 홀드와 같은 장기적 투자운용은 제반 경제지표들을 이용한 펀더멘털 분석을 주로 활용한다.

테크니컬 분석과 펀더멘털 분석을 함께 활용할 필요가 있다. 샐러리맨들은 12시경에 점심을 먹으러 나간다. 시침이 없는 시계를 차고 있는 샐러리맨이 초침과 분침만을 보고 점심을 먹으러 간다면 아마도 다른 사람들이 나가니까 함께 따라 나가는 상황일 것이다. 시계도 없이 오늘이 몇 월 며 칠인지 달력만 보고 점심을 먹으러 가는 샐러리맨은 더욱 없을 것이다.

매일의 포지션을 일정 한도 내에서 매입하고 처분하는 데이트레이더의 입장에서는 시시각각의 시장정보가 거래를 결정하는 데 매우 중요한 요소가 된다. 금일 발표되는 경제지표가 예상치를 상회하는가 하회하는가, 중앙은행이 시장에 개입하는가 안 하는가 등. 데이트레이더는 시장가격의 방향성보다는 매일의 가격변화에 관심을 둘 수밖에 없다. 장기적 측면에서 미 달러가 떨어지게 될 거라는 시장전체의 분위기가 있다 하더라도 오늘은 미 달러를 사는 경우도 있다.

매일 발표되는 경제지표에 의존하여 시장을 바라보다보면 시장의 큰 변화와 흐름을 읽지 못하는 경우가 많다. 중기적 시장의 흐름을 이해하면서 분석해야 한다. 다음은 어느 날 국제 외환시장에서의 환율변동 요인에 관한 설명자료이다.

미 달러화는 전월 내구재 수주와 신규주택판매 호조에도 불구하고 운송수단을 제외한 내구재 수주의 예상치 하회와 주간 실업수당청구건수의 예상치 상회, 1970년 이래 신규주택가격 중간값의 최고 하락률 기록 등으로 약세로 마감하였다.

유로화는 독일의 GfK 소비자신뢰지수의 예상치 상회와 전 미연준의장의 민간과 중앙은행들이 투자다변화를 위해 미 달러화 자산을 유로화 자산으로 전환하고 있다는 발언, 그리고 ECB 총재의 인플레이션 우려 발언 등으로 상당폭 강세를 나타냈다.

엔화는 일본은행 총재의 연내 금리인상은 없을 것이라는 발언에도 불구하고 중국인민은행의 위안화 NDF거래 금지 조치에 따른 위안화 절상과 변동폭 확대에 대한 기대와 미국 경제지표 둔화 등으로 강세로 마감하였으며, 파운드화는 영국 노동부장관의 경제성장으로 인한 임금인상 억제 발언에 따른 영란은행의 추가적인 금리인상 기대로 상당폭 강세를 나타냈다.

어떤 시장현상을 설명하기 위한 사후분석은 대부분 이런 식으로 강세와 약세 결과에 적합한 사유를 찾아낸다. 경제지표의 발표가 시장에 영향을 주었으나 당초 예상치를 상회하거나 하회하였다는 설명이다. 예를 들어 미국의 경상수지 적자는 미 달러약세의 요인으로 작용하게 되는데 미 달러가 강세로 간 이유를 경상적사폭이 예상보다 작았다는 데서 찾는다.

또한 중요인사들의 발언으로 환율 등 시장가격의 움직임을 설명하려고 하고 있다. 금융정책 당국자의 발언은 의도한 것이든 아니든 시장변화에 영향을 준다. 시장에 영향을 주지 않는 발언은 인용되지 않는다.

매일매일의 이러한 분석에 젖어 있다 보면 전체적인 시장의 흐름을 잃어버리고 무엇이 환율과 금리와 주가를 결정하게 되는지 도통 감을 잡을 수 없게 된다. 따라서 금융시장의 역사와 과거의 경제지표 추이를 머릿속에 담아두어야 이해할 수 있다. 중요인사들의 발언의 진위는 시장의 흐름을 알고 있어야만 파악 가능하다.

> 우스개를 하나 이야기하자면, 천국에 오는 사람들에게 아인슈타인이 일거리를 주고 있었다. 먼저 IQ 200의 사람에게는 더 진전된 상대성원리를 개발하라고 주문하고 IQ 100의 사람에게는 금융위기가 닥쳤을 때 은행 구조조정을 원활히 하는 방안을 연구하라고 말했다. 그리고 IQ 50 사람에게는 1개월 후 원달러 환율을 예측하는 모델을 만들라고 지시하였다.

증권투자나 외환투자 과정에서 개인투자가들은 시장에 나오는 금융정보를 기관투자가보다 뒤늦게 입수하는 경우가 많다. 먼저 알았다면 그것은 아마도 내부자거래가 될 것이다. 어느 기업의 주식을 사놓고 보면 그 기업의 수익상황이나 설비투자, 그리고 자본증자 등에 따라 주가가 출렁거린다. 시장가격이 오르고 내리는 순환을 잘 타다가도 어느 순간에 나락으로 떨어진다. 그러다보니 펀더멘털 분석보다는 차트분석에 의존하여 데이트레이딩(*day trading*)을 한다거나, 아예 펀드에 돈을 맡기는 경우도 있다.

한편 시장상황을 판단하는 데 활용하는 데이터로 실물경제지표나 기업성과지표는 그다지 도움이 되지 않는 경우가 많다. 왜냐하면 데이터를 집계하고 분석하는 데 1개월이 지나가고 1분기가 지나가야 하기 때문이다. 이러한 지표가 소용이 없다는 말은 아니다. 펀더멘탈 분석가들은 시장거래에 이 지표를 잘 활용하고 있다. 그러나 시장은 저만치 가 있는데 왜 저리 갔는지 설명해 주는 사후분석 자료로 효용가치가 더 크다.

그러다보니 테크니컬 분석가들은 시장정보의 동시성을 보완하기 위해 이동평균선 등을 이용한 차트분석으로 대응한다. 하도 많다보니 열거하기도 힘들다. 한편으로 이벤트 분석가들은 시장에 영향을 주는 사건을 중심으로 거래하기도 한다. 그러나 이러한 사건이 시장에 주는 영향의 길이는 그다지 길지 않다. 전쟁발발의 경우에도 시장에 미치는 영향은 오래가지 않는다.

두 사람의 성과평가주기는 1주일이지만 투자기간은 1개월 정도 중기적 투자이다. 그러면 중기적 투자자산 운용은 어떤 기법을 활용해야 할까? 테크니컬 분석과 펀더멘털 분석을 함께 활용한다? 내가 활용하고 있는 방법은 자금흐름 분석, 또는 자금사정 분석이라고 한다. 어떤 상황에서 시장에 흘러들어오는 자금이 많아지는지 적어지는지를 따지게 된다. 여러 상황을 보면서 시장에서의 자금흐름의 방향과 자금의 크기, 속도를 측정하는 지표를 개발하여 활용한다.

나귀 직장에서 주식투자를 못하도록 하고 있기 때문에 주식시장에 대해서는 정말 문외한입니다. 어떤 종목을 사야 하는지 미리 힌트라도 주셨으면 해요.

선생 한 1주일간은 종합주가지수라든가 실물상품지수라든가 하는 지수연동상품에 투자하면서 시장의 흐름을 읽을 필요도 있다. 주식시장에서의 종목선정의 예를 들면 시장의 자금흐름이 저점을 지나 증가하기 시작하는 단계에서는 보험, 의약 등 방어적 산업의 성장주식 투자가 유리하고, 자금흐름이 지속적으로 증가하는 단계에서는 기술, 자원 등 경기순환산업의 성장주 투자가 유리하다. 자금흐름이 고점을 지나 감소하는 단계에서는 화학, 철강 등 경기순환산업의 가치주 투자가 유리하고, 자금흐름이 지속적으로 감소하는 단계에서는 식품, 전력 등 방어적 가치주 투자가 유리하다. 그러나 이는 원론적 이야기일 뿐이고 한 달간에도 몇 번의 순환적 자금흐름의 변화가 있을 수 있다.

호테 주식시장, 채권시장, 외환시장을 모두 넘나들면서 종목이나 통화를 선정하여 투자하려면 한두 달 넘게 공부해도 어려울 걸로 생각됩니다만….

선생 이 교육기간 중에는 성공투자보다는 실패투자가 더 의미 깊은 교육이 된다. 그리고 교육목적상 가능한 많은 금융상품에 투자해 주기 바란다. 예컨대, 회사채에 1억 원 전액을 투자해두고 이자수입만 바라보고 있는 것이 능사가 아니다.

호테 테크니컬 분석방법에 대해 미리 설명을 좀 해주시면 투자기법 습득에 필요한 시간을 단축할 수 있지 않겠습니까?

선생 시중에 돌아다니는 테크니컬 분석방법은 수도 없이 많다. 각자 알아서 선택하여 활용하도록. 환율이나 금리나 주가가 시장에서 결정되는 것은 수만 명의 딜러가 각자의 판단으로 금융상품을 사고파는 일련의 과정이다. 따라서 이 모든 사람의 생각을 읽고 거래한다는 것은 거의 불가능에 가깝다. 여러분은 미인대회에서 다른 사람들이 미인이라고 생각하는 사람을 미인으로 고를 수밖에 없다. 시장에서는 20일선, 60일선, 120일선 등 이동평균선 등을 활용하는 사람들이 많다.

만약 상승과 하락을 100% 예측하는 모델이 있어 이 모델이 시중에 나와 돌아다니게 되면 시장가격을 왜곡시킨다. 모든 투자가가 사거나 파는 데에만 쏠리게 되므로 상종가와 하종가에서만 가격이 형성될 게 분명하다. 시장에서는 가격이 오를 거라고 생각하는 사람과 내릴 거라고 생각하는 사람이 뒤섞여있어야만 거래가 이뤄진다.

그리고 강의에만 활용하는 분석 모델을 USB에 담아두었으니 투자결정에 참고하기 바란다. 이 분석툴은 시장에서의 힘의 방향과 크기와 속도를 측정 활용하는 모델이다. 이 분석툴의 구체적 계산방법을 공유하지 않는 이유는 많은 사람이 동일한 분석툴을 함께 활용하면 시장가격을 왜곡시키기 때문이다.

이 모델은 가격 상승에 접어들거나 가격하락에 접어드는 포인트를 알려주는 시그널 모델이다. 발목에서 사서 머리에서 파는 모델은 아니지만 적어도 무릎에서 사서 어깨에서 파는 정도의 정교함을 가지고 있다. 예를 들자면 어떤 상승장에서 오늘 1% 정도 가격하락이 있을 경우 이 상품을 팔아야 하는가, 아니면 가지고 가야 하는가를 판단해 준다. 즉 상승장에서의 일시 조정인가 아니면 상승장에서 하락장으로의 전환하는 신호인가를 판단해 준다. 다만 시장에 영향을 주는 어떠한 이벤트로 인해 발생하는 급격한 가격변화를 포착하는 데는 어려움이 있다.

두 사람에게도 이 방법을 알려주지 않는 이유는 더 좋은 분석툴을 만들 기회를 상실하기 때문이다. 시장을 분석하는 방법은 무궁무진하다. 분석 작업의 결과로 성공적인 툴을 얻기 위해선 몇십 배의 실패한 툴이 만들어져야 한다. 이 실패의 과정이 축적되어야만 보다 나은 분석툴이 만들어진다. 업무를 수행하는 도중에 이 툴을 만드는 것도 여러분의 임무 중 하나이다.

## 금리와 환율과 주가간의 상호관계

시장에서의 자금을 투입할 것인가 또는 회수할 것인가는 시장참가자가 결정한다. 시장거래 참가자에는 정책당국, 금융기관 등 기관투자가, 개인투자가, 외국인투자가로 크게 나눌 수 있다. 자금의 원천에 따라 정책자금, 민간자금, 해외자금으로도 구분한다. 시장참가자들의 자금흐름을 파악하는 것이 우리들의 업무수행과 밀접히 관련된다. 이 실습은 시장참가자들의 투자방향을 읽는 훈련이기도 하다.

중요한 것은 시장거래 참가자가 주식이나 채권거래만 한다거나 외환거래만 한다거나 하는 장벽이 가로막고 있질 않다는 것이다. 주식시장과 채권시장, 외환시장에서의 상호간 자금흐름은 서로 밀접히 관련되어 있다. 간단한 예로, 외국인이 증권에 투자하기 위해 해외자금을 들여오면 환율에 영향을 미친다. 채권에 투자하던 개인투자가는 주식에 투자하기 위해 채권을 매각할 수도 있다. 모든 시장을 한 바구니에 넣고 함께 눈여겨보아야 한다.

환율과 관련된 자금흐름에 있어 1970년대 이전에는 경상수지가 환율을 결정하는 요인으로 작용한다. 그러나 1980년대 이후에는 국가간 금리차가 환율을 결정하는 커다란 요인이 된다. 그렇지만 중단기적으로는 시장참가자들의 투기적 자금흐름이 시장을 좌우하는 경우가 많다.

미 달러와 일본 엔화의 누적금리차가 엔달러 환율을 결정하는 예를 보기로 하자. 평온한 시절에는 저금리인 엔화가 약세를 보인다. 그러나 국제적 위기가 발생하는 특정구간에서는 다르게 움직이고 있음을 알 수 있다. 엔캐리 트레이드의 청산에 따른 움직임으로 국제적 위기가 발발하면 저금리인 엔화가 강세로 전환된다(〈그림 3-1〉).

늘 약세를 보이던 엔화가 서브프라임 사태 이후 강세 일변도를 달리고 있다. 환율은 무역거래나 증권투자 등에 따른 외환의 수요와 공급에

〈그림 3-1〉 미일 금리차와 엔 달러 환율

의해 결정된다. 일본은 세계 최대 채권국이다. 해외에 투자하여 벌어들이는 소득규모가 매우 크다. 무역에서 적자가 나더라도 이 소득흑자가 이 무역적자를 메운다. 다른 이유가 없다면 일본 엔화는 늘 강세가 될 소지가 다분하다.

해외투자가가 일본시장에 투자하려고 돈을 들여온다. 반면에 일본 국내투자가는 해외시장에 투자하려고 돈을 내보낸다. 일본으로 외화가 더 많이 들어오면 엔화가 강세가 된다. 일본에서 더 많이 빠져 나가면 엔화가 약세가 된다. 그런데 최근 엔화 강세는 미 달러 등 선진국의 금리가 낮아져버림에 따른 반전이다.

해외투자가들은 저금리의 엔화를 빌려 고금리인 미 달러 등으로 바꾸어 운용하기도 했다. 이때 외환시장에서 엔을 팔아야 하므로 엔이 약세가 된다. 그런데 서브프라임 사태 이후 미 달러가 제로금리 수준으로 내려앉았다. 엔화를 빌려 미 달러에 투자할 유인이 사라져 버렸다.

국내투자가들은 해외에 투자하려면 엔을 팔아야 한다. 그러면 엔화

〈그림 3-2〉 유로화 움직임

가 약세가 된다. 그러나 국제금융시장이 불안하여 해외로의 투자를 꺼린다. 투자할 상대국의 금리도 매우 낮아 투자해봐야 별 이득이 없다. 그러다보니 돈이 밖으로 빠져 나가지 않는다.

강의 상류와 하류의 높이가 달라야 물이 흐른다. 미 달러 등이 엔화보다 약 2~3%보다 높은 금리수준이 되어야 엔화가 움직인다. 금리차가 작으면 국내투자가가 해외에 투자하려 하지 않고 해외투자가는 엔화를 빌리려 하지 않기 때문이다. 한마디로 국내외 금리차가 작아지면 수익을 좇아 움직이는 돈의 흐름이 멈춘다.

이 금리차이와 무관하게 엔화 환율이 움직이는 경우가 있다. 국제적인 금융위기가 일어나면 엔화는 강세로 돌변한다. 러시아 위기 때와 서브프라임 위기 때 이를 극명하게 보여준다. 해외투자가들이 빌려갔던 돈이 되돌아오고 국내투자가들이 해외로의 투자를 멈춘다. 이와 함께

〈그림 3-3〉 호주달러화 움직임

외환선물거래나 외환증거금거래에서 투기적으로 엔을 팔아치운 포지션이 강제적으로 청산된다. 거래증거금을 메우지 못하면 거래소에서 엔을 매입하는 반대거래로 이를 청산한다. 그러면 엔화는 빠른 속도로 강세가 된다.

유로와 호주달러에 대한 분석도 마찬가지이다. 미 달러화보다 고금리인 이들 통화들은 장기간에 걸쳐 강세를 보인다. 서브프라임 사태 이후에는 시장이 안정되지 못해 서로 다르게 움직이고 있음을 알 수 있다. 특히 주의할 점은 두 통화의 금리차가 어느 정도 이상이어야만 이러한 금리와 환율관계가 작동한다는 것이다(〈그림 3-2, 3〉).

참고로, 2005년에는 외환시장에 특이한 현상이 나타난다. 2004년 10월 부시 대통령은 본국투자법(HIA: *Homeland Investment Act*)에 서명한다. 미국은 IT버블붕괴 이후 경기대책의 일환으로 2005년에 한해 미국의 기업이 해외에서 벌어들인 이익금을 미 본국으로 가져오면 35%에

〈그림 3-4〉 미 정부채 이자율과 주가지수와의 관계

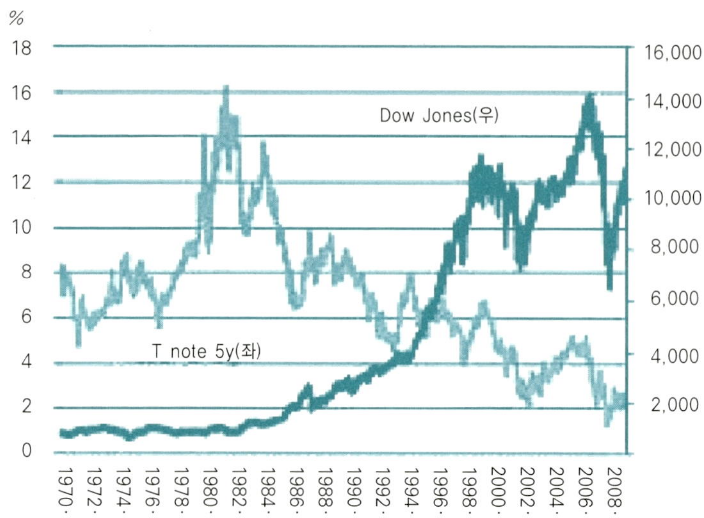


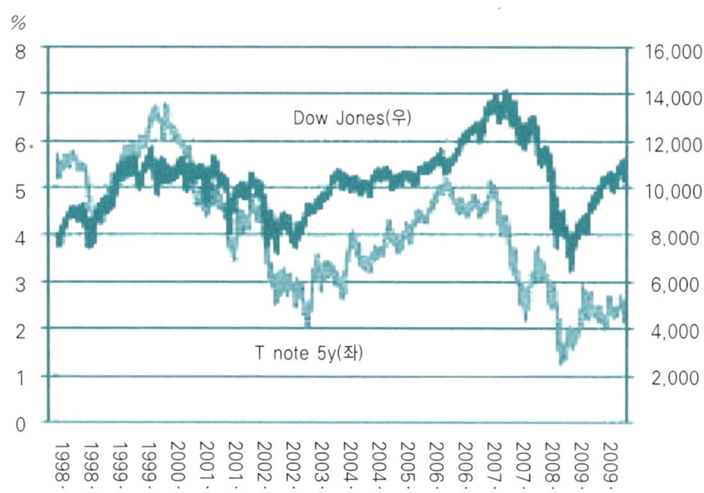


자료: FRB 등.

달하는 법인세를 5.25%로 대폭 낮추어주겠다는 것이다. 이 조치로 해외의 미국기업이 미 본토로 수천억 달러를 송금한 것으로 보인다. 당시 2000년 이후 유로화 등의 강세로 외화로 보유한 이익을 미 달러로 환전할 경우 환율 측면에서 유리한 국면이 전개된다. 여기에 더하여 미국의 금리인상과 이에 따른 캐리 트레이드로 2005년 중 미 달러는 여타 통화에 대해 강세를 나타낸다.

다음으로, 채권시장과 주식시장과의 관계를 보면 일견 서로 다르게 움직이는 것처럼 보이지만 2000년 이후 주식가격과 채권이자율은 같은 방향으로 움직인다(〈그림 3-4〉).

정책금리를 인상하는 과정은 주가상승에 긍정적이지는 않다. 그러나 시장이 경기가 좋아짐에 따른 금리인상으로 받아들여지면 주가상승으로 작용한다. 또한 채권시장에서 주식시장으로 자금이 흘러들어가면 주식가격 상승과 채권가격 하락으로 나타난다. 채권가격의 하락은 이자율의 상승으로 이어진다(〈그림 3-5〉).

한편, 외환시장과 주식시장의 움직임과 관련한 다음 그래프는 원달러 환율과 코스피지수의 움직임이다. 원달러 환율은 외국인투자가의 한국 증시에의 투자와 회수에 많은 영향을 받는다. 외국인투자가가 한국 주식에 투자하기 위해 자금을 들여오면 원화는 강세가 되고 주가는 상승한다. 그러나 서브프라임 사태에 연유한 금융위기 때는 외국인투자가가 주식을 매각하고 되돌아가면서 원화는 급격히 약세로 전환된다(〈그림 3-6〉).

참고로 우리나라 주가지수와 엔달러 환율의 움직임으로 엔 환율이 강세가 되면 우리나라 주식시장에 가격상승의 긍정적 요인으로 작용한다. 세계 교역시장에서 한국과 일본은 많은 상품분야에서 서로 경쟁하고 있기 때문에 환율이 기업의 대외경쟁력과 밀접히 관련 있다.

그러나 2005년 이후 엔화 약세에도 주가가 상승하는 방향으로 달리 움직이는 이유는 주식시장의 버블에 기인한다. 다시 말해, 무역수지 악

〈그림 3-5〉 미국 정책금리 인상과 주가지수

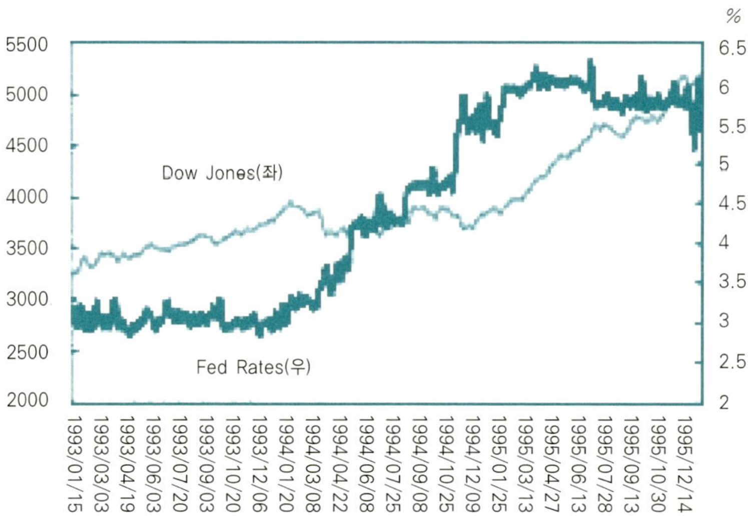

자료: FRB 등.

〈그림 3-6〉 원달러 환율과 주가지수간의 관계

자료: 한국은행.

화 등 경제 기초여건과는 달리 주식시장이 활황을 보이는 버블상태로의 진입이다. 이상한 시장으로부터 오는 일종의 낌새, 조짐, 징후이다. 이 같은 상황으로의 진입은 언젠가는 조정되는 과정을 걷는다(〈그림 3-7〉).

한편 2000년 이후 미국 주가지수(다우지수) 대비 한국 주가지수(코스피), 중국 주가지수(상하이), 일본 주가지수(니케이)의 상대적 주가지수 상승률을 비교해보면 한국 증권시장은 매우 매력적인 시장이다. 이 분석방법은 미 달러 보유 투자가가 미국 주식을 살 것이지 아니면 한중일 주식을 살 것인지 상대적으로 비교하는 방법이다. 외국인투자가의 투자자금유출입에 시사점을 준다.

한국의 주가는 꾸준히 안정적으로 상승하고 있어 미국주가보다 투자수익이 좋다. 2000년 IT버블붕괴 시에는 미국주가 대비 소폭 하락하였으나 2007년 서브프라임 붕괴 시에는 그다지 하락하지 않았다. 2000년부터 계산해보면 미국주가 상승에 비해 2배가 된다(〈그림 3-8〉).

중국의 주가는 미국주가 대비 2006년 이후에 급격히 상승했으나 상승

〈그림 3-7〉 엔 달러 환율과 주가지수 간의 관계

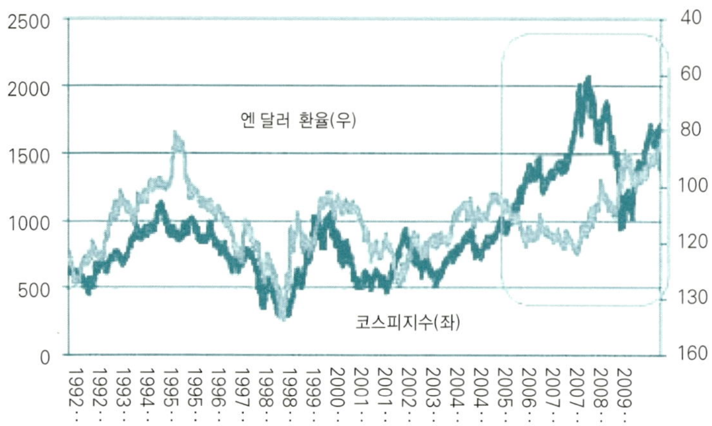


자료: 한국은행 등.

과 하락의 굴곡이 심하고 2007년 서브프라임 붕괴 시에 대폭 하락했다. 일본의 주가는 미국주가 대비 2000년 이후 거의 상승하지 못하고 있다.

환율변동을 감안하면 또 다른 점이 눈에 띈다. 언젠가 시장에서는 외국인들이 일본에 투자한 주식투자자금을 한국 주식시장으로 옮겨오고 있다는 분석을 한 적이 있다. 한국 주식시장의 안정적 상승 트렌드를 감안할 때 이러한 분석이 일견 타당한 것으로 보인다. 한편으로, 일본의 투자가들도 자국의 주식시장에 투자하는 것보다는 한국의 주식시장이 매력적일 수 있다(〈그림 3-9〉).

그러나 일본의 주가가 한국의 주가보다 덜 상승한다고 일본주식이 매력적이지 않다고는 할 수 없다. 한국의 주가상승이 빠르고 일본의 주가상승이 더디기 때문에 어떤 시점에서는 상대적으로 덜 올랐다고 볼 수도 있다. 또한 여기에는 다른 측면도 있다.

IT버블이 마무리되는 시점에서부터 일본의 주가 상승은 한국보다 뒤지지만 점진적으로 상승하고 있다. 특히 중요한 점은 국제적 금융위기

〈그림 3-8〉 한중일 3국에 대한 주식투자(대미 달러 환율변동 미감안)

〈그림 3-9〉 한중일 3국에 대한 주식투자(대미 달러 환율변동 감안)

를 맞아서도 일본주식투자에서는 그다지 손실을 보지 않는다는 것이다. 이는 국제적 금융위기가 불어 닥치면 엔이 강세가 되기 때문이다. 엔화 환율이 외환 수급상황에 따라 자유롭게 변동하고 엔캐리 트레이드가 청산되는 과정에서 일어나는 현상이다.

> 리만사태로 원화는 급격하게 약세가 되고 엔화는 강세되면서 원화가 엔화에 대해 약 2배가량 약세를 보인다. 그러자 일본 마루노우치에 있는 어느 한국계은행 지점에는 한국으로 돈을 송금하려는 한국사람들과 엔화지폐를 원화지폐로 교환하려는 일본사람들의 행렬이 점포 밖까지 이어지는 날들이 많았다.
>
> 길 가던 어떤 사람은 연말 세일행사가 열리는 줄로 알고 이 긴 행렬에 달라붙기도 했단다. 그리고 어느 현지 언론기관에서 이 지점에 확인 전화도 했다고 한다. 예금 인출사태가 벌어졌다는 제보가 있는데 그게 사실이냐고 …

### 투자운용에 있어 수익과 위험과 속도

장수들의 작전회의가 열렸다. 정보수집 담당 참모는 적군의 성을 함락하기 위해 강을 건너는 곳은 딱 두 군데로, 강의 폭이 좁아 곧장 건너는 곳은 물살이 험하고 강바닥이 울퉁불퉁하나 모든 병사가 하루해가 떨어지기 전에 건너편에 도달할 수 있으며 돌아서 건너는 곳은 강의 폭이 넓어 물살이 더디고 강바닥이 다소 평편하지만 모든 병사가 건너편에 도달하기까지는 며칠이 걸린다고 설명했다.

아울러 곧장 강을 건너는 곳으로 갈 경우 군사 100명 중에 5명 정도가 강물에 떠내려 갈 가능성이 있으며, 돌아서 강을 건너는 곳으로 갈 경우 군사 100명 중 1명 정도가 강물에 떠내려갈 가능성이 있다고 분석했다.

작전회의는 최소의 희생으로 단시간에 건너편에 도달해야 한다는 데는 의견의 일치를 보았으나 강을 건너는 장소에 대해 의견이 분분했다.

이도원(李到圓) 장수는 인명 손실이 있다 하더라도 단시간 내에 건너가기 위해 곧장 강을 건너자고 주장하고, 리수구(李守求) 장수는 병사들의 희생을 줄이도록 돌아서 가자고 주장했다.

이 이야기는 리턴과 리스크의 상반된 개념을 이해하는 데 도움을 준다. 최단시간 도착이라는 목표아래 병사의 손실을 어느 정도 감수할 것인가이다. 군사의 손실가능성의 크기는 강을 건너야 하는 병사의 규모, 강바닥의 수심과 강물살의 속도 등 강의 상태 및 건너편까지의 거리와 행군속도에 따른 소요시간에 따라 달라진다.

시장위험을 측정하는 데 활용하는 디스크 측정치인 Value at Risk는 과거의 경험치나 예상치를 이용한 신뢰수준에서 투자한 금액과 위험의 크기와 투자기간을 감안하여 측정한다.

강을 건너야 하는 병사의 규모가 투자금액이 되며 강바닥의 수심과 강물살의 속도 등 강의 상태가 위험크기(변동성), 그리고 건너편까지의 거리와 행군속도에 따른 소요시간이 투자기간이 된다. 여기서 개념상 이해하기 쉽지 않은 부분이 위험의 크기인 가격변동성이다. 가격변동성은 일반적으로 2주, 1개월, 혹은 1년 등 투자기간을 감안하여 과거 가격변동의 표준편차로 측정한다. Value at Risk는 투자한 금액과 위험의 크기, 투자기간을 감안할 때 투자기간을 일반적으로 10영업일을 기준으로 측정한다.

참고로, 개별자산이 아닌 포트폴리오의 리스크는 벤치마크 대비 초과 수익의 변동성(*volatility of excess performance*)으로서 초과 수익의 분산 정도인 추적오차(*Tracking Error*)로 측정한다. 이 지표는 리스크를 줄이려고 하는 자금운용자로 하여금 벤치마크에 근접하여 투자자산을 운용하는 경향을 갖게 만드는 요인으로 작용한다.

리스크를 측정하기 위해 중요한 것은 투자대상물의 가격변화를 파악해야 한다는 것이다. 외환은 환율, 주식은 주가, 채권은 채권가로 시장에서 거래되는 가격으로 파악한다. 채권시장을 분석하는 경우에는 외환과 주식과는 달리 만기에 따른 수익률로 분석한다. 어제의 채권은 만기가 달라지면서 오늘의 채권이 아니기 때문이다.

파생금융 상품의 경우에는 시장에서 형성된 가격이 없다면 이론적 가격을 도출해야 한다. 바이너리 옵션(binary option)으로 설명해보자. 100원을 지불하면서 만약 어떤 주식이 1개월 후에 100원 이상이 되면 200원을 받고, 100원 미만이 되면 돈을 받지 않겠다는 계약을 체결했다고 하자. 녹인 녹아웃(knock in knock out) 개념이다. 가격선은 〈그림 3-10〉의 왼쪽 그림처럼 수익선의 구부러진 부분에서 형성된다. 그러나 가격선은 단절될 수 없으므로 오른쪽 그림처럼 연결되어 형성된다.

1주일 후 주식의 가격이 100원에서 80원으로 떨어졌다면 이 옵션계약의 현재 가치는 25원이 된다. 따라서 현재의 손실은 75원이 된다. 100원 미만이라고 이 옵션계약의 현재 가치가 0이 되는 것은 아니다. 왜냐하면 만기까지 아직 남은 기간 중 100원 이상이 될 가능성(확률)이 남아있기 때문이다(〈그림 3-11〉).

복합금융상품은 복잡하기 때문에 가격선을 구하고 위험의 크기를 파악하는 데 그리 용이하지 않다. 여러 거래로 분해하는 방법을 이용하거나 확률분포나 미적분 등을 이용한 함수로 설명하지만 도통 이해하기가 쉽지 않다.

최근에 문제가 되었던 증권화 복합 금융상품은 어떤 과일을 믹서에 넣어 주스를 만들어 인공감미료를 첨가한 것과 마찬가지다. 마시는 사람은 이 주스에 몸에 해로운 요소가 들어있는지를 알지 못한다. 분산하여 투자되거나 상관관계가 작은 상품끼리 모았기 때문에 위험이 감소한다고 하는데, 평상시에는 그렇다 하더라도 시장위기가 찾아오면 모든 상품가격이 폭락하는 상황이 되기도 한다. 투자가들에게 아무리 좋은 금융상품일지라도 알지 못하는 투자상품에 투자하다보면 탈이 나기 마련이다.

〈그림 3-10〉 binary option의 가격선

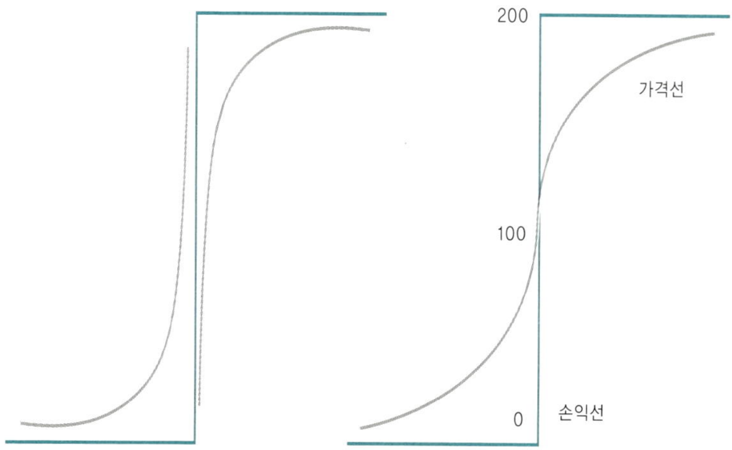


〈그림 3-11〉 binary option의 손익

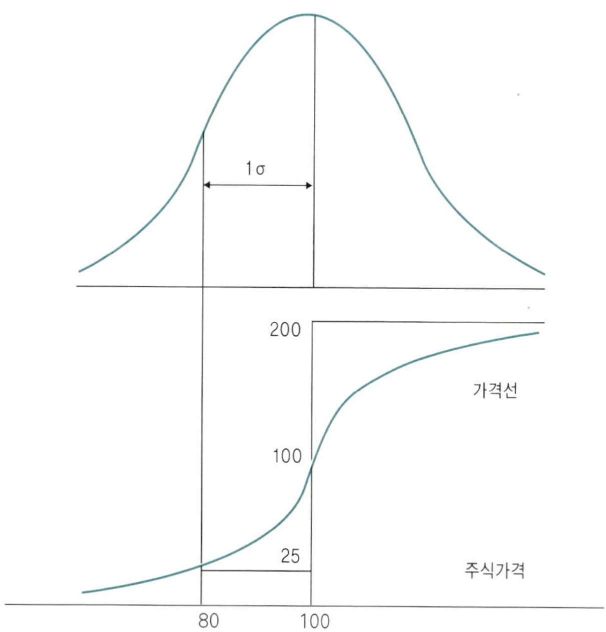

〈그림 3-12〉 시장위기와 주가하락 기간

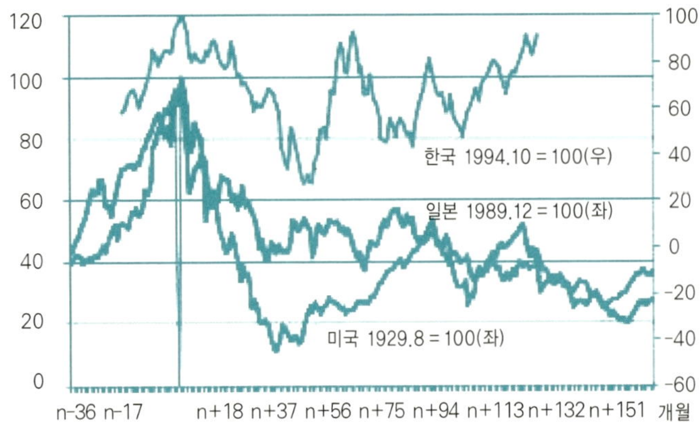


자료: 한국은행 등.

한편, 싸게 사서 비싸게 팔려던 투자가들은 매매의 타이밍 문제에 직면한다. 언제 사서 언제 팔아야 하는가? 가격이 더 떨어지지는 않을까? 더 오르지는 않을까? 매매의 타이밍 문제는 주식에만 국한되지 않는다. 채권일수도 있고 외환일수도 있고 주택일수도 있다.

여기에 고점형성과 저점형성 간에 걸리는 시간 또는 기간이라고 할 수 있는 가격의 등락 속도(*Velocity*)는 투자에 있어 매우 중요한 개념이다. 데이트레이더에게는 그다지 중요하지 않을 수도 있다.

더 확대하면 금융위기에의 진입과 붕괴, 그리고 탈출에 걸리는 기간도 속도에 포함된다. 이 타이밍의 문제는 시장에 참가하는 투자가뿐만 아니라 정책입안자에게도 중요한 문제이다. 정책입안자들은 금융위기에 진입하거나 금융위기에서 탈출하는 타이밍이 언제인가를 알려고 한다. 상황에 맞는 금융정책을 미리 펴야 하기 때문이다. 정책실패를 겪지 않으려면 언제 시장에 돈을 풀거나 거두어들일 것인가, 그리고 언제 정책금리를 내리고 올릴 것인가를 고민하게 된다.

미 대공황과 일 버블붕괴와 같은 시장위기 때 주가하락은 3년간 지속한다. 우리나라의 경우 경상수지 흑자전환과 금리하락으로 반도체와 통신산업의 주도로 1994년 11월에 주가지수가 1,000포인트를 돌파한다. 그러나 그 후 IMF위기까지 거의 3년간 지속적으로 하락한다(〈그림 3-12〉).

### 시장가격에 의한 성과평가의 공과

모의투자라고 얼렁뚱땅 아무렇게나 거래하게 되면 우리가 의도한 성과를 얻을 수 없다. 1주간의 투자성과의 결과를 작성하여 매 강의가 끝날 무렵 제출해야 한다. 이런 시장상황을 예측하고 투자했는데 예상을 크게 빗나가 얼마의 손실이 발생했고, 그 이유는 애널리스트들의 말만 믿고 무작정 투자했다, 라든가 또는 테크니컬 분석이 맞지 않았다든가 등 투자결과에 대한 설명책임을 부여한다.

투자성과평가는 매주 금요일 종가로 한다. 뉴욕 장이 마감되는 시간까지이므로 토요일 오전에 사이트에서 투자결과를 프린트하여 제출한다. 전 주의 투자 잔액은 다음 주 투자로 이어진다. 투자를 잘못하여 손실의 크기가 1억 원을 초과하는 상황이 되면 파산을 선고한다.

**호테** 파산선고가 나면 어떻게 되나요?
**선생** 다시 1억 원의 공적자금이 더 투입되는데, 매주마다 투자성과 결과와 함께 생활개선계획까지 문서로 작성하여 제출해야 한다.
**나귀** 선물거래나 외환증거금거래 레버리지에 대해 제한은 없나요?
**선생** 거래소나 증권회사에서 정해진 허용범위 내에서 자기책임 아래 거래하도록 한다.

투자성과를 평가하는 방법으로는 상대수익률(*relative return*) 평가와 절대수익률(*absolute return*) 평가가 있다. 상대수익률 평가는 주가지수와 같은 벤치마크 성과와 비교하여 투자성과를 평가한다. 절대수익률 평가는 일정기간 동안 확보한 성과의 크기로 평가한다. 투자신탁과 연기금 등은 대부분 상대수익률에 의해 운용성과를 평가하며 헤지펀드와 프라이빗 에퀴티 펀드 등은 대부분 절대수익률로 평가한다.

주식운용펀드가 있다고 하자. 지역별로 미국시장 40%, 유럽시장 30%, 영국시장 20%, 일본시장에 20%를 운용하도록 설정된 투자기준을 운용하고 있다고 하자. 이 경우 일반적으로 주식투자 운용담당은 지역별 투자기준 구성비에 근접하여 주식을 운용하면서 종목선택을 잘하여 초과수익을 달성하려고 할 것이다.

외부의 어떤 충격으로 신용경색에 따른 자금회수가 필요한 경우 주식투자 운용담당은 어느 시장에서 얼마만큼 주식을 매각할 것인가? 아마도 지역별 투자운용기준 비중과 같은 비례로 팔아치울 것이다. 그래야만 트레킹 에러를 최소화하여 초과손실을 최대한 억제할 수 있기 때문이다. 다만 특정시장에서 실현수익을 확정하거나, 특정산업의 주식을 주도적으로 매도하는 등 투자운용 전략상 다소간의 차이는 있을 수 있다.

어떤 성과평가 방법을 선택하는가에 따라 투자전략과 투자포트폴리오가 달라질 수밖에 없다. 여러분의 투자는 상대수익률 평가와 절대수익률 평가 모두 감안하면서 평가하게 된다. 상대수익률 계산에 적용할 기준 포트폴리오(Benchmark)는 사이트에 미리 제시된다.

그동안 금융자본시장에서의 거래에 대한 성과평가의 개념을 지배해온 것은 투자수익의 크기였다. 여기에서는 얼마를 투자하여 얼마만큼 벌었는가가 시장거래의 성과를 평가하는 중요한 요소가 되며, 자산가치의 변화에 따른 수익의 크기를 측정하고 평가하는 지표로 투자자본수익률 등을 이용한다. 이 과정에서 수익크기의 측정이 원가주의가 아닌 시가주의로 전환한다.

투자운용자는 일반적으로 강세장에서는 수익을 얻을 수 있으나 약세장에서는 손실을 본다. 그러나 파생상품이나 공매도 등을 활용하여 가격이 오르는 강세장뿐만 아니라 가격이 내리는 약세장에서도 수익을 올릴 수 있다. 절대수익률 성과평가는 투자자산에서 확보한 수익의 크기에 따라 달라지므로 투자운용자가 위험선호를 선택할 가능성이 높다. 반면, 상대수익률 성과평가는 벤치마크와 투자운용의 수익차이의 크기에 따라 달라지므로 투자운용자가 벤치마크대로 투자자산을 운용하여 위험회피를 선택할 가능성이 높다.

주변에서 약세장에서 마이너스 수익을 얻고도 성과수수료를 받게 되는 모순을 익히 볼 수 있다. 상대수익률평가의 경우 일반적으로 강세장에서는 낮아지고 약세장에서는 높아지는 현상이 나타나는데 이런 의미에서 시장이 좋지 않은 상황에서도 상대수익률에 의한 평가는 투자딜러에게 유리한 평가방법으로 작용한다.

시장상황이 좋지 않아도 벤치마크 성과보다 높은 성과를 얻었다고 보너스를 받는다. 시장상황이 좋아 대박을 터트리면 더 두툼한 보너스를 받게 된다. 이렇다보니 투자위험을 무시할 유인이 발생한다. 딜러나 경영자나 투자성과가 좋지 않더라도 손해는 없다. 콜 옵션을 매입한 효과와 동일하다.

주주의 경우에도 콜 옵션을 매입한 효과를 얻는다. 주가가 아무리 하락하더라도 투자액만큼만 손실을 보고 주가가 상승하면 그만큼 이익을 본다. 손실은 한정되고 이익은 무한대인 손익구조이다. 이와 반대로 채권자는 콜 옵션을 매각한 손익구조로서, 이익은 한정되고 손실은 커가는 구조이다.

한편 시장에서는 투자자산의 가격변동에 따른 투자수익의 변화 등 두 가지 요인만을 다루는 2차원 분석에서 투자위험의 크기요인까지 감안하는 3차원 분석으로 진화되었다. 이 분석은 부담한 리스크 크기를 감안하여 자산가치의 변화에 따른 수익의 크기를 측정 평가하는 지표로 위험조정수익률 등을 이용한다.

위험조정수익률은 투자자산의 위험을 감안하여 투자수익을 평가한다. 동일 금액을 투자하였더라도 주식시장에서 1백만 원을 번 사람과 채권시장에서 1백만 원을 번 사람을 똑같이 평가할 수는 없다. 포장도로를 달린 사람과 자갈밭을 달린 사람을 같은 동일선상에서 평가하는 것은 무리가 있다. 40여 km를 1시간대에 주파한 마라톤 선수에게 왜 자전거 속도만큼 내지 못했는지 나무랄 수 없다. 이 또한 투자딜러에게 유리한 평가방법으로서 성과보너스 지급에 대한 불만을 줄이는 방법으로도 활용된다.

**호테** 선생님! 우리들 투자성과가 좋거나 나쁘면 어떻게 됩니까?

**선생** 투자성과가 좋지 않다고 재교육을 시키지는 않으니 걱정하지 않아도 된다. 그리고 성과가 좋다고 표창장이 나오는 것도 아니다.

**호테** 뭔가 콜 옵션 매입구조의 인센티브가 있어야 잘하지 않을까요?

**선생** 어떤 한 주에 돈을 벌었다면 기분이 좋을 터이니, 딴 돈의 일부분을 저녁을 사는 데 써도 결코 말리지 않겠다.

### ■ 강의 후 ■

**반장** 저녁 이야기가 나와서인데, 끝나고 집에 가는 길에 생맥주나 한잔 하고 갈래?

(나의 제안에 두 사람 다 의아하다는 표정을 지었다.)

**호테** 해가 아직 떨어지지도 않았는데요?

**반장** 아침식사하면서 생맥주 마시는 분들을 앞으로 보게 될 거다.

(근처 호프로 이동하여 자리에 앉자마자, 나귀가 물었다.)

**나귀** 자녀는 몇 명이세요?

(그 다음은 딸이냐 아들이냐, 몇 살이냐, 귀엽지 않느냐 등 연달아 물어보는 질문을 알기에 한꺼번에 답변했다.)

반장 응. 딸 하난데 세 살이고, 퇴근하면 그 고사리 손으로 아빠 양말 벗겨준다고 나서면 모든 시름이 다 없어져.

나귀 정말 따님이 예쁘겠어요. 사모님은 언제 어떻게 만나셨어요?

(나귀는 다른 사람과 마찬가지로 한결같은 질문을 던졌다.)

반장 응. 일본에서 만났지. 아버지 일본 근무에 따라나섰다 일본 초등학교를 다녔고 그 초등학교 동창생이 내 집사람이야. (몇 가지 안주와 맥주를 주문하고 말을 이어갔다.) 다음에 일본에 근무하게 되었는데 우연찮게 일본 초등학교 동창생들을 만났지. 그리고 이리저리 연락이 되어 한 열 사람이 한 달에 한 번 정례적으로 만나게 되었지.

나귀 그러면 일본 분이시겠네요?

(나귀의 질문에 호테는 그걸 질문이라고 던지냐는 표정으로 나귀를 슬쩍 쳐다보았다. 그리고는 재미없다는 듯이 미리 나온 땅콩만 집어먹고 있었다.)

나귀 근데 어떻게 결혼하셨어요? (나귀의 궁금증은 더해간 모양이다.)

호테 자주 만나면 정들지 않겠습니까? (호테가 끼어들었다.)

나귀 만나면 만날수록 정나미가 뚝뚝 떨어지는 사람도 있어요.

반장 주말마다 자주 만나게 되었지. 공원에도 가고 가까운 해변도 가고.

나귀 그래서요?

반장 시장이 열려있는 평일 밤낮으로 만날 수 없는 처지이다 보니 어려운 문제가 생겼지.

(당시 나는 개인 투기자들의 공동사이트에 들어가 그들 사이의 대화를 놓치지 않으려고 무척이나 신경이 곤두 서 있었다.)

호테 그 다음에 어떻게 되었습니까? (호테가 관심을 보이기 시작했다.)

반장 언젠가 다시 만나게 되었을 때, 내가 하고 있는 일과 자기 중 하나를 선택하라는 거야. 나는 둘 다 결코 버릴 수 없다고 그랬지.

호테 그랬더니 뭐라고 그랬습니까?

(호테가 나를 향해 몸을 기울이면서 물었다.)

반장 아무런 말없이 그냥 나갔어.

호테 그래서 그분과 영영 헤어졌나요?

(호테의 엉뚱한 질문에 나귀가 즉시 나섰다.)

**나귀** 그런데 어떻게 다시 만나게 되셨어요?

**반장** 그 후 전화도 걸어도 안 받는 거야. 그래서 메시지만 매일 남겨두었어.

**나귀** 뭐라고 보냈어요?

**반장** 당신이 매일 아침 끓여준 미소시루가 먹고 싶다고 그랬지.

**호테** 그래서요?

**반장** 서너 달이 지난 후 복귀발령을 받았어. 친구들의 환송연에도 그녀는 나타나지 않았어. 그리고 그 다음 날 하네다 공항에서 김포행 비행기 탑승수속을 마치고 탑승을 기다리고 있는데 그녀가 조그만 가방을 질질 끌고 거기에 나타난 거야. 마음과 표정을 다스리며 어디 가냐고 물었지. 그랬더니 한국에 직장이 생겨서 가는 길이래. 직장이 어디냐고 물어도 대답을 안 하더군. 한국에서 얼마나 있게 될 거냐고 물었지.

**호테** 그 다음은요?

**반장** 한국에서 뼈를 묻게 될지도 모른다고 그러더라고. 그제야 알아차렸어. 그리고 잘만 참고 견디면 아내에서 어머니로, 그리고 할머니로 승진시켜주겠다고 그랬어.

**나귀** 그래서 사모님은 평생직장을 얻게 되었군요.

(여기서 한 과정을 이들에게 이야기하지 않기로 했다. 사실은 그녀와 공항에서 만나 나눈 대화는 하네다 공항으로 가는 전차 속에서 잠깐 앉아 졸다가 꾼 꿈이었다. 그런데 나의 아내는 실제로 조그만 가방을 끌고 탑승구 앞에 서 있는 나에게 웃으면서 다가왔다. 나는 살아온 내 인생의 고비마다 아주 짧은 꿈을 미리 꾼다. 그리고 그 꿈은 얼마 후 현실로 나타난다. 아무도 믿지 않을 것 같아 그동안 어느 누구에게도 내 꿈에 대해 이야기하지 않았을 뿐이다. 꿈이 현실로 다가오면 받아들이기만 하면 된다. 호테는 뜬금없는 질문을 나에게 던졌다.)

**호테** 사모님은 부모님께 허락받고 비행기 타셨을까요? 주위의 만류는 없었을까요? 아니면 야반도주?

**반장** 몰라. 그 부분은 아직까지 이야기하지 않던데. 왜?

**호테** 나귀 씨의 문학적 작품과 저의 특출한 작품에다 선배님의 순애보를 합쳐 한국에서 책을 발간한 다음, 일본에서 번역 발간할까 하구요.

반장 번역은 누가 할 건데?

호테 침착 차분한 성격의 소유자인 나귀 씨가 하면 됩니다.

나귀 호테 씨는 뭐하고요?

호테 저는 번역이 다 끝나면 틀린 토씨 고치기 정도?

나귀 지하철에서 책 파는 사람이 더 어울릴 것 같아요. 날이면 날마다 써지는 책이 아닙니다, 하면서 ….

호테 동정어린 눈으로 슬프디 슬픈 표정을 지어가면서 저는 밤늦도록 책을 팔다가 집에 되돌아가보면 저를 따뜻이 반기는 것은 화장실 좌변기밖에 없고 ….

(마침 낙지볶음이 안주로 나왔다.)

나귀 이 낙지다리가 손인지 발인지 구분하는 방법을 아세요?

호테 젓가락으로 살짝 간지럼을 태워 움직이면 발입니다.

2010년 6월 26일 토요일

## 2. 시장위기가 자라나는 토양

### 금리 통화정책의 국제적 파급

어떠한 충격이 시장에 가해지면 시장에서 어떤 일들이 벌어졌는지 알아야 한다. 그리고 시장에 충격이 가해진 후 시장이 어떻게 반응하고 정책당국은 어떻게 대응했는지도 알아야 한다. 과거의 역사적 사실을 몇 개의 유형으로 대별하여 되돌아보면 동일한 패턴이 나타난다. 그리하여 우리는 현재 어디에 위치해 있는지를 알아차리면서 시장을 읽을 수 있다.

국가간 자금이동에 영향을 주는 커다란 요인은 국가간 금리차이다. 경기활황이나 인플레이션을 다스리려는 목적에서 고금리 금융정책을 구사한다. 또는 해외에서 자금유입을 촉진하거나 해외로의 자금유출을 억제하기 위해 고금리 금융정책을 구사한다. 이러한 정책적 고금리 운용은 자국의 경기침체를 야기하거나 국제적 금융위기를 초래한다.

> 인도 아래 적도 부근에 수천 개의 산호섬으로 이뤄진 몰디브라는 나라가 있다. 사람이 사는 섬은 몇십 개에 불과하다. 이 나라는 관광수입으로 먹고 산다. 그런데 기후변화가 이 나라에 재앙으로 변하는 과정에 있다.
>
> 기후 온난화로 수면이 상승한다. 그러면 바다의 파도가 해변의 토양을 쓸어내리는 높이도 점점 올라간다. 토양의 씻겨나가는 양이 많아진다. 광합성을 하여 산호초에 양식을 공급하는 생물에 피해를 준다. 산호초는 하얀색으로 변하면서 죽어간다. 산호초 사이에서 집을 짓고 살아가던 어류들이 사라져간다. 대신 어떤 다른 어류종이 급격히 늘어난다. 얼마 후 지진에 따른 쓰나미가 다가온다. 수면으로부터 1미터 높이의 섬

들은 물바다가 된다. 파도를 막아주던 산호초가 사라졌기 때문이다.

언젠가 기사 하나를 읽은 적 있다. 해수면이 더욱 상승하여 산호섬이 바다 물에 잠기기 전에 다른 나라로 전 국민이 이주할 땅을 찾고 있다고 한다.

국제적인 고금리 상황이 되면 신흥 개도국은 이에 발맞추어 금리를 올려야 한다. 선진국보다 더 높은 금리로 올린다. 설상가상으로 자국의 환율이 강세가 된다. 고금리와 환율강세에 경쟁력을 잃은 기업들은 하나둘 쓰러져간다. 기업에 몸담고 살아가던 사람들은 하나둘 직장을 떠난다. 나라의 경제는 어려워지기 시작한다. 얼마 후 금융위기가 다가온다. 그리고 그들의 시장은 폐허가 된다.

이도원 선생님의 강의를 다시 복습하는 의미에서 역사를 되돌아보자. 금융위기는 여러 요인이 복합적으로 작용하지만 기축통화인 미 달러를 중심으로 정책금리 운용측면을 다뤄보자. 금리의 파괴력이 대단하다는 걸 느낄 수 있을 것이다.

- 제 2차 석유위기 이후 미국은 인플레 억제와 강한 달러정책으로 고금리를 유지
  → 1982년 8월 남미의 멕시코 브라질 베네수엘라 외환위기
  → 1984년 5월 콘티넨탈 일리노이즈 등 은행 파산

- 국제불균형 해소를 위한 G5 플라자 협의에 따라 약 달러 합의 후 자본유입을 위해 금리인상(일 · 독은 내수확대를 위한 금리인하)
  → 1987년 10월 미 · 일 · 독의 금리정책 불화로 블랙먼데이 주가폭락
  → 1988~1991년 미 부동산버블붕괴로 S & L · 상업은행 금융위기
  → 1990년 7월~1991년 3월 고금리로 미 경기침체
  → 일본의 저금리에 따른 주식 부동산버블 발생 이후 금리인상으로 1990년부터의 증권 부동산버블붕괴 및 금융위기로 진행

- 미연준이 저금리를 유지하다가 1994년 2월 금리인상 시작
  → 1994년 오렌지카운티 및 깁슨 그리팅 이자율파생거래 손실

〈그림 3-13〉 미국의 정책금리와 미 달러 실효환율

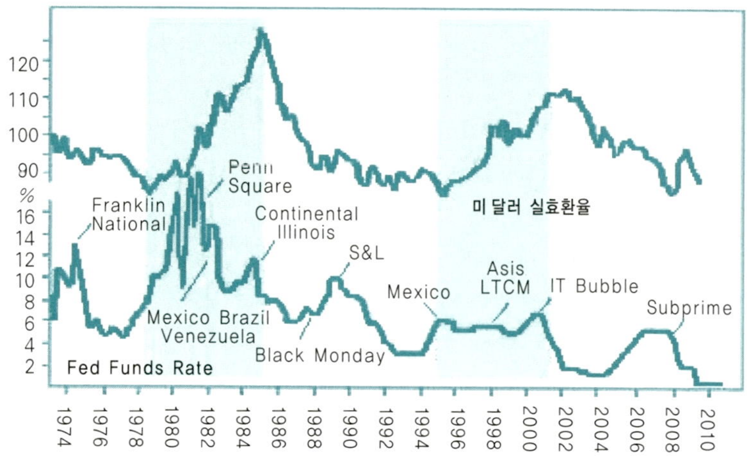


자료: FRB.

→ 1994년 12월 멕시코 페소 외환위기

■ 1995년 강한 달러정책으로의 전환에 따른 미 달러의 고금리 유지 및 일본 엔의 저금리 상황으로 엔 캐리트레이드 발생

→ 1997년 7월 태국 바트화 외환위기

→ 1997년 12월 한국과 인도네시아 외환위기

■ 미연준 1997년부터 금리 재인상으로 고금리 수준 유지

→ 1998년 8월 러시아 정부채 디폴트 및 미 LTCM 위기

→ 1998년 9월 브라질 등 중남미로 금융위기 확산

→ 2000년 미 IT버블붕괴 및 경기 침체(2001년 3월~11월)

■ 미연준의 금리인하 및 장기간 저금리 유지 후 점진적 금리인상

→ 2002년 이후 신흥국 투자가들의 미 정부채 매입 및 일본의 미 정부채 매입을 위한 대규모 미 달러 매입개입

→ 2007년 7월부터 서브프라임 사태와 증권화하여 유동화한 대출채권의 손실발생으로 투자은행 등 신용위기

→ 2008년 9월 리만 파산으로 국제적 금융위기로 진행

〈그림 3-14〉 통화별 IMM포지션

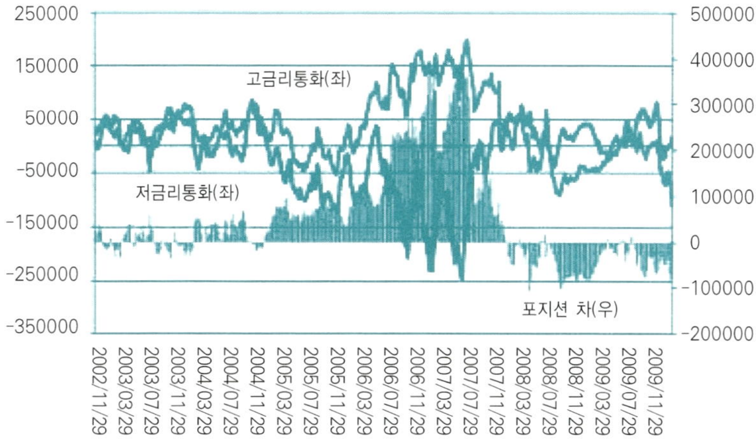


자료: CFTC.

금융위기의 시그널 중 하나로 선진국이 고금리나 저금리로 가는 길목에 있다면 바싹 긴장하면서 시장을 지켜보아야 한다. 문제는 자국의 금융경제사정과 함께 타국의 금리수준을 눈여겨보아야 한다는 사실이다. 대내균형과 대외균형을 동시에 감안해야만 하므로 그만큼 금융정책이 어렵다는 것이다.

금리운용과 관련하여, 초저금리인 일본 엔화와 스위스 프랑화는 캐리 트레이드를 촉발하면서 전세계적으로 유동성을 증대시킨다. 이와 함께 투기적 외환거래도 이뤄진다. IMM포지션에서, 상대적으로 저금리통화인 일본 엔화와 스위스 프랑화 등의 매각포지션이 상대적으로 고금리통화인 유로화와 영국 파운드화 등의 매입포지션의 차이가 시장위기 이전에 크게 확대된다. 금융위기와 함께 이 포지션이 해소되면서 일본 엔화와 스위스 프랑화는 강세로 전환된다. 자발적으로 되돌아가는 투자도 있으나 강제적으로 청산당하는 투자도 있다(〈그림 3-14〉).

### 시장에서의 금리차 축소에 의한 여파

국제유동성이 확대되면서 자금이 풍부한 국가에서 부족한 국가로 돈이 이동한다. 이에 따라 자금이 부족한 국가에 돈이 많아지면서 이자율이 하락한다. 그리고 국가간 이자율의 격차가 축소되는 상황으로 전개된다. 한편으로 자금유입과 유출을 조절하는 등 자본이동의 관리를 위해 타국과의 금리격차를 일정 수준으로 유지하려는 금융정책으로 국가간 이자율 변동이 동조화한다.

과거 금본위제에서는 지폐를 금과 교환할 수 있도록 정부가 보증한다. 그리고 국제수지 악화는 금과 통화량의 감소로 물가가 하락하여 국제경쟁력이 커지고 무역수지가 나아지면서 국제수지 불균형을 시정한다. 국제수지가 개선되어 금 보유액이 많아지면 통화공급량이 증가하여 물가가 오르고 국제수지가 악화된다. 즉, 무역수지의 불균형을 통화량의 증감으로 시정하는 메커니즘이다.

그러나 금달러본위제를 배제하는 닉슨쇼크로 금과 달러의 교환이 정지되고 각국 통화가 자유변동환율제로 전환한다. 그리고 무역수지 불균형을 환율변동으로 시정하면서 미 달러 보유에 대해 금 대신 채권을 주고받는 상황이 된다.

자국의 무역수지가 개선될 기미가 보이지 않는다고 하자. 이럴 때 경상수지를 개선하기 위해서는 밖에서 벌어들이는 소득수지의 개선으로 대응할 수밖에 없다. 대외차입에 의한 자본수지 흑자로 경상수지 적자를 보충하면서 대외 직접투자나 증권투자로 소득수지를 개선해야 한다.

해외투자는 현지통화에 의한 현지 직접투자와 함께 현지투자국의 높은 채권이자 현지투자국의 높은 주가상승, 현지투자국의 높은 부동산 가격상승 등 투자수익을 기대하면서 투자한다. 아울러 자국통화의 약세로 환차익을 기대하면서 투자할 수 있다.

그런데 현지투자국의 투자수익률이 낮아져버리면 수지의 불균형이 시정되지 않는다. 여기서 금융위기의 씨앗이 움트기 시작한다. 신흥국으로 흘러들어간 자금이 많아지다 보니 신흥국의 이자율이 낮아진다. 먼 옛날 1870년대에 미국의 이자율이 하락하면서 영국이 장기침체(*Long Depression*, 1873~1896) 상황으로 진입한 것처럼.

신흥 개도국의 이자율이 선진국의 이자율보다 높지 않다면 선진국은 수익을 창출할 기회가 사라져버린다. 상류와 하류의 물높이가 같아지면 물이 흐르지 않는다. 다른 사람에게 돈을 빌려 또 다른 사람에게 돈을 빌려 주는 은행의 입장에서 빌리는 이자율이 빌려주는 이자율보다 높으면 장사가 되지 않는다.

1980년대 이후 각국의 채권수익률이 낮아지는 현상과 2000년대에 들

〈그림 3-15〉 이자율 스프레드

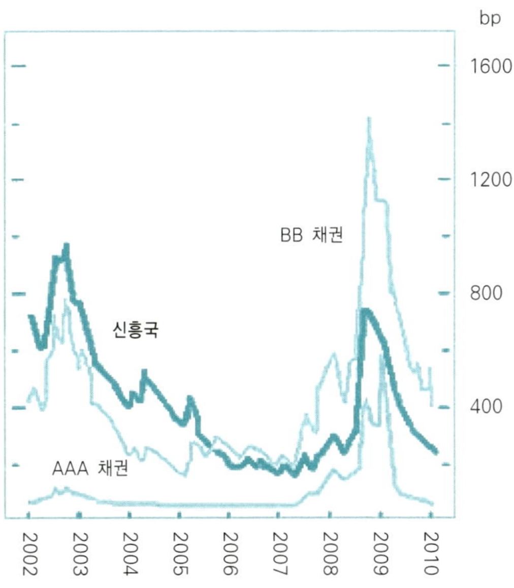


자료: IMF.

어 선진국과 신흥국의 스프레드가 작아지는 현상은 그만큼 각국의 금융시장에 자금 유동성이 풍부해졌음을 말해 준다. 신흥국의 유동성 증가는 무역흑자에 따른 경상수지의 개선과 선진국으로부터의 자금유입에 따른 자본수지의 개선 등에 기인한다.

시장에의 충분한 자금공급 상황은 금융시장의 안정에 바람직스러운 측면이 있다. 그러나 한편으로 과도한 자금공급 상황으로 진전되면 시장참가자들의 수익확대 기회가 축소되면서 시장에서는 경쟁이 격화되고 투기적 거래는 점점 커지게 된다. 장사가 잘 되지 않는다. 그러다보니 박리다매로 나갈 수밖에 없다. 이는 시장에서의 파생금융거래 확대와 레버리지거래 확대 등으로 연결된다. 레버리지거래나 금융파생거래를 동원한 거래가 급격히 늘어난다. 금리격차의 축소는 국제적 금융위기의 시그널이 된다.

아이러니하게도 국제적 금리격차가 커져야 금융안정이 된다는 이야기다. 아주 극단적 예를 들어보자. 개인이나 기업이 자금축적을 이뤄 돈을 빌리지 않는다면 어떻게 될까? 대출도 받지 않고 채권이나 주식도 발행하지 않는다. 은행 금융기관은 어떤 영업을 해야 할까? 결제서비스와 같은 서비스 제공 수수료로 살아나가야 할 것이다. 돈이 남아도는 부문과 돈이 부족한 부문이 항상 함께 있어야 한다. 돈이 남아도는 나라와 돈이 부족한 나라가 함께 있어야 국제적 균형이 이뤄진다.

금리격차를 확대하는 방법 중 하나는 돈이 궁하게 만드는 것이다. 그리하여 돈을 빌리려는 나라는 높은 이자를 지불하도록 해야 한다. 미국이 금리를 높이면 국제적으로 이동하던 자금이 미국으로 되돌아간다. 국제금융시장에 돈 부족이 일어난다. 그러다보면 돈을 구하지 못한 나라는 파산 직전으로 몰린다. 돈을 빌려주는 프리미엄이 급격히 뛴다.

국제금융시장에서는 돈의 풍족과 부족을 절절히 구사한다. 숨어 있는 손들은 수지타산을 맞추어본다. 풍족과 부족 사이에서 살아남으려

〈그림 3-16〉 투자부적격등급 기업의 신용스프레드

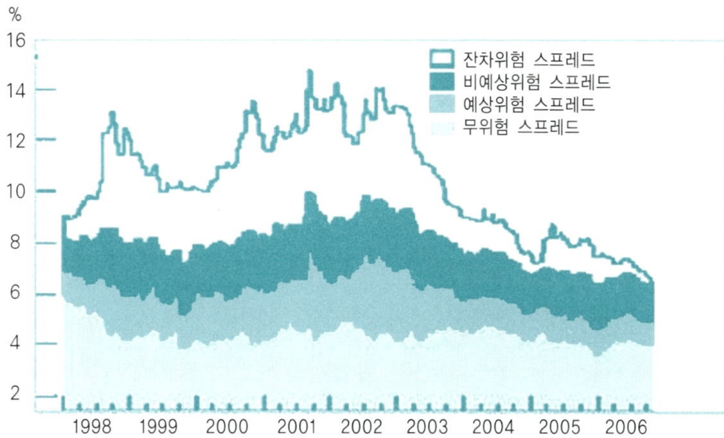


자료: Andrew Haldane, Simon Hall and Silvia Pezzini, *A new approach to assessing risks to financial stability*, Bank of England Financial Stability, April 2007.

는 나라들은 수중에 돈이 많아야 한다. 평상시 차곡차곡 쌓다 보니 필요 이상으로 보유한다.

한편, 자본을 축적한 나라들이 수익을 쫓게 되면서 국제적 불균형은 더 커진다. 수익이 나는 나라로 돈이 몰리고 수익이 나는 상품으로 돈이 몰린다. 종래의 채권 주식 위주의 투자에서 상품 원자재, 부동산, M&A 등 그 투자대상을 확대한다.

참고로 〈그림 3-16〉은 2000년 이후 기업의 신용스프레드가 과도하게 축소되고 있음을 보여준다. 투자부적격 등급 기업의 신용스프레드가 지속적으로 하락하고 있다. 과연 신용위험이 사라졌던가?

## 시장에서의 비대칭성과 비동시성

시장위기가 발생하면 큰 손실이 온다. 이 위기를 어떻게 극복하는가가 시장참가자들의 지혜이다. 시장위기는 거래 정보의 비대칭성(*asymmetric information*)과 함께 거래시기의 비동시성(*asynchronous transaction*)에 기인한다.

우리가 거래하는 시장은 좋은 시장, 나쁜 시장, 이상한 시장이 번갈아 나타난다. 간단하게 가격 상승기, 가격 하락기, 그리고 가격 조정기라고도 할 수 있다. 주기적 순환과정일 수도 있다. 좋은 시장에서 나쁜 시장으로, 혹은 나쁜 시장에서 좋은 시장으로 옮겨가는 과정에서 이상한 시장이 나타난다.

이상한 시장의 데이터에서는 이상한 시그널이 나타난다. 왜 이런 시그널이 나타나는지 수많은 요인이 작용하겠지만 금융자산을 사려는 사람과 팔려는 사람 양편에서 서로 시장정보가 없거나, 누군가는 한편에서만 시장정보를 알고 있는 경우에 발생한다.

AA기업이 상장한 주식의 가격이 오르고 있다. 그런데 어느 날 이 기업의 주가가 이상한 시그널을 시장에 내보낸다. 그러더니만 얼마 후 막대한 영업 손실이 발표되고 주가는 곤두박질을 치기 시작한다. 이때는 시장에서 비대칭성과 비동시성이 대칭성과 동시성으로 바뀐다. 이 기업의 경영자들은 나타난 경영성과를 잘 알고 있다. 인사이더거래가 없다고 하더라도 정보는 조금씩 시장에 새어나온다. 이 정보에 접하지 못한 투자가들은 어제보다는 값이 싸진 이 주식을 덥석덥석 사들인다.

실물시장의 위기는 생산부족에서 생산과잉으로 전환되면서 발생한다. 마찬가지로 금융시장의 위기는 시장참가자의 부족에서 시장참가자의 과잉으로 전환되면서 발생한다. 시장참가의 부족단계에서는 정보의 공평한 배분이 이뤄지지 않는 상황에서 이윤을 독점하는 특정세력만이 정보를 입수 활용한다. 시간이 흘러 이 시장정보가 시장에 알려지면 수많은 시장참가자들에 의한 쏠림현상이 나타나고 드디어는 버블발생의 과정을 걷는다. 소수의 시장참가자만 정보를 독점하는 비동시성이 다수 시장참가자들이 정보를 접하는 동시성으로 전환된다.

정보전달수단의 급격한 발전은 동시성을 확대시키며 버블의 규모와 충격을 키웠다. 옛날에는 증권을 사고팔려면 다음 날 조간신문의 증권 시세 란을 읽고 증권회사 객장에 가야만 했다. 그러다가 전산화가 이뤄지면서 집에 앉아 PC 앞에서 증권을 사고팔더니 지금은 모바일로 아무데서나 증권을 사고판다. 스포츠 중계방송하듯이 증권시장 상황이 중계방송되고 시장정보가 순식간에 널리 알려지면서 많은 사람들이 동시에 어떤 방향으로 증권거래를 한다. 더구나 프로그램 매매라는 초고속 거래도 등장한다. 비동시성이 어느 순간에 동시성으로 전환되는 상황이 된다.

시장정보의 신속한 이동과 함께 증권거래 규모가 커지고 거래 속도가 빨라진다. 이러한 변화는 증권가격을 안정시키는 요인으로도 작용하지만 어떤 상황에 따라서는 증권가격의 변동을 더욱 확대시키는 요인으로 작용한다.

서브프라임 사태를 예로 들자. 주택대출 채권에 의한 증권화 상품에 대한 정보는 소수의 그룹만이 알고 있는 정보의 비대칭이다. 이 증권의 수익성에 대한 정보가 시장에 퍼지면서 시장참가자들의 쏠림이 일어난다. 그러나 대부분의 투자가들은 이 증권의 위험성을 알지 못하고 수익성만을 쫓아 투자한다. 그리하여 주택시장의 활황과 증권시장의 활황이 함께 일어난다. 시간이 흐르더니만 모든 투자가들이 이 증권의 위험성을 알아차리게 된다. 너도나도 시장에서 동시에 탈출하면서 시장붕괴가 일어난다. 구성의 오류가 나타난다.

동시성으로 인해 시장에 참가하는 많은 사람들이 가격의 변동방향에 대해 동일한 믿음을 갖게 되면 비이성적 과열로 버블이 발생한다. 그러나 이러한 믿음이 동시에 깨지면 버블붕괴가 일어난다. 버블발생과 붕괴는 시장에서의 신뢰와 불신이 번갈아가며 나타나는 현상이다. 금융위기의 역사는 이러한 신뢰와 불신의 반복 속에서 이뤄졌다.

역사적으로 버블을 일으키는 투자대상이 변화하지 않은 것도 있으나 기술의 발전이나 금융기법의 발전으로 버블의 대상과 성격이 변천해오고 있다. 그러나 언제나 변하지 않는 바는 발생한 버블은 천천히, 또는 급격히 언젠가는 꺼지면서 손실이 발생할 위험이 항상 도사리고 있다는 것이다. 이러한 시장위기에는 보이지 않은 손들이 있다. 그러나 이 손들에는 세 부류의 손이 출현한다. 숨어 있는 손, 받쳐주는 손, 그리고 쓰다듬는 손이다.

숨어 있는 손은 자기들만이 아는 시장정보와 투자기법을 활용하여 시장에서 이윤을 독점하려는 세력이다. 정보의 비대칭성과 비동시성을 충분히 활용하면서 시장을 부추긴다. 버블이 진전되는 과정에서는 거품조장 세력이, 버블이 붕괴되는 과정에서는 위기조장 세력이 등장한다. 몇 월 위기설, 어느 나라의 채무불이행설, 어떤 기업의 파산설 등으로 위기를 부추긴다.

쓰다듬는 손은 자금을 조이거나 풀면서, 어떤 거래를 하거나 하지 못하게 하는 등 시장이 안정되도록 힘쓰는 정책당국이다. 이 손은 어떤 경우에는 가볍고 부드럽게 쓰다듬기도 하지만 어떤 경우에는 모질고 매몰차게 쓰다듬기도 한다. 시장참가자를 달래면서 보듬어주기도 하지만 시장에서 퇴출시켜버리기도 한다.

받쳐주는 손은 뒤늦게 정보를 입수하여 시장을 탓하면서 언제쯤 제대로 된 시장이 열릴까? 하면서 하소연하는 투자가들일 수도 있고, 시장을 이해하면서 나름으로 투자의 과실을 따먹는 투자가들일 수도 있다.

시장참가자들이 어떤 손인지 항상 정해져 있는 것은 아니다. 받쳐주는 손이 숨어 있는 손이 될 수도 있고, 숨어 있는 손이 받쳐주는 손이 될 수도 있다. 쓰다듬는 손이 자국의 이익을 위해 국제금융시장을 어지럽히는 경우도 있다. 기관투자가나 외국인투자가가 이익을 쫓다가도 시장을 받쳐주기도 한다.

선생 자네들은 일반 역사책을 들춰볼 시간도 없을 테니까, 한 가지 이야기해 줄 것이 있다. 일본의 옛 시대 여성들은 얼굴에 새하얀 분칠 화장을 하고 그 위에 윗눈썹을 그렸지. 윗눈썹의 위치를 실제 얼굴 윗눈썹의 위치와 다르게 그렸다. 나이가 많거나 서열관계에서 고참인 여성일수록 이마에 윗눈썹을 높게, 동그랗게 그렸다고 한다.

나귀 왜 그리 부자연스러운 분칠과 윗눈썹을 했는지 늘 궁금했어요.

선생 권력이 집중되어가는 역사 속에서, 지배자들이 기거하는 주택이 점차 커졌는데 문제가 된 것이 실내조명이다. 어두컴컴한 내실에서 여성의 얼굴을 나타내는 방법은 분칠화장이었고 누구인지 식별하는 방법의 하나가 윗눈썹의 위치였어. 이 위치가 일종의 계급장이라고 할까.

호테 일본의 가부키나 중국의 경극 배우들의 얼굴 화장이 과하도록 현란한 것이 조명 때문이었군요.

선생 우리나라 선조들은 빛을 방 안으로 끌어들이기 위해 창호지를 사용한다. 일본의 정원 마당에 가지런한 무늬로 하얀 모래나 잔자갈을 물결처럼 빗어 놓은 카레상스이[枯山水]도 햇빛이나 달빛을 실내로 끌어들이기 위한 조명장치이다. 유리나 전기가 일찍 발명되거나 도입되었더라면 그런 번거로운 일들이 벌어지지 않았을지도 모르지. 여기서 내가 이야기하고자 하는 것은 건물과 조명의 조화로운 진화문제이다.

### 시장위기에 따른 손실 사례

생활습관이 그 시대의 주어진 환경변화에 따라 변하는 것처럼 국제금융시장에서의 금융상품과 금융제도도 시대가 지나면서 금융혁신이라는 이름으로 계속 변한다. 그런데 수십 년 동안 국제금융시장에서 혁신상품으로 각광을 받아오던 증권화와 파생금융거래가 2007년 서브프라임 사태 이후 금융위기의 원흉으로 지목받는다.

문제는 이들 상품과 거래의 투명성과 리스크 관리이다. 리스크 측정을 포기할 정도로 복잡해진 금융상품이 시장에서 거래된다. 시장참여자들이 수 배, 수십 배 레버리지 거래를 자행한 결과 세계적 금융위기를 겪을 수밖에 없는 상황이 오고 만다. 높고 웅장한 건물을 지워 놓았는데 정작 실내를 밝혀줄 조명이 없었다는 거다.

> 가로등도 없는 어두운 길을 더듬거리며 걷다보면 전봇대에 부딪히고 도랑에 빠진다. 그것도 생전 처음 가보는 길을 손전등도 없이 걷는다. 시장예측을 잘못하여 또는 상품분석을 잘못해 큰 손실을 당하는 투자 실패를 한다. 채권시장, 주식시장, 외환시장, 원자재 시장에서 파생금융거래와 레버리지거래로 큰 손실을 본다.

증권시장의 급성장, 파생상품거래의 증가, 국제자금흐름의 증가, 헤지펀드의 활동증가 등으로 금융구조가 급속히 변화하면서 새로운 형태의 시장위기가 발생하고 있다. 이에 더하여 금융시장의 규모가 커지고 금융거래 형태가 복잡해지면서 금융시스템에 연쇄적 위기발생의 가능성이 점점 커지고 있다. 특히 아시아지역과 동유럽지역으로 유입되는 해외자본이 크게 증가하면서 이 지역 국가들의 경제는 국제금융시장을 통한 외부충격에 크게 노출되었다.

자산가격의 과도한 상승과 하락은 특정 금융시장에서 급격한 자금인출을 초래하거나, 담보물의 가치하락으로 금융기관의 자산이 부실화됨으로써 연쇄적 위기를 발생시키는 요인으로 작용한다. 1990년대 초반 일본의 주가 및 부동산가격 폭락 사태가 그 사례이며, 2001년과 2008년의 미국주가 급락도 같은 사례이다.

투자가의 리스크선택과 회피의 급격한 변화는 특정 금융시장이나 자산으로 거액의 자금이 일시에 유입된 다음 다시 유출되어 연쇄적 시장위기를 발생시키는 요인으로 작용하게 된다. 1997년에 발생한 아시아 금융위기나, 2007년 서브프라임 사태 이후 국제적 신용경색이 한 사례이다.

시장유동성의 급격한 감소는 금융기관의 신용도에 별다른 변화가 없는데도 불구하고 연쇄적으로 위기를 발생시키는 요인으로 작용한다. 이는 금융시장에서 어떤 거래가 지나치게 한 방향으로 편중되면 대규모 자금인출과 유출사태가 일어나기 때문이다. 국가 전체적으로 금융위기에 빠진 사례는 제쳐두고, 개별 금융기관이나 기업이나 투자펀드 등이 어려운 상황에 빠진 사례를 보자.

| 롱텀캐피털 파산 |

먼저 채권투자의 실패사례로 롱텀캐피털(Long-Term Capital Management)의 투자를 보자. 1994년 살로먼브라더스 전 부회장 존 메리웨더 외에 옵션 이론으로 1997년 노벨 경제학상을 받은 로버트 머튼과 마이런 숄스, 머튼의 제자로 연준 부의장을 지낸 데이비드 멀린스 등 금융계의 최고 인재들이 모여 자본금 10억 달러로 LTCM을 설립한다. 롱텀캐피털은 미 연준이 금리를 인상한 직후인 1994년 2월에 첫 거래를 시작하여 이후 4년 연속 이익을 실현한다. 월스트리트의 투자은행들은 롱텀캐피털에 수억 달러를 맡긴다.

1998년 초에 롱텀캐피털은 시장위험 VaR를 평가하는 컴퓨터 모델을 이용해 투자펀드의 위험의 크기를 측정하면서 최대손실예상액을 4,500만 달러에 불과하다고 판단한다. 그러나 위험평가 과정에서 유동성 위험 등을 제대로 반영하지 못한다.

> 모스크바를 방문 중에 한 사람이 구덩이를 파고 다른 한 사람은 다시 그 구덩이를 메우고 있었다. 이상하다 싶어 그 이유를 물었다. 언제나 3인 1조로 일을 하게 되는데 한 사람은 구덩이를 파고 한 사람이 묘목을 잡아 세우면 한 사람은 흙을 덮는데 오늘은 묘목담당이 감기에 걸려 쉬는 통에 두 사람만 일을 하고 있다고 답변.

1998년 5월과 6월에 외국 정부채시장과 외환시장에서 손실을 기록하자 점차 투기적으로 신흥시장과 러시아의 채권에 투자하기 시작한다. 1998년 8월 중순 러시아가 채무불이행을 선언하자 루블화 가치하락으로 인해 손실이 발생한다.

또한 롱텀캐피털은 신흥시장국 주가가 35%이상 폭락하고, 브라질, 멕시코, 베네수엘라에서는 금리가 폭등하여 큰 손실을 입는다. 프랑스와 독일의 장기 주식옵션거래에서도 엄청난 손실이 발생하면서 9월에 롱텀캐피털의 거래자산 가치는 10억 달러 밑으로 하락하고 부채 대비 자기자본비율은 100대 1 이상으로 상승한다.

1998년 9월 LTCM의 손실은 46억 달러에 이르게 된다. 롱텀캐피털이 파산하면 전세계적으로 연쇄적 디폴트 사태가 발생하여 금융시스템 전체가 마비될 것으로 우려되자 미연준이 개입한다. 1998년 9월 23일 14개 투자은행들이 뉴욕 연준에 모여 롱텀캐피털의 지분 90%를 넘겨받는 대신 36억 달러를 지원하기로 합의한다.

한편, 헤지펀드들이 저금리의 엔화를 빌려 신흥국에 투자하였으나 LTCM 사태로 인한 채권자들의 환매요구에 응하기 위해 자금을 환수하는 과정에서 일본 엔화가 급등하는 상황을 초래한다.

한국의 금융기관도 러시아사태로 많은 손실을 본 것으로 안다. 어떤 금융기관 딜러가 러시아에서 돈을 벌었다더라 하는 소문이 나면 다른 금융기관 딜러도 뒤따르게 된다. 그렇지 않으면 그 딜러는 러시아에 투자하지 않은 설명책임이 따르게 된다.

고향에서 명절 연휴를 보내고 국도로 차를 몰아 귀경하는 도중이었다. 차가 밀려 멈추다가다를 거듭하던 중, 시골에서 맛있는 음식을 욕심스럽게 먹었던 탓에 생리현상을 참을 수가 없었다. 마침 승용차 한 대가 겨우 지나갈 수 있는 좁은 길을 발견하고 국도를 빠져 나와 몇십 미터를 달리던 중 백미러로 여러 대의 승용차들이 뒤따라오고 있는 것을 보게 되었다.

| 영국 베어링사 리슨의 거래 |

다음으로 주식투자의 실패사례를 보자. 베어링그룹의 싱가포르 현지 법인인 베어링 선물회사 직원인 닉 리슨(Nick Leeson)은 1992년에 발생한 손실을 만회하기 위하여 상급자의 승인 없이 투기적 주가지수선물거래를 1995년까지 지속한다. 손실액 규모가 더욱 커지자 부족해진 유지증거금을 납입하기 위해 콜옵션과 풋옵션을 동시에 매각하는 숏스트래들(*short straddle*) 거래기법을 구사한다. 이 옵션거래로 받은 프리미엄을 부족해진 유지증거금에 충당한다.

리슨은 고베지진으로 인하여 주가가 하락함에 따라 앞으로 주가가 상승할 것으로 예상하여 Nikkei 225 주가지수 선물매입계약(약 70억 달러)을 체결한다. 이후 Nikkei 225 주가지수는 다소 상승하는 듯하였으나, 다시 하락함에 따라 매일매일 동 선물거래의 유지증거금을 납입해야 하는 압박을 받는다. 이에 따라, Nikkei 225 옵션 스트래들 매도(약 33억 달러)를 통하여 수취한 수수료로 선물계약 유지증거금을 납부한다. 이상

〈그림 3-17〉 선물거래와 주가 변동

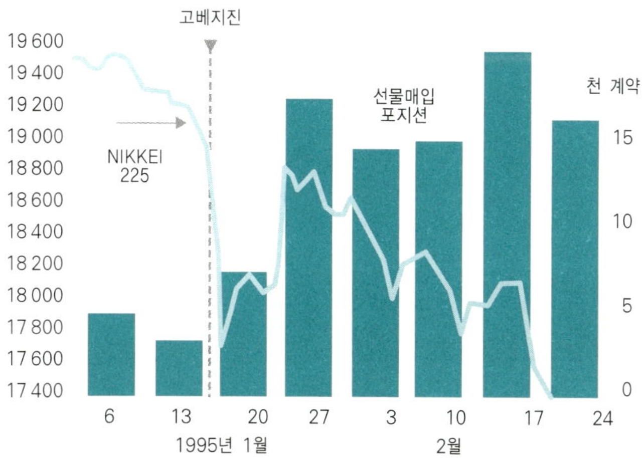

의 거래는 본부의 승인 없이 은닉된 계좌 88888에서 이뤄진다.

그러나 지속적인 Nikkei 225 주가지수의 하락으로 막대한 손실을 본다. 선물매입과 옵션(스트래들) 매도에 따라, 주가가 하락하면서 손실이 더욱 커진다. 약 13억 달러의 손실이 발생하여 베어링사는 파산(1995. 2. 26)하고 1파운드에 매각된다.

| 태국 바트화 투자펀드의 손실 |

다음으로 해외시장에서의 투자실패 사례를 보자. 1997년 상반기에 우리나라 수 개의 펀드가 국제적 투자은행과 태국 바트화 환율변동에 연계된 거래를 한다. 그러나 태국 바트화의 폭락으로 많은 손실을 입게 된다.

한 투자펀드를 예로 하여 그 거래 내역을 보면, 증권회사와 투자신탁과 기업들이 약 3천만 달러를 출자하여 펀드를 설립하고 1997년 2월에 국제 투자은행에서 약 5천만 달러를 차입하여 인도네시아 채권에 투자한다.

이때 국제 투자은행에서 차입한 자금의 만기상환조건은 〈그림 3-18〉에서 보는 것처럼 일본 엔화가 절하되거나 태국 바트화가 절상되면 이 투자 펀드에 이익이 되지만, 태국 바트화가 절하되면 투자 펀드에 손실이 되는 조건이다.

거래 결과, 엔화가 미 달러에 대해 약간 절하되긴 하였으나 동남아 금융위기로 태국 바트화가 약 55.5% 수준으로 절하되어 약 1.1억 달러의 손실이 발생한다. 또한 인도네시아 채권투자와 함께 루피아 채권발행기관의 부도로, 이자만 받고 원금을 못 받게 되면서 총 1.7억 달러의 손실을 입게 된 것으로 알려졌다.

국제투자은행은 이 펀드와의 계약이행을 지급보증해 주도록 은행 금융기관과 별도의 CDS계약을 체결한다. 국제 투자은행은 계약만기일(1998.

〈그림 3-18〉 펀드 차입조건과 태국환율 변동

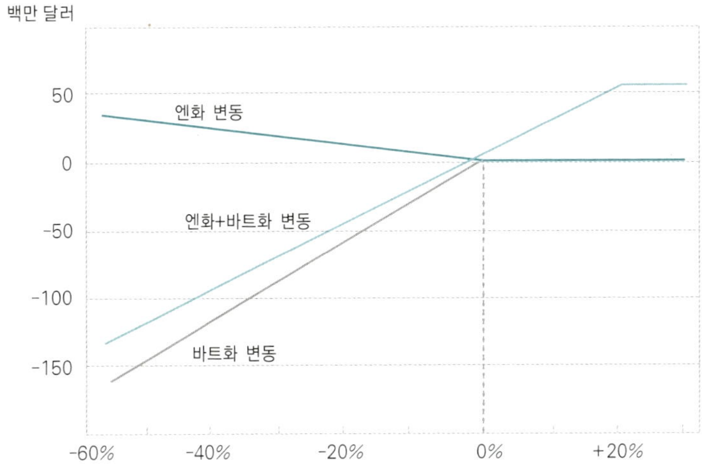


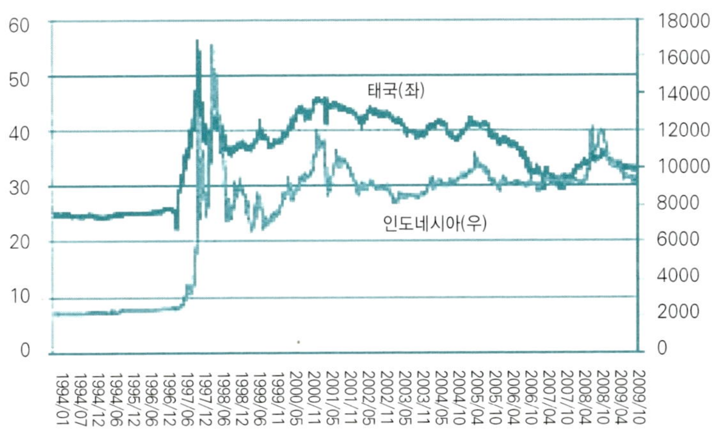

2월) 이 도래함에 따라 지급보증 금융기관에 계약금액의 지급을 요청하였으나, 증권회사 등은 국제 투자은행이 파생금융상품에 내재된 위험에 대하여 사전에 고지하지 않았고 계약기간 중 신의성실의무를 다하지 않았다고 주장하면서 지급보증 금융기관을 상대로 채무이행금지 가처분신청을 서울지방법원에 제출한다. 이에 국제 투자은행은 지급보증 금융기관을 상대로 증권회사 등에 대한 채무이행소송을 뉴욕법원에 제기한다. 1999년 9월 말 양측은 서로 합의하여 일을 마무리한다.

| 원화환율 변동과 KiKo 옵션거래 |

국내 시장에서의 거래사례를 보자. 2007년 하반기 이후 우리나라 경상수지 적자와 서브프라임 사태로 야기된 외국인의 투자회수, 그리고 수출업체의 선물환 매도와 계절적 요인까지 겹친다. 외환시장에서는 달러부족 사태로 번지면서 원화가 미 달러화에 대해 약세를 거듭하게 된다. 그리고 2008년 상반기에는 KiKo 옵션거래를 한 수출기업이 환율 급상승으로 손실이 발생하고 있다는 내용이 신문에 크게 보도된다.

원화환율 1달러당 900원에서 달러약세를 예상하고 수출업자의 보유달러 매각을 겨냥하여 구조화된 이 옵션의 한 예를 보면, 환율이 850원 이하가 되면 계약관계가 무효가 되며(A구간) 850원에서 900원 사이에서는 900원으로 달러를 매각할 수 있으며(B구간) 900원에서 950원 사이에서는 시장가격으로 달러를 매각하고(C구간) 950원 이상이 되면 계약액의 2배를 시장가격에 매각하는(D구간) 계약이라고 한다(〈그림 3-19〉).

이 계약을 맺은 수출업자가 옵션계약에서 실질적으로 이익이 되는 구간은 B구간이며 원화환율이 950원 이상으로 상승하는 D구간에서는 손실이 환율변동의 2배로 늘어나는 상황이 된다. 그런데 원달러 환율은 1500대 선까지 치솟는다.

〈그림 3-19〉 KiKo 옵션거래와 원화환율 변동

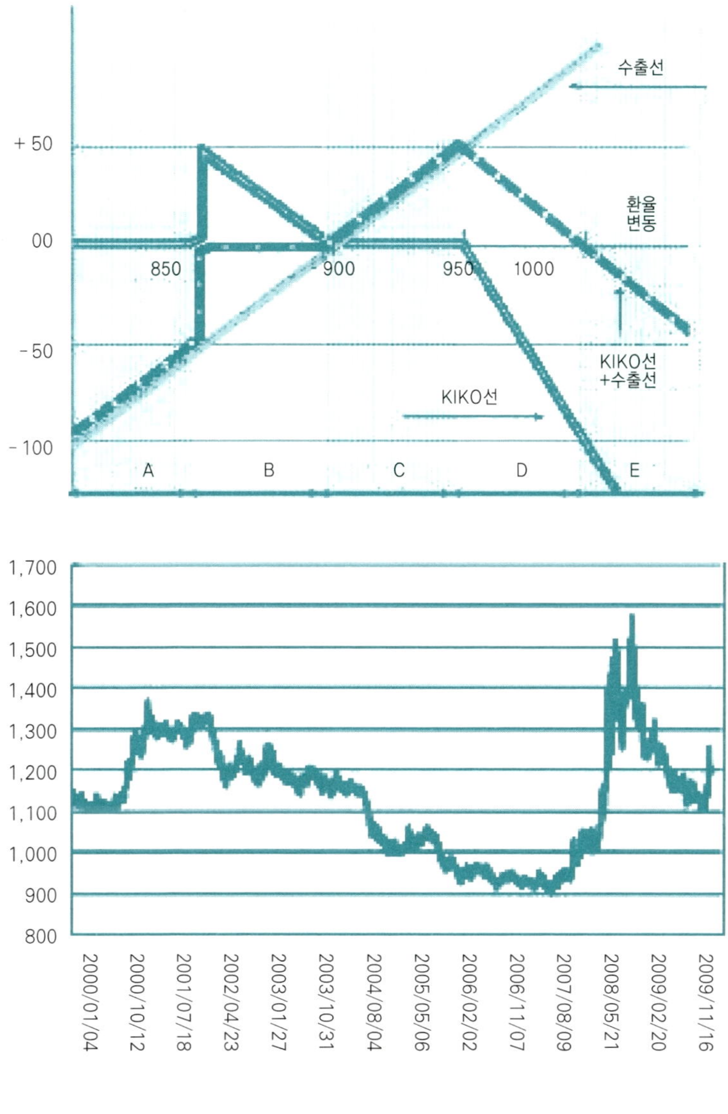

눈을 돌려, 반대로 투명성 확보가 항상 바람직한가 하는 문제를 다뤄 보기로 하자.

런던에 본부를 둔 국제회계기준위원회(IASB: *International Accounting Standards Board*)에서는 국제회계기준(IFRS: *International Financial reporting standards*)을 만들었다. 영어대로 번역하자면 국제재무보고기준이다. 자본시장의 국제화에 부응하여 기업의 회계처리와 재무제표에 대한 국제적 통일성을 높이기 위해서라고 한다.

금융시장의 개방과 더불어 통일된 회계기준에 의해 기업을 평가하고, 투자가를 위해 투명하게 정보를 공시하는 것이 글로벌경제 세계에서는 너무나 당연한 일이다. 국제회계기준을 따르는 기업은 국제적 진출이 용이해지고 해외에서의 자금조달이 쉬워질 것이다.

국제회계기준은 공통 회계기준을 적용하므로 투자가에게 기업실적의 비교가능성을 높여 투자리스크를 경감시킨다. 회계처리의 투명성을 확보하여 투자가를 보호한다는 차원에서 매우 환영할 일이다. 많은 기업들이 부실을 은닉하고 회계부정을 저지르면서 투자가에게 막대한 손실을 안겨준 사태를 미연에 방지하기 위함도 있다.

한편, 외국자본은 신흥국의 기업에 투자하려면 투자의 타당성을 먼저 검토해야 한다. 그 신흥국 기업의 영업성과 등이 잘 알려지지 않고 더구나 회계처리 내역도 믿을 수 없다면 외국자본이 선뜻 투자를 결정하기는 어려울 것이다.

자본시장에의 투자와 국제간 M&A가 가능하도록 길을 활짝 열어둔다. 국제 M&A의 최대 걸림돌은 인수합병하고자 하는 기업의 재무상황이다. 인수한 회사가 분식회계 등으로 아무런 가치도 없는 기업일 수도 있다.

재무보고기준이라는 용어에서 느끼는 것은 투자가들만을 위한 회계처리기준처럼 보인다. 장래의 수익성과 성장성을 도외시하고 기업의 건전성만을 중시하면 새로 태어나는 기업들에게는 험한 시장환경에 휩싸일 수 있다. 그리고 성장산업으로의 진입에 험난한 길을 걸어야 할지도 모른다.

그리고 기업의 가치가 적나라하게 노출되면서 적대적 M&A의 공격대상에서 벗어나지 못할 수도 있다. 선진화된 제도로의 정비는 국제적인 표준을 이미 채택한 선진 외국자본으로부터의 공격은 피할 수 없게 된다. 외국자본이 신흥국 시장에 줄기차게 요구하는 것이 바로 국제적인 법과 제도 정비이다. 길을 닦아 놓으라는 것이다.

> 어떤 큰 부족의 족장이 변방부족의 족장에게 말했다. 우리처럼 당신네 부족 사람들을 잘 살게 하려면 당신네들도 길을 닦고 다리를 놓으라고 했다. 그리하여 변방의 부족은 백성들을 동원하여 열심히 험한 산길을 갈고 닦았다. 그러자 그 큰 부족은 변방의 부족뿐만 아니라 더 먼 부족까지 단기간 내에 공격하여 영토를 넓힐 수 있었다.

막강한 국제유동성을 가진 선진국들은 신흥국의 기업을 하나씩 인수해 간다. TV에서는 국제적 기반을 둔 기업만이 지구에서 살아남을 수 있는 길이라는 선전문구가 흘러나온다.

2010년 7월 3일 토요일

## 3. 시장위기 발발과 탈출의 조짐

시장위기로 진입하기 이전에, 그리고 위기에서 탈출하기 이전에 낌새, 즉 시그널이 분명히 있다. 그러나 사람들은 시장위기의 진입과 탈출의 시그널을 알아차리지 못하는 경우가 많다. 설혹 알았다 하더라도 금융위기로 진전되지 않을 거라고 믿는 경우가 많다.

지진발생의 사전징후에 대한 많은 연구가 있음에도 불구하고 아직까지 확실한 사전예측이 되지 않고 있다. 해와 지구와 달이 일직선상에 놓이는 삼중식에 지진이 많이 발생한다는 정도이다. 이는 인력의 영향이 최대가 되기 때문이다.

> 어느 미국 과학자는 애완동물의 분실신고 접수건수가 많아지면 얼마 후 지진이 발생한다고 보고했다. 일본 어느 과학자는 홋카이도의 깊은 골짜기 몇 군데에 설치된 단파수신기에, 평상시와는 달리 지진이 발생하기 며칠 전부터 단파가 수신된다는 것이다. 이런 발견된 시그널이 열 번의 지진 중에 단 한 번만 맞춘다 해도 의미가 있지 않나 생각한다.

언제 버블붕괴가 일어나는가? 버블붕괴의 최단요인은 주로 정책금리 인상과 금융규제 발동에서 시작한다. 그러나 이때는 너무 늦었다. 충분한 대응을 위해서는 좀더 빠른 시그널을 찾아야 한다.

대부분 나라의 정책당국은 확실한 시그널이 나타나기 전까지 정책금리 인상과 금융규제 발동을 취하지 않는 경우가 일반적이다. 그 이유는 여러 가지가 있다. 첫 번째로, 정책시행의 효과가 전 국민에게 미치는가 아니면 일부 사람들에게만 미치는가이다. 또는 국내 전 지역에 미치는가 아니면 일부 지역에만 미치는가이다. 예컨대, 금값이 천정부지로 오르고 있다고 하더라도 금값 상승을 억제하기 위해 금리를 올리지는 않는다. 강남지역 부동산의 가격상승을 막기 위해 금리를 올리지는 않는다. 지역적으로 제한적 주택대출규제는 떨어질 수도 있다.

두 번째로, 버블인지 아닌지 판단하기가 용이하지 않다는 데 있다. 경기가 침체에서 회복하는 중인지 과열된 상태인지 판단하기 어려운 경우가 많다. 수술을 마친 환자가 회복단계에 들어갔지만 언제 영양제 주사바늘을 빼야 할 것인지를 기다리는 경우가 많다. 어떤 부문은 과열이고 어떤 부문은 침체일 때 정책결정을 더 어렵게 만든다. 무슨 이유로 일어난 버블인지 파악이 용이하다면 정책결정은 더 쉬워진다. 저금리에 의한 주가버블, 그리고 부동산버블이 일어나면 금리를 올릴 가능성이 커진다.

세 번째로, 정책효과를 극대화하려면 시장의 힘이 약해질 때를 기다린다. 시장의 분위기가 바꾸어지길 기다린다. 정책당국은 조용히 목표를 공격할 타이밍을 기다린다. 시장의 힘이 거센 가운데 선제적 대응을 하다가는 정책실패로 끝나버릴 수도 있다. 간혹 필요하다고 판단되면 시장에 메시지를 전달하는 경우도 있다. 정말로 일이 터지면 여기저기서 늦장대응이라는 비난의 화살이 돌아오는 문제는 있다. 그러나 토끼와 거북이 이야기처럼 정책당국은 속도는 느리지만 항상 이기게 되어 있다.

> 나는 집 근처 역이나 정류장에서 지하철이나 버스를 타고 통근한다. 거의 한 시간을 타고 출퇴근을 하다 보니 앉아서 갈 자리가 나기를 기다린다. 그러려면 앞으로 한두 정거장 역에서 내릴 사람 앞에 서 있어야 한다. 책을 읽거나 잠을 청하는 사람은 피한다. 순간적 판단으로 자세를 고치는 사람, 특히 손이 움직이는 사람 앞으로 가 선다. 이 사람이 조만간 내릴 거라는 낌새를 찾는 것이다. 그러나 이 낌새도 언제나 적중하는 것은 아니다.

우리는 가능한 많은 시장의 시그널을 미리 발견해 둘 필요가 있다. 그러나 통계를 작성하는 기관은 공표 전에 그 낌새를 알아차리겠지만 많은 시장에 참가하는 사람들은 한참 후에야 알 수밖에 없는 시그널도 있다. 시장에서 시시각각 입수되는 정보를 활용하여 보다 빨리 낌새를 알아차리는 방법이 제일 좋다.

앞으로 소개되는 시그널들은 공표되어 우리가 입수 가능한 정보에 한정하여 설명한다. 찾으면 언제든지 손에 들어와야 하며, 공표되지 않은 정보는 의미가 없다. 더 중요한 것은 미리 알아차릴 수 있어야 한다. 여기에는 단기적 정보로 환율, 금리, 주가 등 시장가격정보와 금리차이, 상대주가 등 자금사정정보 등이 있다. 중장기적 정보로 경기선행, 후행지수 등 실물경제정보와 경상수지, 자본수지 등 해외자금정보 등이 있다. 몇 가지 예를 보기로 하자.

### 장단금리의 역전과 자금흐름의 정체

단기금리가 장기금리를 상회하는 금리역전 현상은 정책금리의 인상에 따라 단기금리가 급하게 상승하는데 장기금리는 서서히 상승하면서 나타난다. 이러한 장단기 역전현상이 일어난 후에는 항상 경기침체가 뒤따르고 전세계적인 금융위기로 치닫는 경우가 많다(〈그림 3-20〉).

단기금리는 정책금리의 수준에 영향을 받는다. 그러나 장기금리는 현재의 단기금리 수준과 함께 기간 유동성 프리미엄의 영향을 받는다. 따라서 좋은 시장에서는 장기금리가 단기금리보다 더 높다.

중앙은행이 경기과열에 대한 우려로 정책금리를 인상하면 이에 따라 단기금리가 상승하게 된다. 그러면 단기금리가 오르면서 장기금리를 상회하는 이상한 시장이 나타난다. 이 금리역전 현상은 시장위기로 치닫는 시그널로 나타난다. 그리고 경기침체가 뒤따르고 유동성이 부족

〈그림 3-20〉 미국의 장단금리 역전과 경기침체

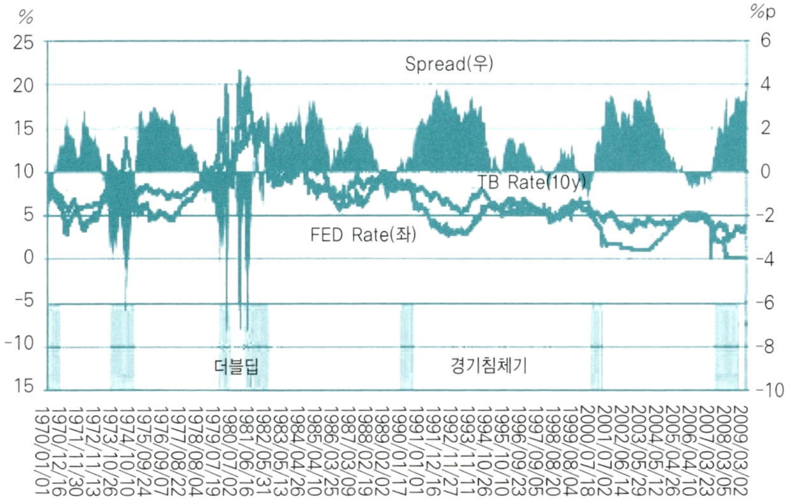


자료: FRB 등.

〈그림 3-21〉 우리나라 장단 금리차

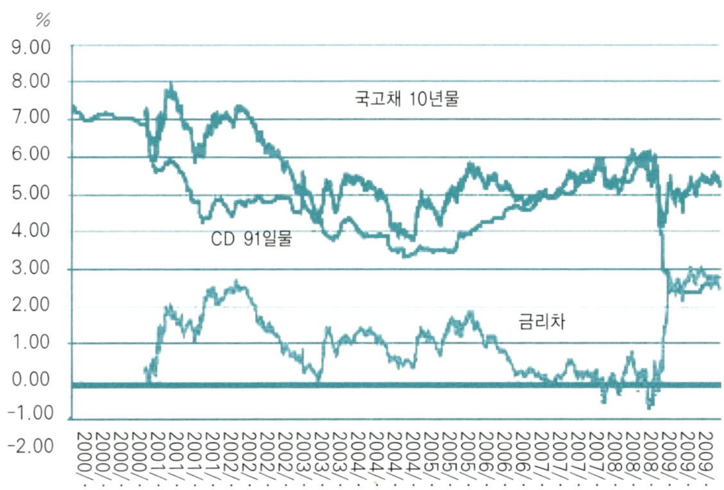


자료: 한국은행.

해지는 나쁜 시장이 된다.

한편, 한국의 경우 국고채 10년물과 CD 3개월물의 이자율을 비교해 보면 2001년, 2003년, 그리고 2007년에 금리 역전에 가까운 상황이 일어난다(〈그림 3-21〉).

그러면 왜 이런 일이 일어날까? 어렵게 이야기하자면, 수익률 곡선과 장단기금리 스프레드는 통화정책의 변화나 미래 경기에 대한 경제 주체들의 기대가 반영되어 결정된다고 한다. 시장참가자들의 미래 경기침체에 대한 전망이 확산되면서 금리역전이 일어난다는 것이다.

장단금리가 역전되면, 금융기관의 경우 단기로 자금을 조달하여 장기로 운용하면 역마진이 발생하는 어려운 상황이 된다. 그리고 가계부문에서 보자면 높아진 금리로 소비보다는 저축을 우선하게 된다. 기업의 경우 자금을 빌려 투자하기보다는 금융자산에 여유자금을 운용하는 유인으로 작용한다.

나귀 어떠한 시장상황에서 금리가 역전되는 까닭을 얼른 이해하기가 힘듭니다.

선생 저금리 상황이 되면 돈을 빌리는 차입자는 돈을 빌려주는 대출자로부터 돈을 더 오랜 기간 빌리기를 원한다. 기간이 길어지는 대신 이자를 더 지불할 의향이 있다. 반면, 고금리 상황이 되면 돈을 빌려주는 대출자는 돈을 빌리는 차입자가 돈을 더 오랜 기간 빌려가기를 원한다. 기간이 길어지는 대신 이자를 덜 받겠다는 의향이 있다. 이것이 금리역전이다. 예컨대, 현재 1년 대출금리가 연 10%라고 하자. 대출자는 몇 년이 지나도 10%로 대출하고 싶다. 그러나 차입자는 그런 높은 금리수준으로 돈을 빌리려 하지 않는다. 그러면 대출자는 2년간 빌리면 연 8%로 낮추어 주겠다고 한다. 3년간 빌리면 연 7%로 낮추어 주겠다고 한다.

호테 대출자와 차입자의 인생역전이구먼요.

〈그림 3-22〉 정책금리와 장단금리차

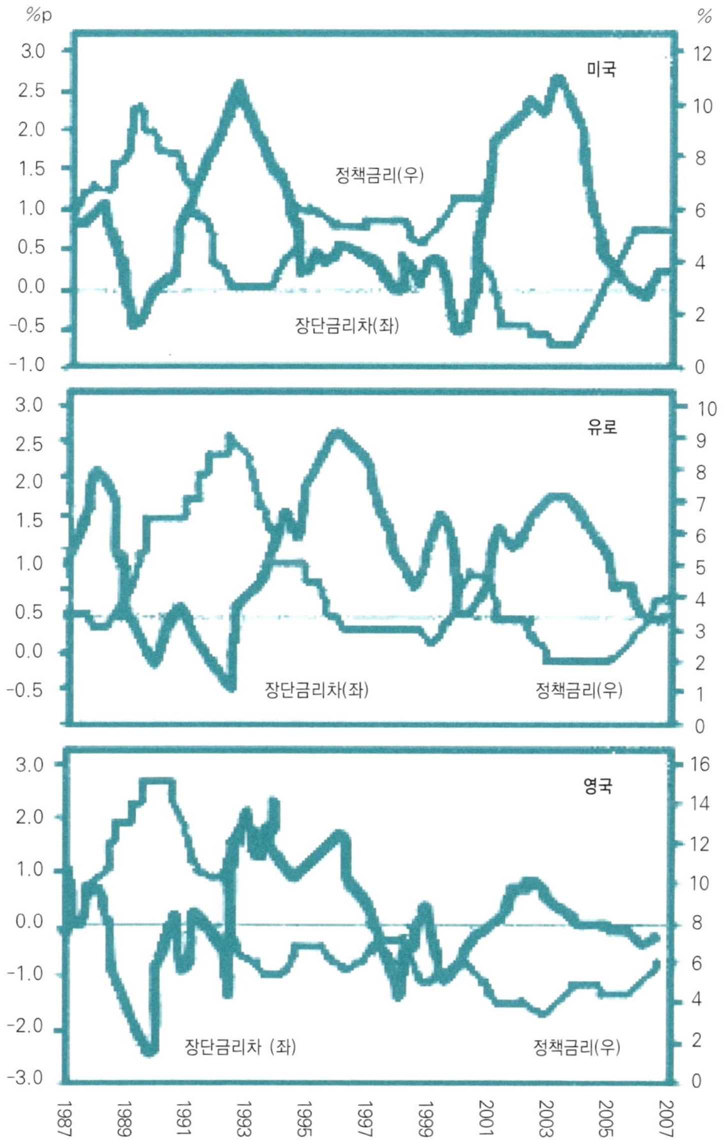


자료: 각국 중앙은행.

〈그림 3-23〉 해외투자가의 미 정부채 순매입

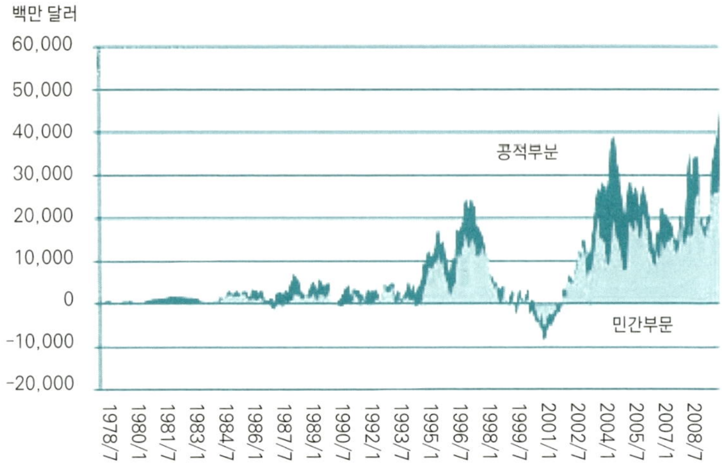


자료: TIC(U.S. Department of Treasury).

한편으로, 장단금리차의 역전과 관련하여 해외자본의 유입이 장기금리의 변동에 미치는 영향에 주목해야 한다. 해외에서의 자본유입이 장기금리의 형성에 영향을 미칠 수 있기 때문이다.

2003년 이후 미국 등 선진국의 중앙은행이 정책금리를 인상한다. 그러나 장기금리가 지속적으로 낮은 수준에 머무는 현상이 나타난다. 미 연준이 콜 목표금리를 인상하지만 장기금리는 계속 낮은 수준을 지속한다. 이는 자본을 축적한 신흥국에서 미 정부채를 대거 매입한 데 연유한다(〈그림 3-23, 24〉).

여기서 한 가지 짚고 넘어가야 할 것이 있다. 어떤 사람들은 외환보유액을 이자율이 낮은 미 정부채에 투자하여 수익기회를 상실하고 있다고 말한다. 그러나 미 정부채는 금융위기가 발발하더라도 언제든지 시장에서 매각할 수 있다. 유동성을 확보하는 차원이다. 보유한 다른 채권의 가격폭락을 비껴갈 수도 있다.

〈그림 3-24〉 한중일 3국의 미 정부채 보유

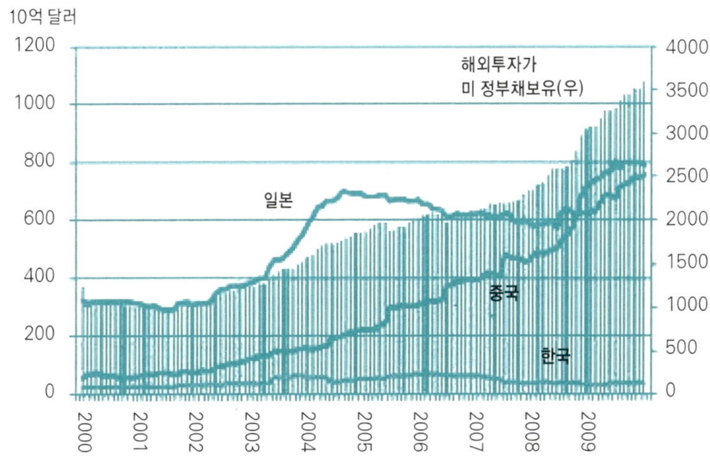


자료: TIC(U.S. Department of Treasury).

더 중요한 사실은 시장에는 미 정부채만큼 투자할 물량이 없다는 것이다. 만약 미국의 재정수지가 흑자가 되면 많은 나라는 시장에서 어떤 채권을 사야 할지 고민을 하게 될 것이다. 다른 채권들은 이자율이 높은 만큼 손실을 가져다 줄 신용위험이 크기 때문이다.

시장에서의 자금이동과 관련한 분석측면에서 보면, 금리역전은 주식 등에 투자한 자금이 안전자산인 채권으로 이동하는 상황과 결부되어 일어날 수도 있다. 다시 말하면 시장참가자들이 시장에서 금융경제위기의 신호를 받게 되면 자금운용의 방향을 전환하게 된다. 정책금리 인상은 금융긴축으로의 전환을 의미하며 금융긴축의 후에는 경기침체가 뒤따르게 된다는 것을 모든 사람이 알고 있다. 그렇다면 경기에 민감한 주식보다는 덜 민감한 채권으로 자금이 몰리게 된다.

금리가 상승하는 국면에서 채권을 사게 되면 캐피탈 로스가 발생한다. 오르는 과정에서는 현금으로 갖고 있거나 단기 채권에 투자한다.

〈그림 3-25〉 금리 변동의 시그널(미국)

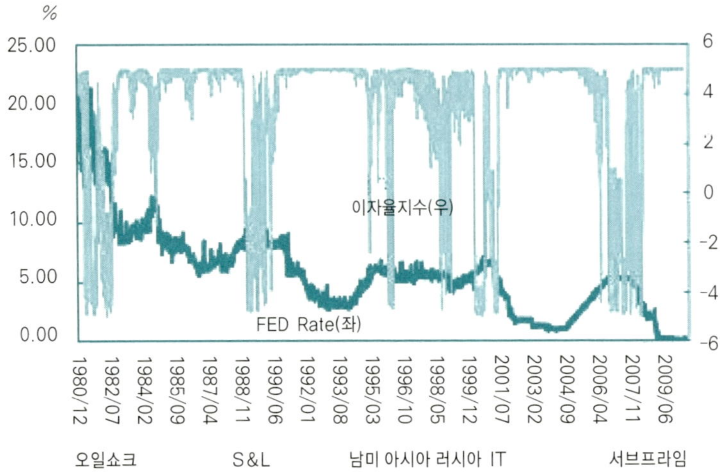


〈그림 3-26〉 금리 변동의 시그널(한국)

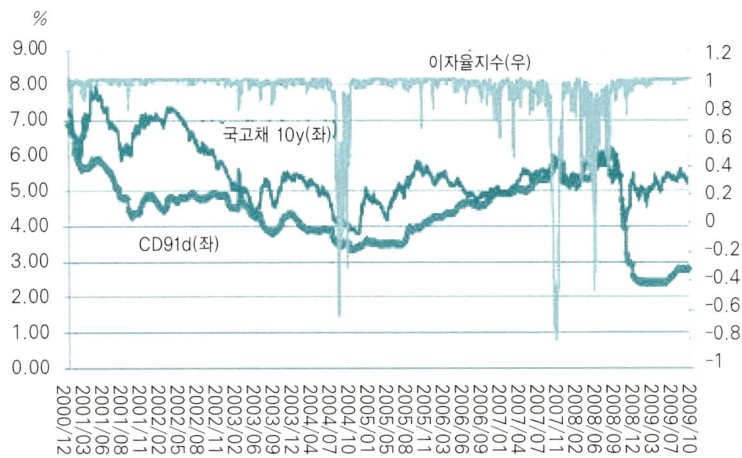

그리고 금리가 더 이상 오르지 않을 거라고 생각하는 시점이 채권투자의 적기이다. 이 피크에서 장기 채권을 사두게 되면 나중에 높은 이자뿐만 아니라 캐피탈 게인도 얻을 수 있다.

참고로 시장에서의 채권거래와 관련하여 수학적 분석을 덧붙이자면, 금리역전은 금리변동과 채권가격변동의 관계에서 어쩔 수 없이 나타나는 현상으로도 볼 수 있다. 금리변동(⊿r)에 따른 채권가격변동(⊿p/P)을 우리는 수정듀레이션(MD: *Modified Duration*)이라고 부른다. 현 시장금리나 표면금리 등 가격변동요인 등을 감안하지 않고 어떤 채권의 가격변동만을 이용하여 단순하게 설명해보자.

만기 1년물의 수정듀레이션은 1이고 만기 10년물의 수정듀레이션은 5라고 하자. 만기 1년물의 금리가 1% 상승하면 이 단기 채권가격은 약 1% 하락한다. 같은 원리로 만기 10년물의 금리가 1% 상승하면 이 장기 채권가격은 약 5% 하락한다. 100원짜리 1년물 채권은 99원이 되고 10년물 채권은 95원이 된다는 이야기이다. 그러면 투자가들은 1년물 채권을 팔아 10년물 채권을 사려고 할 것이다.

다시 말해, 1년물 채권이나 10년물 채권의 가격이 같은 1%로 떨어지려면 1년물 이자율은 약 1% 오를 때, 10년물 채권의 이자율은 약 5분의 1%만큼만 올라야 한다.

어떤 이유에서든지, 정책금리가 상승하는 단계에서는 단기물 이자율이 가파르게 상승하고 장기물 이자율은 서서히 상승한다. 그러다보면 두 이자율 형제들은 한 곳에서 서로 만나게 된다. 그러면 시장에서는 장단금리간 충돌이 일어나면서 금리인하나 금리인상을 요구하는 신호를 계속 내보낸다(〈그림 3-25, 26〉).

**나귀** 장기금리 추이를 보면서 아주 천천히 정책금리를 인상하면 어떨까요?

**선생** 미국이 2004년부터 2006년까지 정책금리를 0.25%씩 아주 느릿느릿 올린다. 그래도 서브프라임 사태가 벌어진다. 이를 오버킬(*over-kill*)이라고 한다.

**호테** 장단금리가 만나려 하면 민나지 못하도록 정책금리를 인상하다가 도중에 중단하면 되지 않습니까?

**선생** 가다가 중지 곧 하면 아니 감만 못하리라. 금리를 올리다 중도에 그만두면 정책금리를 인상하는 당초 목적을 달성하지 못하게 될 수도 있다.

**나귀** 두 마리 토끼 다 놓칠 수 있다는 말씀이지요?

### 경기지표 변화와 주가변동과의 관계

수많은 경제지표를 주가의 변동과 하나하나 비교해볼 수도 있다. 문제는 이 많은 지표를 신속히 입수 가능한가이다. 더 큰 문제는 AA라는 경제지표가 나아져 주가가 오르더니만 그 다음 날 BB라는 경제지표가 나빠져 주가가 떨어진다. 그러다보면 시장의 방향을 잃어버릴 수가 있다. 시장의 방향을 잃지 않는 방법 중의 하나는 단순히 종합적 경기지표를 활용하는 방법이다.

주가가 경기선행지수 구성지표에 포함되는 경우도 있긴 하지만, 경기선행지수와 주가는 같은 방향으로 움직인다. 일반적으로 경기선행지수가 하락추세로 접어들면 주가도 하락추세로 접어든다. 이 그래프를 읽는 데 주의할 점은 경기선행지수가 전년 동월 대비 증감률로 계산하고 있다는 점이다(〈그림 3-27〉).

또 다른 분석방법 중 하나는 경기선행지수에서 경기후행지수를 비교한 그래프와 주가지수를 비교하는 방법이다. 여기서 경기가 하락하고 있는데 주가가 오르고 있다면 이는 버블진입의 시그널이 된다. 우리나라의 경우 1980년대 후반과 2000년대 전반에는 주가버블의 기미가 나

〈그림 3-27〉 경기선행지수와 종합주가지수

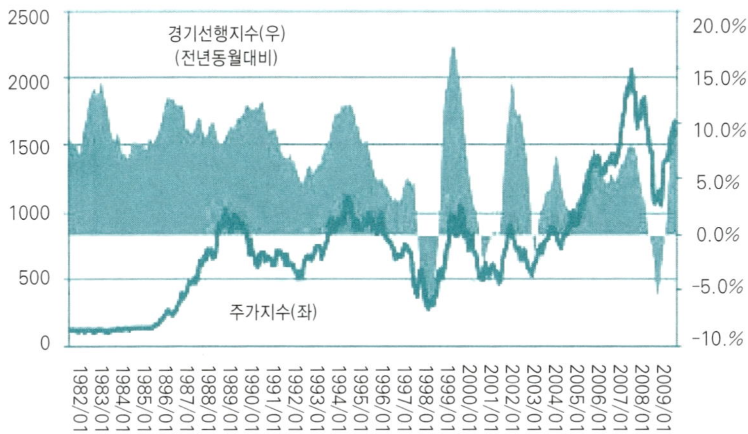


자료: 통계청.

〈그림 3-28〉 경기지수와 주가지수

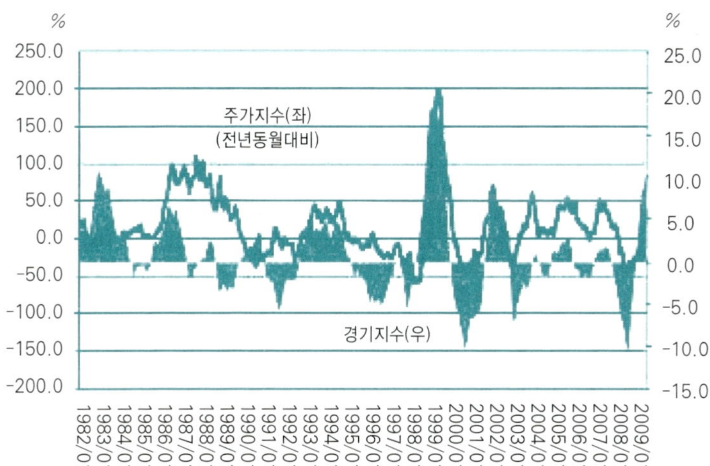

〈그림 3-29〉 일본의 경기지수와 주가지수

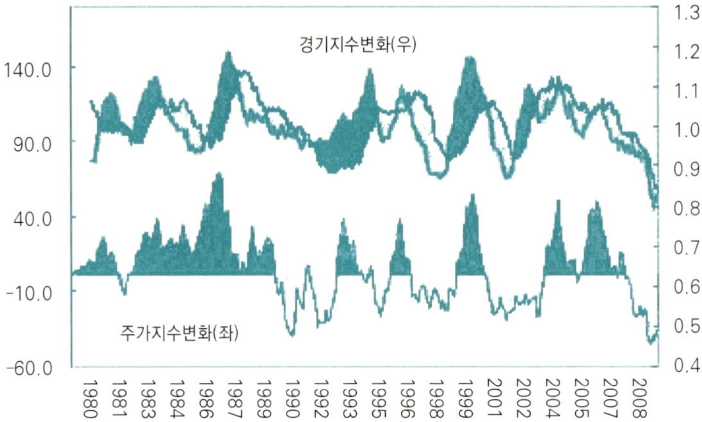


자료: 일본 내각부 등.

타난다(〈그림 3-28〉).

일반적으로 경기선행지수가 상승하고 경기후행지수가 하락하면서 만나는 시점에서부터 주가는 오르기 시작한다. 이 분석방법을 시장에 적용해보자. 일본의 경우를 분석하면 경기가 하락하고 있는데 주가가 오르는 기간이 있다. 우리나라와 마찬가지로 1980년대 후반과 2000년대 전반에는 주가버블의 신호가 나타난다(〈그림 3-29〉).

특히 1980년대 후반에 주식버블로의 진입을 극명하게 보여준다. 당시 일본의 주식시장이 버블인가 아닌가 하는 논쟁이 있었다. 어떤 사람들은 주가지수를 부동산가지수로 나눈 수치를 내세우면서 주가가 더 올라야 한다고 이야기하기도 했다고 한다. 버블을 버블로 나누면 버블이 아닐 수밖에.

참고로, 주가버블을 판단하는 지표로 주가수익비율(PER)이 있다. 이 비율이 대공황 이전과 IT버블붕괴 이전에 매우 높아진다. 최근에는 금융위기로 비율이 낮아지다가 다시 회복하고 있는 단계이다(〈그림 3-30〉).

〈그림 3-30〉 미국의 주가수익비율

자료: Robert J. Shiller, Irrational Exuberance.

## 경상수지 적자와 단기외채의 증가

건강이 악화되어 식사를 못하는 사람이나 과로한 사람은 링거주사를 맞고 버티기도 한다. 그런데 어떤 이유로든 사나흘 끼니를 거른 사람이 링거주사를 맞아 생기가 돈다고 건강한 사람이 될까? 경상수지 적자로 끼니를 거른 나라, 그리하여 자본유입으로 링거주사를 맞고 있는 나라는 건강이 극도로 악화될 게 자명해진다.

한 나라가 어떤 추위와 바람도 이겨내려면 늘 식사도 잘하고 건강해야 한다. 우리나라는 1997년 외환위기 이전 경상수지가 적자를 지속하고 2008년 국제금융위기 직전에도 경상수지가 적자를 보인다(〈그림 3-31〉).

그래서 어떤 나라에 위기가 올 시그널 중 하나는 경상수지가 적자상황을 지속하고 있는가이다. 경상수지 적자 상황에서 자본수지 흑자에 의존하는 나라는 언젠가는 위기가 온다. 교환성 통화의 나라도 예외는 아니다.

〈그림 3-31〉 경상수지와 원달러 환율

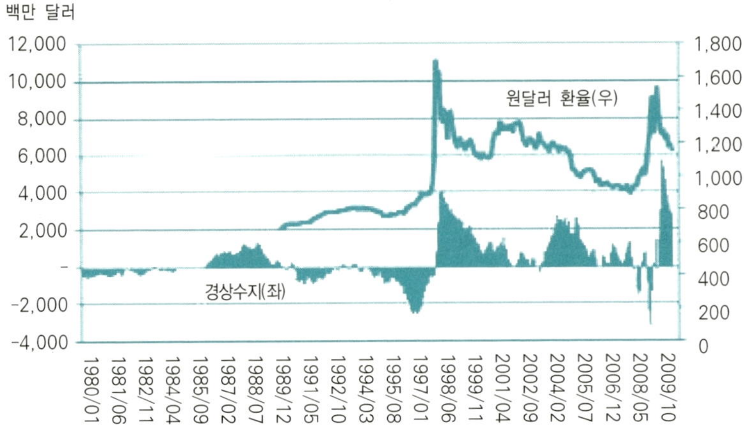


자료: 한국은행.

대외채무의 증가는 자본수지 흑자로 나타난다. 대외채무에는 외국인의 국내투자, 해외에서의 차입 등이 포함된다. 의아하게 생각하는 것 중 하나는 대부분의 나라가 그렇지만 외국인의 국내 주식투자는 대외채무에 넣질 않는다는 것이다. 그런데 사실은 이 주식투자가 시장안정의 커다란 교란요인으로 작용하기도 한다.

대외채무에는 금융기관이 필요에 의해 해외에서 꾸어온 돈이 많은 부분을 차지한다. 만기 1년 이내의 단기차입과 만기가 긴 장기차입이 있다. 시장이 어려워지면 정책당국은 금융기관에게 단기차입을 억제하라고 지도하기도 한다. 그러나 금융기관 입장에서는 장기차입이 어렵기 때문에 단기차입에 의존할 수밖에 없는 경우도 있다(〈그림 3-32〉).

〈그림 3-32〉 우리나라와 태국의 대외채무

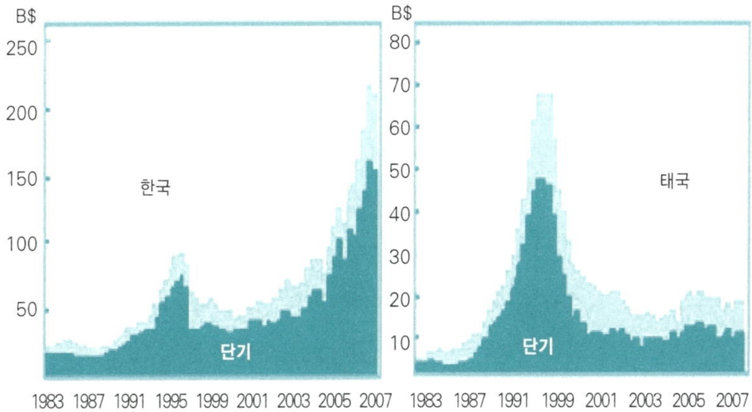


자료: 日本總合研究所.

**선생** 최근 남유럽 국가의 재정적자 문제로 시장이 요동치는 일들이 벌어졌다. 경상수지 적자와 단기외채 증가에 더하여 재정적자 문제가 시장을 혼란스럽게 만드는 요인으로 등장했다.

**나귀** 일본이 다른 나라보다 GDP 대비 재정적자 비율이 제일 높다는데 왜 조용하지요?

**선생** 일본정부는 부채도 많지만 자산도 많다. 1조 달러에 이르는 외환보유액이 정부의 자산이다. 그리고 일본 국채의 대부분을 다른 나라가 아닌 일본의 기관투자가들이 소화하고 있다. 시장안정을 위해 재정적자 문제를 해결하는 획기적인 방법이 없을까?

**호테** 참 쉽지요. 재정적자비율을 줄이기 위해서는 세금을 많이 거둬들이고 재정지출을 줄이면서 GDP를 키우면 됩니다. GDP를 키우기 위해서는 물가가 천정부지로 올라가도록 내버려둡니다.

## 4. 우리 시장에 나타나는 독특한 신호

### 가격변동의 방향과 파워 변화

우리나라 시장은 다른 나라 시장과 다른 특이한 현상이 있다. 주식시장을 예로 하자. 우리나라 주식시장에서는 전일 종가에서 당일 시가의 변동은 대부분 뉴욕시장 움직임의 약 50%가 반영된다. 예를 들어 전일 뉴욕시장에서 다우지수가 1% 상승했다면 코스피도 전일 종가에서 0.5% 상승에서 시작한다. 이는 국제적 주가흐름에 한국의 주가가 동조하는 부분이다.

그런데 우리나라 주식시장 개장 중에는 우리 시장의 힘이 작용한다. 물론 함께 열리는 일본 니케이지수나 중국 상하이지수에서 일부 영향을 받는 부분도 있을 거라고 생각한다. 시장의 힘은 사려는 사람이 많으면 가격이 오를 것이고 그렇지 않고 팔려는 사람이 많으면 내릴 것이다. 그 힘의 작용을 어떻게 측정할 수 있을까?

예를 들면 일중 주가에는 시가와 종가가 있다. 이 지표를 이용하여 그 힘의 크기를 측정한다. 매일매일 측정하여 일중지수를 만든다. 이를 주가지수와 비교하여 시장의 힘이 매입의 방향인지 또는 매도의 방향인지를 판단한다(〈그림 3-33〉).

물론 이러한 분석을 하지 않더라도 시장의 분위기를 보면 금방 알 수는 있다. 좋은 뉴스에 주가가 반응하면서 나쁜 뉴스에 별로 반응하지 않는다거나, 국제주가의 상승에는 동조하면서 국제주가의 하락에는 동조하지 않는 상황이라면 상승세의 힘이 시장에 작용한다고 볼 수 있다. 그 반대의 상황이라면 하락세의 힘이 시장에 작용한다고 볼 수 있다.

이 분석방법으로 주가지수의 움직임을 보자. 전일 종가에서 금일 시가는 밤의 움직임이다. 금일 시가에서 종가는 낮의 움직임이다. 밤의

〈그림 3-33〉 주가지수의 밤낮 분해

움직임은 2008년 세계금융위기 이후를 제외하고 일관되게 상승하고 있다. 낮의 움직임은 대부분의 기간에 걸쳐 하락하고 있다. 거래비용을 감안하지 않는다면 주가지수 상품을 시가에 매각하고 종가에 매입하면 이익이 된다.

밤의 움직임과 낮의 움직임을 분해하여 일중지수를 만들어보면 낮의 움직임이 주가지수의 움직임에 근접한다(〈그림 3-34〉).

A시점은 2007년 7월이며, B시점은 2008년 5월이다. A시점과 B시점 간의 큰 방향은 반대로 움직이고 있다. C시점은 2008년 10월이고, D시점은 2009년 3월이다. C시점과 D시점 간의 큰 방향도 반대로 움직이고 있다. 시장의 파워와 시장의 위기를 포착하는 데는 낮의 움직임을 주시할 필요가 있다. 밤의 움직임은 국제적 주가움직임에 주로 영향을 받기 때문이다.

동일한 방법으로 원달러 환율의 움직임을 보자. 전일 종가에서 금일 시가는 밤의 움직임이다. 금일 시가에서 종가는 낮의 움직임이다. 밤의 움직임은 1997년 외환위기와 2008년 세계금융위기를 제외하고 일관되게 상승하고 있다. 즉, 원화가 미 달러에 대해 약세를 보인다. 낮의 움직임은 위기의 기간에 급격히 상승하지만 대부분의 기간에 하락하고 있다. 원화가 미 달러에 대해 강세를 보인다. 주식과 마찬가지로 거래비용을 감안하지 않는다면 미 달러를 시가에 매각하고 종가에 매입하면 된다(〈그림 3-35〉).

밤의 움직임과 낮의 움직임을 대비한 일중지수를 외환시장의 급변이나 추세변화를 보이는 시그널이 나타난다. 외환위기 이전 1997년 2월에, 닷컴버블붕괴 이전 2000년 4월에, 카드위기 이전 2003년 7월에, 리만사태 시기 2008년 9월에 이 시그널이 나타났다(〈그림 3-36〉).

참고로, 분석하던 도중 발견한 환율의 움직임 중 하나는 외환시장에서 월요일의 원달러 환율 움직임이 전체적 원달러 환율의 움직임과 유

〈그림 3-34〉 주가지수의 밤낮 분해

사하다는 것이다. 토요일과 일요일에 걸친 결제가 월요일에 이뤄지기 때문에 외환시장 자금상황의 바로미터가 된다(〈그림 3-37〉).

〈그림 3-35〉 환율의 밤낮 분해

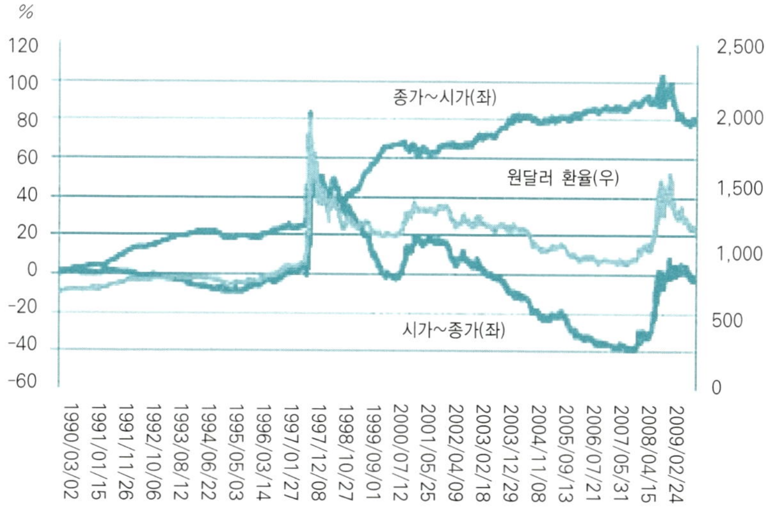


〈그림 3-36〉 환율의 일중지수

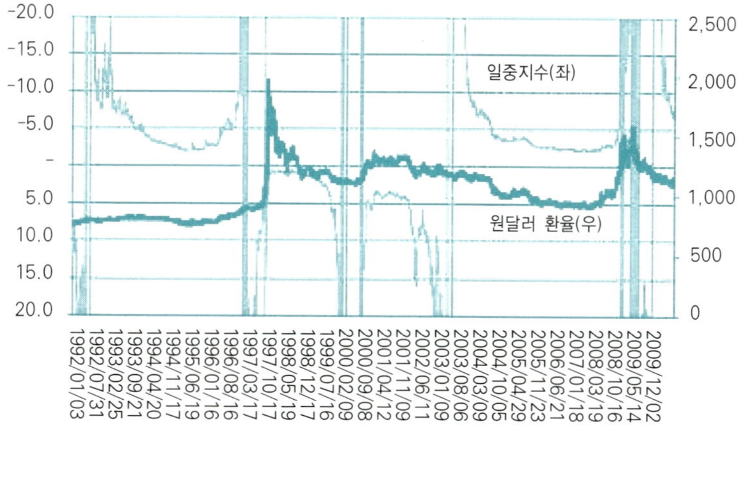

〈그림 3-37〉 요일지수와 환율

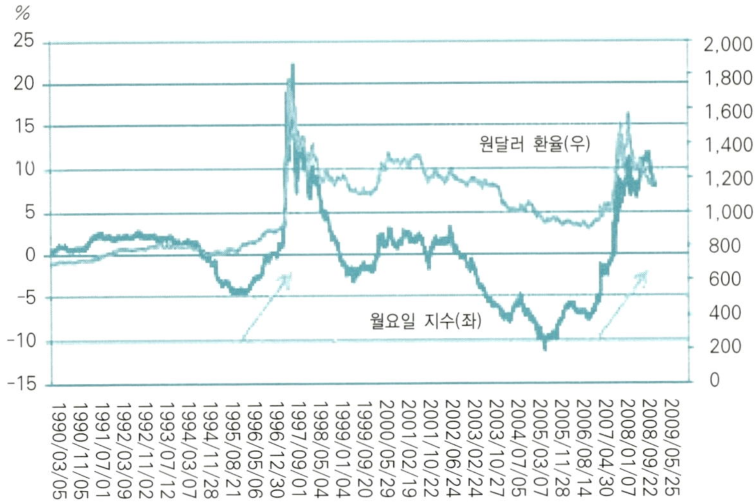


〈그림 3-38〉 영국의 주식거래대금과 주가

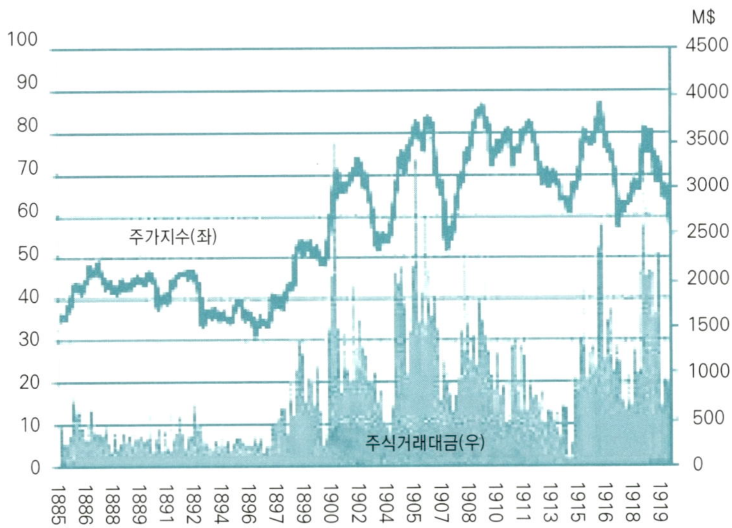


자료: NBER.

물론 최근으로 올수록 자본거래, 외환파생거래나 투기적거래 등이 많아져 시장의 방향을 읽는 것이 다소 어려워졌다. 1997년 외환위기 이전과 2008년 외환사태 이전에 월요일의 지수가 먼저 상승한다는 점도 주시해볼 필요가 있다.

〈그림 3-39〉 주식거래상황과 주가

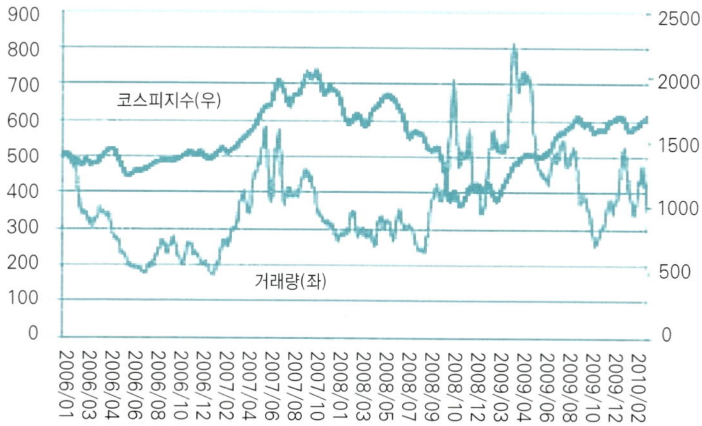


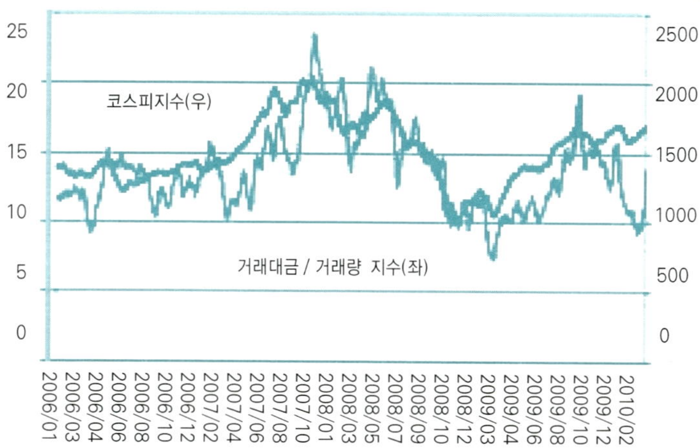

다음으로 주식시장의 거래동향으로 시장의 힘을 보자. 매일의 주식거래대금 규모는 예나 지금이나 시장의 힘을 판단하는 지표이다. 이 지표를 보는 한 가지 매우 중요한 포인트가 있다. 시장의 힘의 방향과 가격의 힘의 방향이 서로 어긋나는 상황이 오면 주의를 기울여야 한다.

한편, 거래량이 많아지면 시장의 힘이 강해지는 조짐으로 본다. 그리고 매일매일 측정하여 거래대금을 거래량으로 나누어 일중지수를 만든다. 이를 주가지수와 비교하여 시장의 힘이 매입 방향인지 또는 매도 방향인지를 판단한다(〈그림 3-39〉).

선생 1986년 1월 우주왕복선 챌린저호가 발사 74초 만에 폭발한다. 챌린저호 발사에 관련된 4개 기업의 주가가 떨어지기 시작한다. 폭발의 원인이 아직 밝혀지지 않은 상황이었다. 그런데 20분이 지나는 시점에서 어느 한 기업의 주가가 떨어지더니 매매거래가 정지된다. 세 기업은 약 2%만 떨어졌다. 5개월 후 사고원인이 밝혀졌는데, 거래가 정지된 기업의 잘못으로 판명났다. 시장이 어떻게 이를 먼저 알았는지 아직도 밝혀지지 않고 있다.

나귀 그런데 한 가지 의아한 점이 있습니다. 평상시 어제의 기업이 오늘의 기업과 별반 차이가 없는데 기업의 가치를 나타내는 주가는 왜 시시각각 변합니까?

선생 의아한 점이 한두 가지가 아니지. 왜 우리주가가 국제주가의 움직임과 동조해야 하는지, 우리와 별 관계없는 어떤 나라에서 디폴트가 일어났는데 대부분의 우리 주가가 하락해야 하는지, 미국의 실업률이 몇 포인트 올랐다고 모두 주가하락으로 연결되어야 하는지 ….

질문에 답하자면 기업의 가치변화일 수도 있고, 돈의 상대적 가치변화일 수도 있다. 또한 그 기업에 대한 정보의 가치변화일 수도 있고, 다른 기업 주식과의 상대적 가치변화일 수도 있다. 이 모든 것들이 시장에 참가하는 사람들에게 시차를 두고 침투되면서 주가가 시시각각 달라진다고 본다.

### 외국인투자가의 시장진입과 탈출

외국인들의 시장철수가 시장에서의 주가상승의 힘이 떨어지는 큰 요인으로 작용한다. 역사를 되돌아보자면, 외국인의 시장철수는 영국 남해버블붕괴와 미국의 철도버블붕괴 등 먼 옛날부터 시장위기를 불러일으키는 요인으로 작용한다.

1720년 외국투자가들이 함부르크와 암스테르담에서 거래되는 기업주식에 투자하기 위해 남해회사 주식을 매각하여 자금을 회수해간다.

1876~1877년 미국의 철도증권 급락은 영국 투자가들이 미 주가하락에 따른 주식처분과 수에즈운하 주식매입을 위한 자금수요와 결부되어 투자한 자본을 대거 회수한 데 기인한다. 1929년 대공황 때 뉴욕증시의 대폭락은 미국이 경상수지 흑자상황임에도 독일 등의 자금회수에도 기인한다.

일본의 버블이 언젠가는 꺼질 거라고 예상한 외국인투자가들은 〈그림 3-40〉에서와 같이 1987년과 1988년, 그리고 버블이 붕괴되는 1990년에 주식을 매각하고 되돌아간다. 이러한 시장철수는 20세기 국제적 자금이동으로 인한 남미위기, 아시아위기, 러시아위기 등에서 기승을 부린다.

시장참가자들 각자가 처한 상황을 분석하면, 시장에는 가격이 오를 것으로 예측하는 투자가와 가격이 내릴 것으로 예측하는 투자가만 있는 것은 아니다. 시장에서 가격이 더 오를 것으로 예측했어도 파는 투자가도 있고, 가격이 더 떨어질 것으로 예측했어도 사는 투자가가 있다.

사려는 사람이 많으면 가격이 오르고 팔려는 사람이 많으면 가격은 떨어진다. 그러나 더 정확히 이야기하자면, 시장에 들어오는 사람과 돈이 많으면 가격이 오르고 시장에서 떠나려는 사람과 돈이 많으면 가격은 떨어진다. 그런데 들어오거나 떠나는 사람들은 각자의 사정이 있다. 우산

〈그림 3-40〉 외국인투자가의 일본주식매매

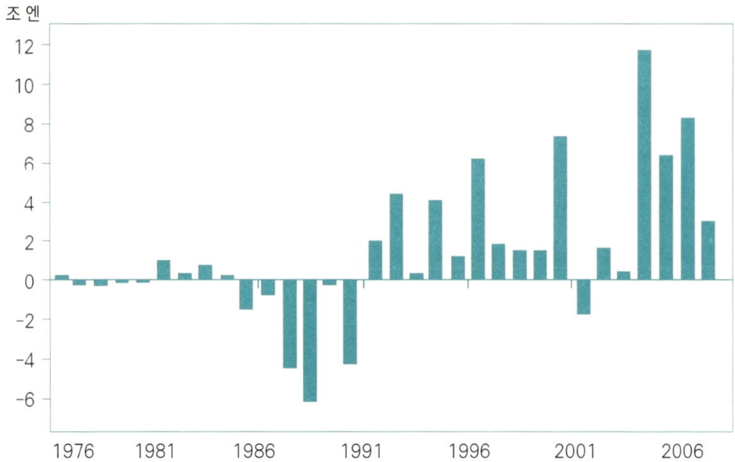


자료: 菊地正俊, 外國人投資家, 2007.

을 빌려준 사람이 우산을 돌려달라고 하면 우산을 돌려주어야 한다.

문제는 들어오거나 떠나는 수많은 사람들에게 투자방향이나 개인사정을 물어볼 수가 없다는 것이다. 투표 창구조사처럼 객장을 나오는 사람을 붙잡고 어떤 종목을 사고팔았는지 물어볼 수도 없고, 전화로 돈이 생기면 어디에 투자하겠냐고 물어볼 수도 없다.

외국인투자가 밀려들어오면 국내 주식시장은 상승 일변도로 변한다. 그러나 썰물처럼 빠져 나가면 하락 일변도로 변한다. 빠져 나가는 외국인들에게 왜 우리나라 주식시장의 전망이 좋은데 빠져 나가느냐고 물으면 아마도 사정이 있어서라고 답변할 것이다.

신흥국에 투자하던 헤지펀드들은 펀드에 투자하던 투자가가 투자자금을 돌려달라고 하면 신흥국 투자물을 팔고 되돌아가야 한다. 그러면 신흥국의 시장은 가격폭락 사태로 빠져들고 외환부족 사태에 직면하기도 한다.

〈그림 3-41〉 투자가별 주식 순매수 누적

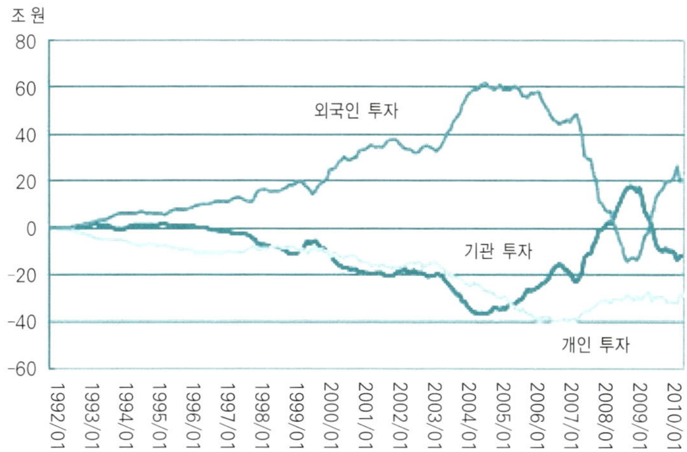


자료: 한국은행.

한편으로, 자금이 남아돌면 시장에 들어올 수밖에 없다. 보유하는 자산의 가치를 보전하려면 투자할 수밖에 없다. 장판 밑에나 전자레인지 속에다 감추어둘 수도 없는 돈이 있다면 안전하게 은행에 예금해두려고 할 것이다. 그런데 이 예금을 받은 금융기관의 입장에서는 자금을 대출이든, 채권이든, 주식이든, 어딘가에 운용해야 한다. 얼마 후 이 예금자는 돈이 필요해 예금을 인출한다. 이에 금융기관은 대출을 회수하든지 보유한 채권이나 주식을 팔아야 한다.

증권시장에서는 외국인투자가가 증권을 매입하면 국내 개인투자가나 기관투자가인 내국인투자가가 증권을 매각한다. 외국인투자가가 시장에서 어떤 종목을 사느냐가 중요한 포인트가 된다. 외국인투자가들은 일반적으로 대형주에 투자한다. 대형주가 위험이 작기 때문이지만 풍부한 유동성이 뒷받침되어 있기 때문이다. 어느 때고 필요한 시기에 시장에 내놓으면 팔려야 한다. 미국투자가는 기업실적에 상응한 주가인가 하는 밸류에이션을 많이 따지고, 유럽투자가는 정치 · 경제 · 산업

〈그림 3-42〉 외국인투자가의 우리나라 증권투자

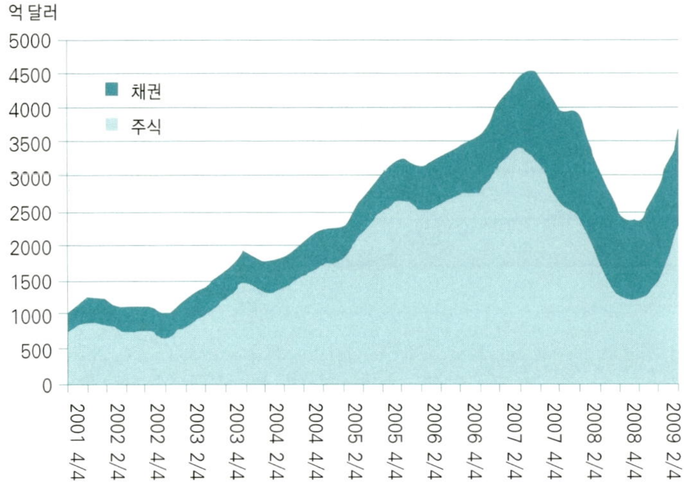


자료: 한국은행.

〈그림 3-43〉 주가지수 추이

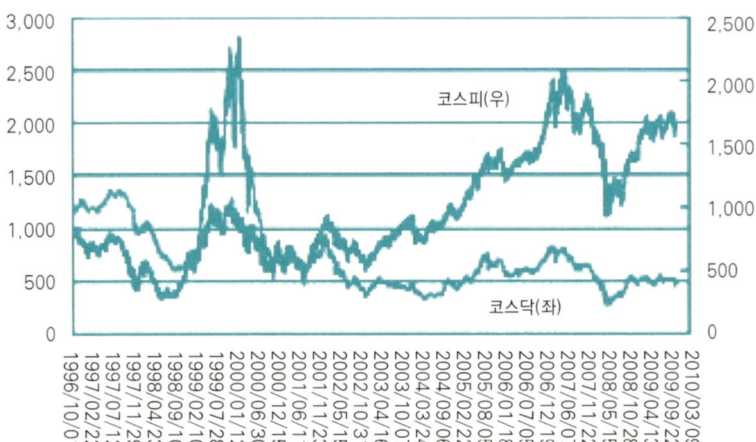

의 펀더멘털을 중시하며, 아시아투자가는 모멘텀을 중시한다고 한다.

한편, 외국인투자가는 2006년 5월 이후 2008년 말까지 우리나라 주식시장에서 지속적으로 주식을 매도한다. 2007년 7월 이후 외국인투자가 보유주식을 급격히 매도하는 시장의 동향을 잘 읽고 있었다면 주식투자의 손실을 크게 줄일 수 있었을지도 모른다(〈그림 3-41〉).

2009년 들어 외국인투자가가 매입방향으로 전환하면서 주가상승을 이끌지만, 투자신탁의 펀드환매와 기관투자가의 주식매각에 발목이 잡힌다. 이후에도 국내주가는 상승하지만 이는 국제주가의 상승에 따른 외부의 힘 때문이다.

외국인투자가의 우리나라에 대한 증권투자 상황을 보면, 2007년 3분기 이후 2009년 1분기까지, 주식 위주로 지속적으로 감소하다가 2009년 2분기 이후 증가세로 반전한다.

### 벤치마크 대비 상대가치의 변화

국제유동성의 확대가 국제금융시장에서의 거래 활성화에 도움이 된 것은 사실이다. 그러나 평상시 자산가격이 안정적으로 움직이다가도, 어떤 상황에서는 불안정해지는 요인으로 작용한다. 또한 일국의 시장이 외부적 요인에 쉽게 영향을 받게 되면서 자국의 경제상황과는 무관하게 시장이 움직이는 현상도 흔히 볼 수 있다. 경기는 악화되는데 자국의 주가는 상승하거나 환율이 강세를 보이는 상황이 일어난다. 이러한 불안정 상황을 찾아내어 분석해야 한다(〈그림 3-44〉).

모든 시장의 움직임은 상대가격의 불균형이 생기면 무언가 문제가 발생할 가능성을 내포했다고 보면 된다. 한 예로 우리는 코스피 주가와 코스닥 주가가 항상 함께 움직일 것으로 추정할 수 있다. 그런데 어느 날 갑자기 두 지수가 반대방향으로 흐른다고 하자. 시장에 어떤 불균형이 발생하였다는 조짐이다. 시장참가자가 편중된 거래를 함을 보여주는 시그널이다. 이러한 조짐은 시가총액이 큰 시장에서는 잘 일어나지 않는다. 다우지수와 나스닥지수는 대부분 같은 방향으로 함께 움직인다.

〈그림 3-44〉 상대 주가지수의 도출

**선생** 위기의 시그널을 분석하는 이 방법은 어떤 기준 시장상황에서 괴리되는 시장상황을 분석하는 데 매우 유용한 분석방법이다. 실례로 몇 가지만 제시한 것이다.

**호테** 더 많은 실례와 자료를 주시면 시장을 이해하는 데 커다란 도움이 되지 않겠습니까?

**선생** 이런 실례를 만들기까지는 수많은 시행착오를 겪어온 결과이다. 아무런 숫자를 넣는다고 항상 바라는 결과가 나오는 것이 아니다. 그리고 분석하는 사람은 더 나은 분석을 위해서 자기 시간을 소비할 줄도 알아야 하며 어떤 방법으로 분석하면 잘못된 결과가 나온다는 것을 아는 노하우도 축적해야 한다.

**나귀** 혹시 이런 분석으로 선생님은 시장에 투자해서 좋은 결과를 얻었습니까?

**선생** 거시금융(*macro-financial*) 분석분야와 미시금융(*micro-financial*) 분석분야는 다르다. 미시금융 분야는 어떤 종목이나 상품을 선택했는지가 성과를 크게 좌우한다. 내가 강의하고 있는 분야는 거시금융 분야이다. 개인투자 차원이 아닌 국가관리 차원에서 시장위기가 오는가를 분석하는 일이다.

## ■ 강의 후 ■

**반장** 일본에서 생활해본 여러분들은 자동차가 왼쪽으로 달린다거나, 결혼한 여성은 남편 성으로 바뀐다는 것 등 한국과 일본의 문화나 습관 등에서 나타나는 차이를 잘 알고 있겠지만 몇 가지 경험해보지 않았을 걸로 생각되는 점을 말해 주겠다.

우리나라 화투그림에서 1월을 '송학'이라고 하며, 10월을 '단풍', 11월을 '똥', 12월을 '비'라고 하는 걸 알고 있지? 일본에서는 다른 달은 다 똑같은데 11월이 '비', 그리고 12월이 '똥'이다.

**나귀** 왜 그런가요?

**반장** 나도 몰라! 누가 배타고 현해탄 건너 가져오는 길에 뒤섞여버린지도 모르지.

**호테** 먼 옛날에 러시아 황제가 유럽에서 알파벳이 각각 새겨진 나무판을 선물로 받아가지고 러시아로 돌아오는 길에 말에서 떨어뜨렸대요. 그래서 어떤 글자는 영어 알파벳이 거꾸로 되었다나요.

**나귀** 정말이에요?

**호테** 나도 모르죠. 나도 들은 이야기구먼요.

**반장** 우리나라에서는 상승한 주가는 빨간색, 하락한 주가는 파란색으로 표시하지? 일본에서는 반대로 상승한 주가는 초록색, 하락한 주가는 빨간색으로 표시하지.

**나귀** 교통신호등 색깔표시도 서로 반대입니까?

**반장** 아니, 그건 그렇지 않아.

**호테** 우리 동네 사람들은 신호등을 무시하는 사람들이 많아요. 빨간 신호등에도 마구 길을 건너거든요. 아마 증권투자를 많이 하다 보니 그러나봅니다.

**반장** 신호등 이야기가 나와서 그러는데, 오래 전에 내셔널 지오그래픽에서 본 기억이 있다. 일본의 까마귀가 어떻게 호두를 까먹는지를 방영했지. 까마귀는 호두 하나를 횡단보도에 떨어뜨려 지나가던 자동차 바퀴에 호두가 깔려 깨지도록 한다. 그리고는 빨간 정지신호로 길을 건너기 위해 기다리고 있는 사람들 사이에 서 있다가 초록 신호로 바뀌면 그사이 달려가 깨진 알맹이를 주워 먹는다. 까마귀는 먹이를 얻기 위해 도구를 이용하는 등 조류 중에서 제일 영리한 새이다. 길을 걷다가 까마귀를 만나면 늘 공손하게 대할 것. 자기에게 해를 끼치는 사람에게는 기억을 해두었다가 공격을 한다고 한다.

**호테** 설마 그럴 리가요.

**반장** 나중에 한 번 직접 해보든가.

2010년 7월 10일 토요일

## 5. 자산가격변동과 동조화

### 가격 비동조화에 따른 위기 시그널

국제적 금융상품 가격의 동조화(*coupling*)는 왜 일어나는가? 폐쇄적 경제체제와 독자적 생산체제에서는 세계적 가격동조화가 일어나기 어렵다. 국제 물류교류가 활발해지고 통신정보기술이 발달하여 국제적 상품가격과 원자재가격이 동조하면서 국제적 인플레이션도 동조화된다.

각국 금융자본시장의 개방과 더불어 자금의 흐름에 제약을 가하는 각종 제한을 철폐하여 금융을 자유화하고, 국제간 네트워크의 구축과 IT 기술 발전으로 국제적 자금흐름이 가능하게 된다. 여기에 세계적 투자가들이 고수익추구를 위해 순간적으로 자금을 이동시키면서 시장간, 상품간 금융자산가격의 동조화가 일어난다. 상대가격의 불균형이 발생하면 투자가들의 수익추구에 따라 국제적 자금이동이 일어난다. 재정거래에 따라 균형가격으로 회귀하는 과정에서 자산가격의 동조화가 이뤄진다.

먼저, 금리의 동조부터 살펴보기로 하자. 물가상승률의 변화에 따라 금리를 변동시킨다면 국가간의 금리차가 크게 벌어질 이유가 없다. 글로벌 경제의 진전에 따라 각국간 물가가 동조현상을 보이기 때문이다. 물론 국내의 경기동향이나 실업률 또는 자본유출입 등 다른 요인에 의해 금리를 결정하기 때문에 국가간 금리차는 발생하게 된다.

국가간의 경제지표 차이가 감소한다면 금리 변동요인의 강도가 그만큼 약화된다고 볼 수 있다. 금리차에 의한 자본이동을 억제하려면 여타국의 금리수준을 고려하여 정책금리를 결정한다.

〈그림 3-45〉 주요국 금리의 동조

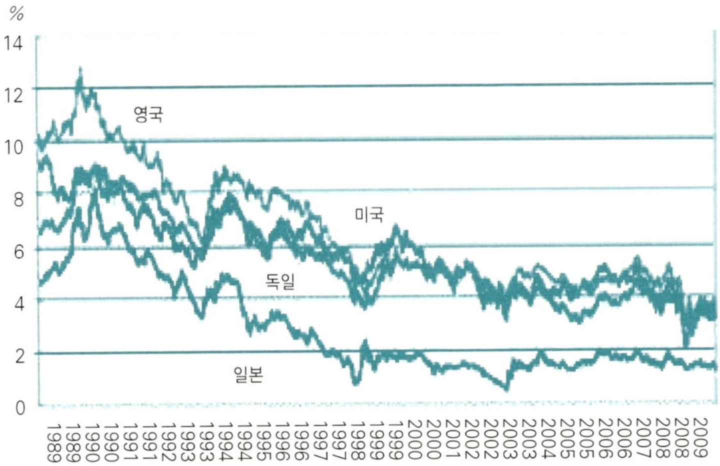


자료: 한국은행.

2000년 들어 지속적으로 환율의 변동성이 작아지자 2005년 이후 낮은 이자율의 일본 엔화와 스위스 프랑화를 빌려 높은 이자율의 미국과 호주와 뉴질랜드 달러 등에 운용하는 캐리 트레이딩이 급격히 증가한다.

캐리 트레이딩은 이종통화 간에 기대수익률을 높이기 위하여 저금리 통화에서 자금을 조달하여 고금리 통화에 투자하는 방법으로 금리차를 이용해 수익을 확보하는 것이다. 캐리 트레이딩에 적합한 통화는 금리 수준이 낮고 환율변동성이 낮은 통화로서, 일본 엔화와 스위스 프랑이 이러한 조건을 만족한다.

캐리 트레이딩 투자과정에서 하나 더 중요한 요소는 가격변동성이다. 태국은 1997년 금융위기를 겪기 전까지 수년간 바트화를 미 달러당 일정수준으로 유지하는 정책을 폄으로써 환율변동성이 매우 낮은 수준을 유지한다. 그러자 이자율이 낮은 미 달러를 빌려 이자율이 높은 태국 바트화로 운용하려는 헤지펀드들이 구름처럼 몰려온다.

한편, 개인 및 기관투자가로부터 1억 달러 예수 → 이 1억 달러로 미 정부채 매입 → 이 정부채를 담보로 금융기관으로부터 100억 엔 차입 → 이 100억 엔으로 일본 국채 매입 → 이 일본 국채를 담보로 100억 엔 차입 → 이 100억 엔을 외환시장에서 매각하여 1억 달러 매입 → 이 1억 달러로 미 정부채 매입 … 이러한 거래를 계속하다보면 엔 매각과 달러 매입 포지션이 급속히 커지게 된다. 이와 같은 거래를 신흥 개도국의 국채와 연결시켜 레버리지 거래를 확대한다. 이에 따라 미 국채와 신흥 개도국채의 금리차가 축소되는 방향으로 작용하게 되며 미국과 신흥 개도국의 중장기금리가 동조화하는 현상이 나타난다.

금융기관의 헤지펀드에 대한 대출은 무의미한 크레디트 라인이 설정되어 있다. 100억 엔의 크레디트 라인이 설정되어 있다고 하더라도, 레버리지 거래에 따른 RP 거래에 의해 담보로 잡힌 미 정부채나 일본 국채 부분은 크레디트 라인에서 빠지도록 만든다.

다음으로 환율의 동조에 대해 알아보자. 한 국가통화의 환율은 물가상승률, 금리수준, 경기동향 등 경제지표의 차이에 따라 여타국가 통화에 대해 강세가 되거나 약세가 된다. 국가간의 경제지표가 국가간의 교역증가와 상호의존도 증대 등으로 크게 차이가 나지 않는다면 두 국가간의 경제지표의 차이에 의한 환율변동은 미미할 것이다. 예를 들어, 중국으로부터의 공산품 수입 등으로 두 국가의 물가상승률의 차이가 거의 없다고 한다면 물가상승률은 두 국가 통화간 환율에 미치는 영향은 거의 없다고 볼 수 있다.

한 국가의 통화에 대한 수요는 그 국가가 생산하는 상품과 서비스를 구입하기 위한 통화의 수요와 그 국가가 보유하는 금융자산을 구입하기 위한 통화의 수요로 구분할 수 있다. 어떤 나라로부터 그 나라가 생산하는 쌀을 살 것인가 아니면 발행하는 채권을 살 것인가? 상품과 서비스에는 금일 쓰기 위해 투자한다. 대신 금융자산은 장래에 상품과 서비스를

〈그림 3-46〉 주요 통화환율의 동조

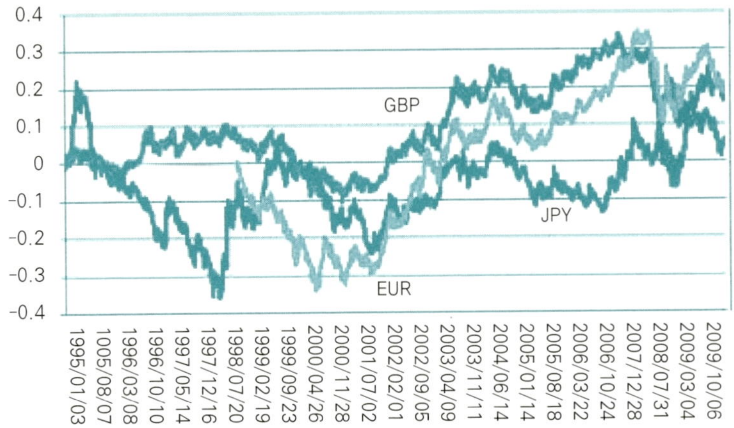


사기 위해 투자한다.

상품과 서비스의 질과 양이 동일하다면 값싼 곳에서 사게 된다. 그러면 장래에 쓰기 위해 어떤 금융자산에 투자할 때는 수익이 많은 자산에 투자하거나 가치가 보존되는 자산에 투자할 것이다. 쌀이나 채권에 매입하는 대가로 매입국가의 통화에 대한 수요가 일어난다. 이때 돈을 지불하면서 환율이 개입된다.

양국간 환율은 국제외환시장에서의 양국간 통화수급 관계에서 결정되지만 국제외환시장에서는 기축통화인 미 달러와의 환율단위로 표시된다. 이에 따라 미 달러 대비 각국환율이 동조화하는 현상을 보인다(〈그림 3-46〉).

환율이 1미 달러당 1,000원인 상황이라고 가정하자. 한국의 수출업자가 미국에 1백만 달러어치 상품을 수출하고 받은 금액을 은행에서 원화로 환전하면 10억 원을 받게 된다. 외환의 수급이 균형인 상황에서 은행이 참여하고 있는 외환시장에 달러가 더 많이 흘러들어옴으로써 달러 약세 요인으로 작용한다.

〈그림 3-47〉 외환시장에서의 외환거래

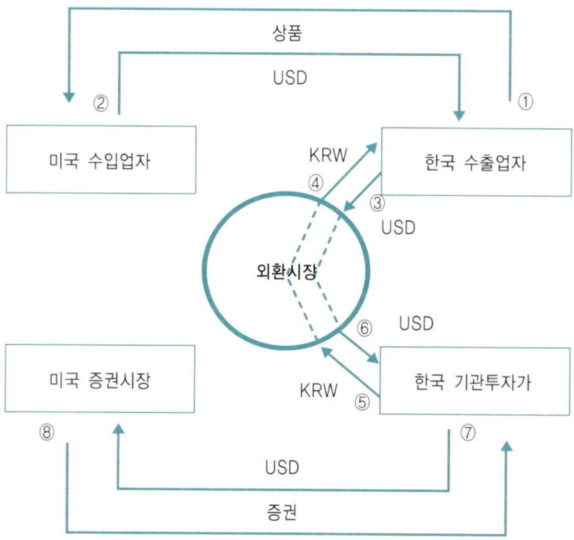


한편, 기관투자가가 미국 채권에 투자하기 위해 이 외환시장에서 10억 원으로 1백만 달러를 매입하면 달러 강세 요인으로 작용한다. 이 달러 매입이 앞의 수출거래에 따른 환전과 동시에 이뤄진다면 외환시장에서 환율 변동은 없을 것이다. 기관투자가 대신 정책당국이 환율안정을 위해 시장에서 달러를 매입한다면 동일한 효과를 기대할 수 있다.

수출입이든 자금거래든 주거나 받는 자금이 동시에 결제된다면 환율이 변할 하등의 이유가 없다. 여기서 자금흐름의 속도가 환율변동의 중요 요인으로 작용하면서 거래상의 시차차이로 환율이 오르기도 떨어지기도 한다.

시장에 미 달러와 유로와 일본 엔만 있다고 하자. 현재 환율상황은 1달러 = 1유로, 1달러 = 100엔이라면 1유로는 100엔이 된다. 이 계산은 초등학생도 할 수 있다. 어떤 단 하나의 이유로 시장에서 1달러 = 1.2유로로 달러가 강세되는 상황이 되었다 하자. 그러면 달러는 엔에 대해서

〈표 3-1〉

| | 당초 | | | | 변동 | | | |
|---|---|---|---|---|---|---|---|---|
| | 단위 | 1달러당 | 1유로당 | 1엔당 | 단위 | 1달러당 | 1유로당 | 1엔당 |
| 미 달러 | 100 | 1 | 1 | 0.01 | 90 | 1 | 0.818 | 0.009 |
| 유로 | 100 | 1 | 1 | 0.01 | 110 | 1.22 | 1 | 0.011 |
| 일본 엔 | 10000 | 100 | 100 | 1 | 10000 | 111.11 | 90.91 | 1 |

는 어떻게 될까? 그리고 유로는 엔에 대해서 어떻게 될까?

이렇게 생각해보자. 외환시장에 미 달러 100단위, 유로 100단위, 일본 엔 10,000단위가 균형상태를 유지한다고 하자. 환율은 1달러 = 1유로, 1달러 = 100엔, 1유로 = 100엔의 상대적 균형상태가 된다.

어떤 사람이 외환시장에 유로 10단위를 들고 와서 달러 10단위와 바꾸어 갔다고 하자. 그러면 시장에는 미 달러 90단위, 유로 110단위, 일본 엔 10,000단위가 남게 된다. 그러면 상대적 환율은 1달러 = 110/90 유로 = 1.2222유로, 1달러 = 10,000/90엔 = 111.11엔, 1유로 = 10,000/110엔 = 90.91엔이 된다.

시장에서 달러와 엔의 교환이 없다 하더라도 달러는 유로뿐만 아니라 엔에 대해 강세가 된다. 시장에서 엔의 매매가 없었음에도 엔은 달러에 대해 약세를, 유로에 대해서는 강세를 취하게 된다. 다시 말해 달러가 유로에 강세이면 엔에 대해서도 강세가 된다. 이로 인해 미 달러로 표시되는 유로환율과 일본 엔화환율의 움직임이 동조하는 것처럼 보인다.

이 예에서처럼, 시장에서 매일 달러와 유로의 교환만 일어나는 것은 아니다. 교환통화간, 교환통화와 비교환통화 간 수많은 거래가 이뤄지면서 수요가 많은 통화는 강세를, 공급이 많은 통화는 약세를 나타내게 된다. 이 과정에서 거래가 없는 통화의 환율도 변동한다.

한편, 어떤 외부의 정치적 · 경제적 요인 등으로 교환성 통화간에 비동조가 일어나면 시장위기의 징후가 된다. 국제적 위기가 일어나기 전

〈그림 3-48〉 주요 통화환율의 상관지수

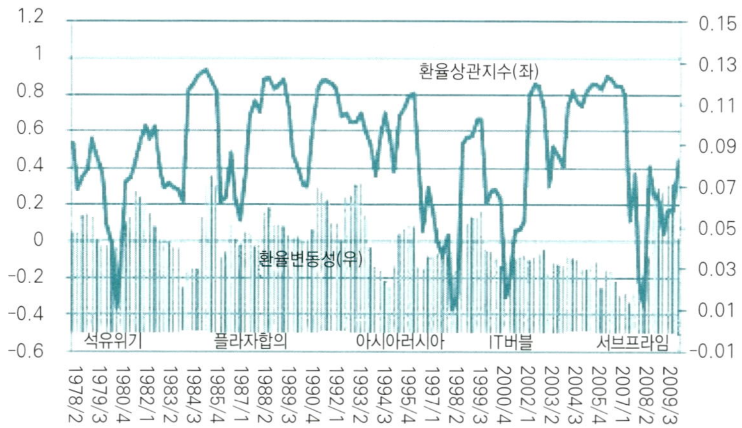


〈그림 3-49〉 원화환율의 상관지수

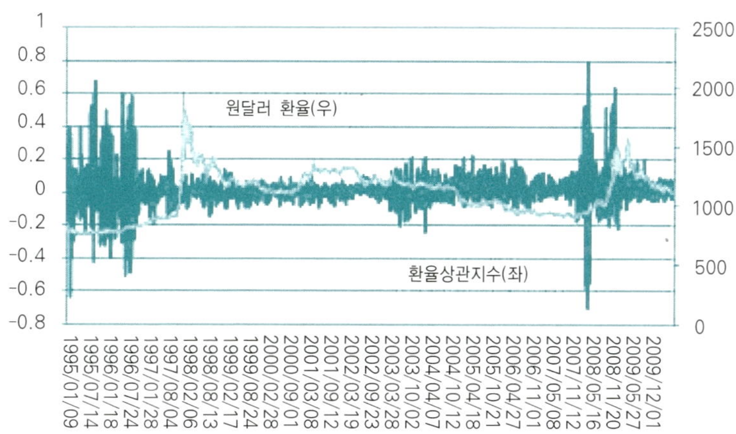

<그림 3-50> 주요국 주가의 동조

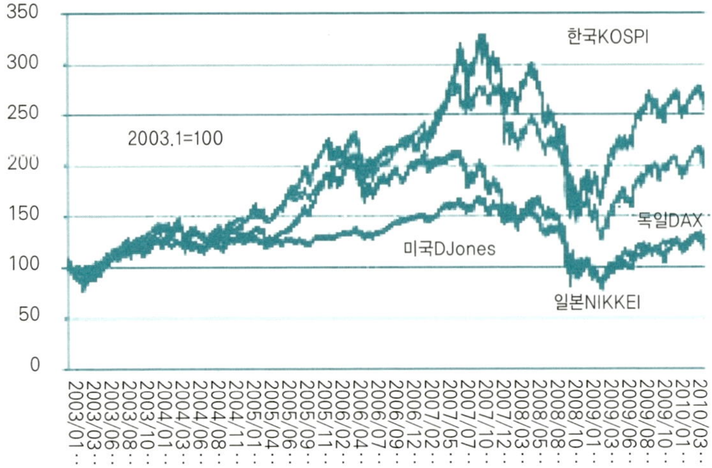


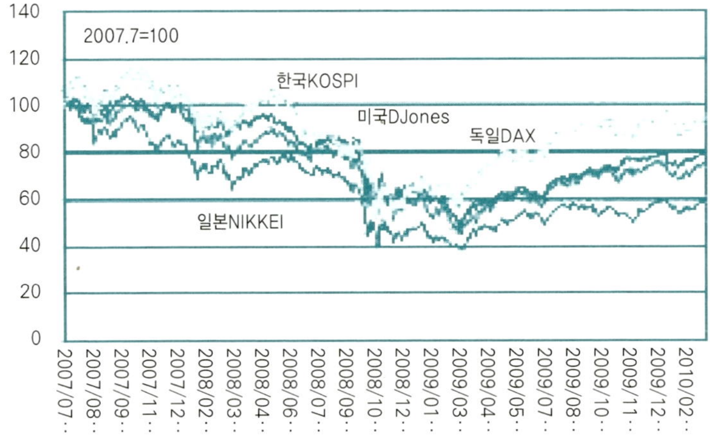


자료: 한국은행 등.

에 통화들의 움직이는 방향이 서로 달라진다(〈그림 3-48〉).

다만, 대외교환성이 없는 원화의 경우에는 국제 환율과 그다지 크게 동조하지는 않는다. 그러나 시장위기 이전에는 대외교환성 통화들의 움직임과 원화의 움직임이 동조·비동조의 진폭을 키우는 현상이 나타난다. 이는 우리나라 위기발생의 신호가 된다(〈그림 3-49〉).

마지막으로 국제적 의존관계 심화로 각국의 주가는 서로 동조한다. 주가의 동조는 금리나 환율 동조보다도 더 심하게 일어난다. 선진국은 많은 자금을 신흥국 주식시장에 투자한다. 일단 금융위기가 발생하면 안전자산으로 이동하기 위해 주식에 투자한 자금을 회수한다. 금융위기가 발생하면 주가하락은 피할 도리가 없다(〈그림 3-50〉).

## 가격변동성과 위기시그널

투자자산가격의 변동이 최종적으로 손익의 크기를 결정한다. 여기서 투자자산 분석에는 세 가지 요소를 감안해야 한다. 그 요소는 3R, 즉 수익의 크기(*Return*), 위험의 크기(*Risk*), 그리고 변동속도(*Rapidity*)다. 이를 보다 어려운 단어로 3V(*Vendibility-Volatility-Velocity*) 모델이라고 하자. 이 중 변동성(*Volatility*)이 커지면 시장의 불안정이 표출되는 시그널로 작용한다.

일반적으로 위기가 닥치면 금리환율 주가의 변동성이 커진다. 금리는 상승하다가 멈칫하지만 변동성이 커진다. 환율은 약세를 보이면서 변동성이 커지나 금방 평상시로 되돌아간다. 문제는 주식으로 급격한 가격하락과 함께 변동성이 급증한다(〈그림 3-51, 52, 53〉).

가격변동성이 낮아지면 시장안정을 기할 수 있으나 수익기회가 적어진다. 이에 따라 시장참가자들이 레버리지 거래를 확대하거나 파생금융거래를 확대하면서 위험을 선택한다. 그리하여 언젠가는 가격변동성

〈그림 3-51〉 금리 변동성

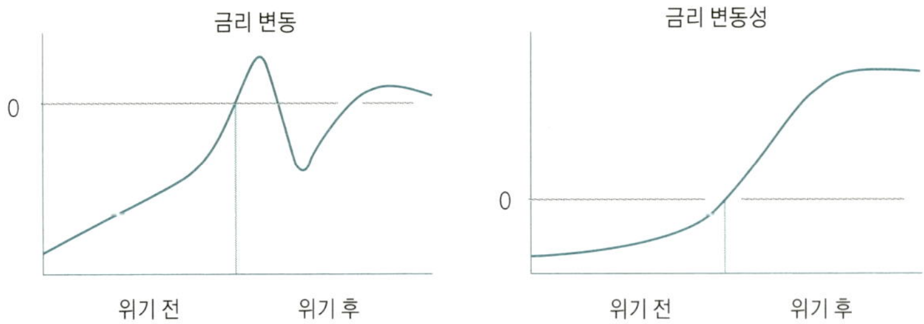


〈그림 3-52〉 환율 변동성

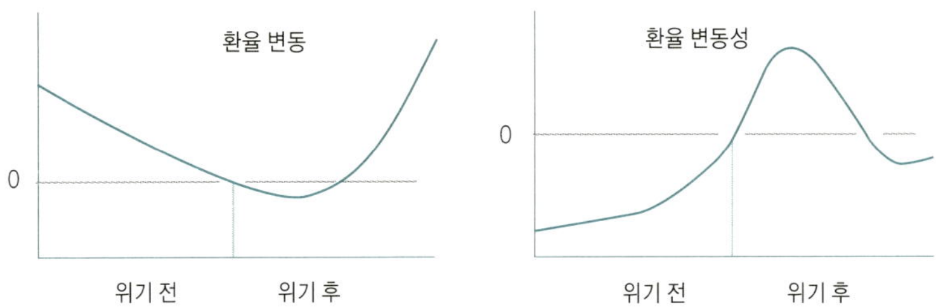


〈그림 3-53〉 주가 변동성

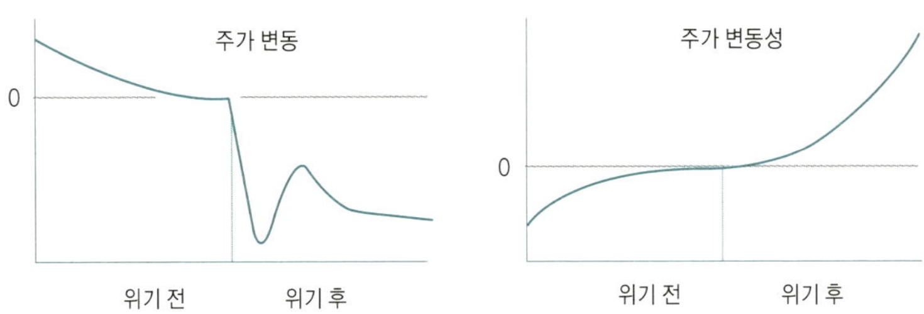

〈그림 3-54〉 미국 정부채 이자율 변동성

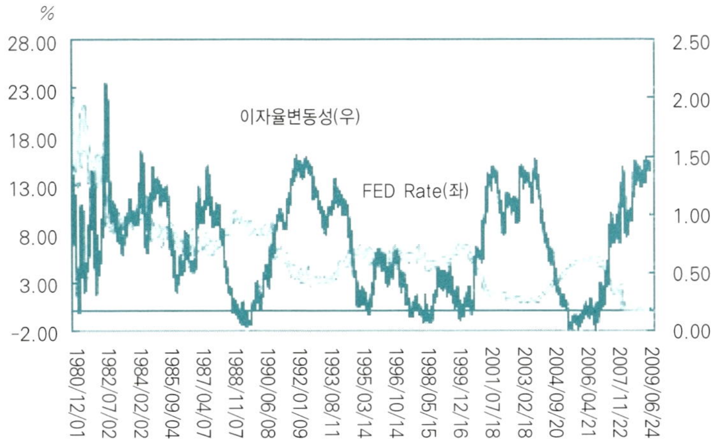


이 커지는 위기상황이 온다(〈그림 3-54〉).

변동성의 크기를 결정하는 요인에 대해 알아보기로 하자. 먼저, 국제교역의 증대와 세계적 물가의 안정으로 선진국이나 신흥국의 채권 이자율이 안정되고 금융통화정책 운용의 예측성이 커지면서 이자율의 변동성이 감소한다.

금리의 인상이나 인하 등 정책적 결정의 투명성이 높을수록 이자율의 변동성은 작아진다. 미국의 FOMC 회의는 금리인상의 시그널을 시장에 알리면서 매회의마다 0.25%씩 정책금리를 점진적으로 인상한다. 정책당국의 정책방향 제시는 그만큼 시장의 불확실성을 감축시키고 투명성을 높임으로써 시장에서의 자산 가격변동에 대한 예측 가능성 정도를 커지게 한다.

또한, 국제유동성의 증대는 거래규모가 커지고 시장에의 참가자가 많아짐으로써 시장의 깊이가 더해지고 폭을 넓혀 소규모의 자금이 시장을 교란하는 가능성을 그만큼 축소시킨다. 그러나 자산의 증권화와 파생금융거래의 증대에 기인한 국제유동성 증대로 시장위기가 발발하면

〈그림 3-55〉 원달러 환율 변동성

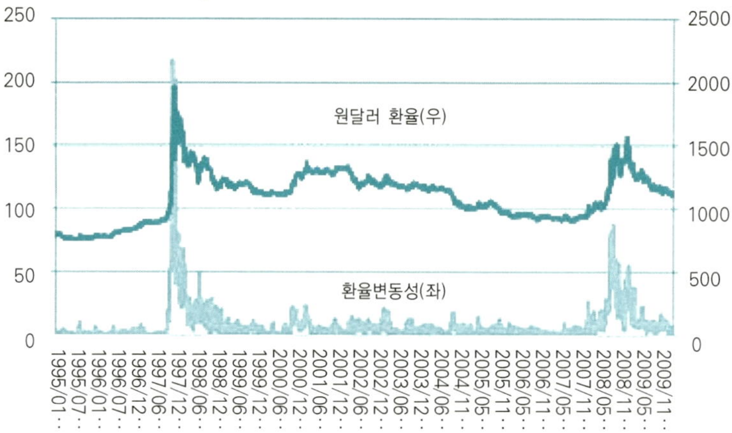


이로 인해 가격변동성의 크기가 매우 커진다.

한편 국가들 간의 상호의존도 증가, 가격의 국제적 동조화 현상, 프로그램 판단에 의한 한 방향으로의 현물거래와 파생금융거래 증가 등은 자산 가격을 급격히 증폭시키는 요인으로도 작용한다. 여기에 통신의 발달과 정보채널의 발달은 투자분석기법의 정교화와 함께 한 방향으로 가격이 움직이는 데 커다란 역할을 한다.

변동성은 시장이 방향성을 잃었을 때 그 크기가 커진다. 사려고 하는 사람이나 팔려는 사람들의 가격 예상에 혼돈상황이 되면서 가격이 오르고 내림이 심해진다. 환율이 오를 것인가, 주가는 떨어질 것인가, 시장 참가자들의 시장가격에 대한 예측이 방향성을 잃고 우왕좌왕하는 상태이다. 상승과 하락의 전환점이 발생하는 경우 시장참가자들의 예상이 서로 충돌하면서 변동폭이 확대된다. 또한, 버블발생과 붕괴 시에는 일종의 쏠림현상이 나타나면서 급격히 거래가 늘어나거나 줄어든다. 그리고 가격변동의 상승하락 속도가 빨라지면서 가격변동성이 커진다. 특히 버블붕괴의 가격하락이 버블발생의 가격상승보다 그 속도가 가파르다.

〈그림 3-56〉 주요국 결합 주가지수의 변동성

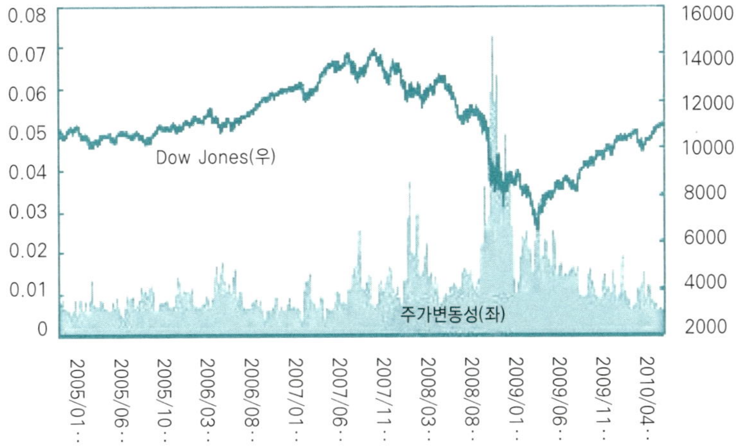


가격이 높은 수준에 있을 때보다는 가격이 낮은 수준에 있을 때 그 변동성이 커진다. 이론적으로 계산해본다면 상승과 하락 국면에서 동일한 가격변동이 일어나는 경우 시장가격이 상승한 국면에서는 표준편차 크기가 작다. 즉, 100원짜리 상품이 1원 오를 때와 1,000원짜리 상품이 1원 오를 때의 변동성의 크기는 서로 다르다. 시장가격이 상승하면 동일한 가격변동의 크기는 변동률이 낮아진다. 단기적 측면에서는 타당성이 있으나 장기적 측면에서는 다른 요인이 작용하는 경우가 많다.

한편, 투자기관들은 성과평가를 위한 투자운용기준(*Benchmark*)이 있다. 벤치마크를 활용하여 자산을 운용하는 경우 거래의 변동성이 감소한다. 일반적으로 투자운용기준의 투자대상 구성비는 발행물량을 기준으로 설정된다. 투자운용기준대로 자산을 운용하면 평균적 수익을 확보하게 된다는 데 그 근거를 둔다. 주식의 경우 투자운용기준인 종합주가지수대로 투자대상을 구성하여 운용하면 주식시장에서 평균 수익률을 달성하게 된다.

마지막으로 금융규제는 변동성을 감축시킨다. 주식거래에 전일 종가 대비 상하한 규제나 블랙먼데이 사태 이후 도입한 서킷브레이크 제도는 변동성을 감축시킨다. 특별한 제도의 시행, 예컨대 공매제도의 제한 등도 변동성을 감소시킨다.

## 6. 부동산시장에서의 시장위기

### 정책금리에 따른 대출자산별 반응

우리는 관심을 가져야 할 시장으로 증권시장과 외환시장뿐만 아니라 부동산시장도 있다. 부동산시장은 수세기 동안 버블붕괴의 원흉으로 지목되었다. 서브프라임 사태 이후 세계적인 금융위기가 누구 탓이냐 하는 논쟁이 있었다. 신흥국의 자본축적일 수도 있고 미국의 저금리 지속일 수도 있다.

정책당국은 금리운용을 주로 상공업대출에 초점을 둔다. 일반적으로 상공업대출 증감과 정책금리가 같은 방향으로 병행하여 움직인다. 이를 틈타 저금리 상황에서 주택대출이 증가한다. 미국의 경우 1980년대 후반(B구간)과 1990년대 후반(E구간), 2000년대 전반(F구간)에는 상공업대출 감소와 금리인상이 반대방향으로 움직였다. 그 후에는 미국의 S&L사태와 IT버블붕괴와 서브프라임의 부동산버블붕괴가 이어지고 경기침체가 뒤따른다(〈그림 3-57〉).

세상에 벌어진 어떤 일이 누구 탓이냐 하는 문제와 관련하여 일본에서 실제로 일어난 일이 있다.

학교 선생님들의 정신적 스트레스에 관한 조사에 답한 내용 중 하나는, 한 학생이 돌멩이를 던져 교실 창문을 깨뜨렸다. 그다음 날 선생님

〈그림 3-57〉 미국의 정책금리와 은행대출

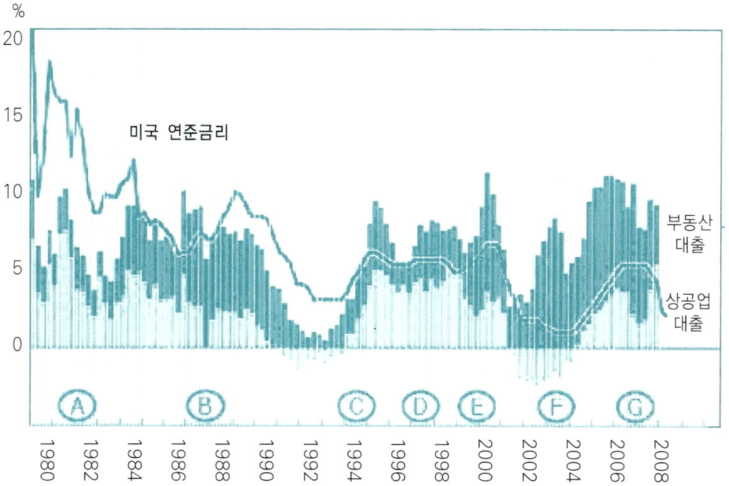


자료: FRB.

이 학부모에게 전화를 걸어 유리창 수리비를 변상하라고 말하자, 학생의 아버지는 왜 운동장에 돌멩이를 방치했는가 하면서 선생님에게 따지기 시작했다.

또 하나, 학생들에게 급식을 제공하는 어느 식품제조회사의 사장이 체포되었다. 소고기 크로켓을 만드는 이 회사는 제조원가를 줄이기 위해 가끔 소고기를 쓰지 않고 돼지고기나 닭고기로 대용했다. 잡혀가면서 기자들에게 던진 한 마디 말은 요즘 소비자들이 너무 싼 것만 찾는 게 문제라고 ….

## 은행의 급격한 자산증가에 따른 위험

부동산버블이 일어나고 있느냐는 부동산가격이 얼마나 뛰고 있느냐를 보면 안다. 또 다른 방법으로는 은행 금융기관의 부동산 관련 대출이 얼마나 많이 나갔느냐를 보면 안다.

〈그림 3-58〉 북구3국 은행의 대출자산증가율

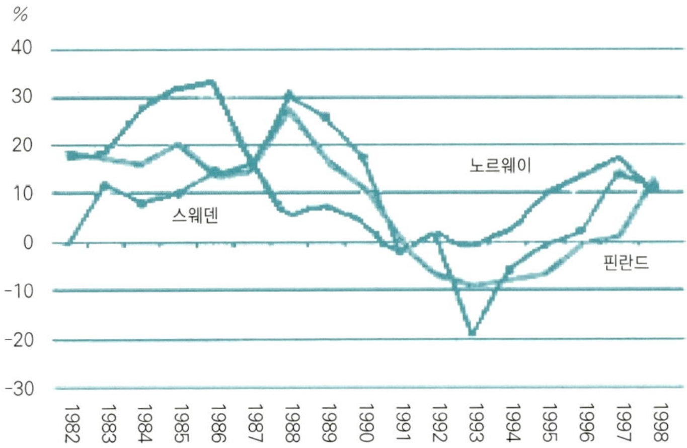


자료: OECD.

1990년대 초 스웨덴, 노르웨이, 핀란드 북유럽 3국에서의 금융위기 발생은 규제완화에 따른 금융기관 경쟁격화와 가계대출의 급격한 확대, 그리고 이로 인한 부동산가격 급등이 주요 원인이 된다. 금융규제완화를 배경으로 가계부문을 중심으로 한 대출이 급격히 확대되면서 부동산 가격 버블이 발생하고, 경기후퇴로 버블현상이 일시에 걷히면서 은행 금융기관의 부실채권이 급증하여 금융위기가 발생한다.

당시 이들 국가의 은행들의 경쟁적 대출 증가는 대출자산의 부실화를 초래한다. 금융위기 발생 2~5년 전부터 자산증가세가 급증하였으나, 금융위기 직전부터 둔화 또는 감소추세로 전환된다. 당연한 이야기이겠지만 금융위기 발생 이후에는 위기발생 이전보다 자산증가세가 둔화되거나 감소한다(〈그림 3-58〉).

은행들은 금융위기 이후 3~5년간 대규모로 수지가 악화되고, 총자산 대비 대손상각비율이 큰 폭으로 상승한다(〈그림 3-59〉). 금융위기 이후 거액 부실자산을 대손상각하기 위해 공적자금이 투입된다. 구조조정

〈그림 3-59〉 북구 3국 은행의 총자산대비 대손상각

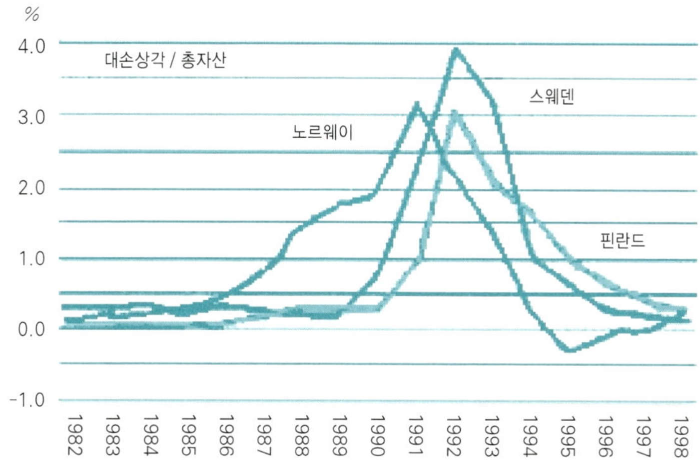


자료: OECD.

수단에서도 부실자산의 정부매입, 유동성 지원, 은행합병과 매각 등의 방법이 동원된다.

이임식을 마친 전임 은행장은 신임은행장에게 번호를 매긴 세 통의 봉투를 건넸다. 어려움에 처했을 때마다 순서대로 하나씩 열어보라는 말과 함께.

기업대출에 부실자산이 많아져 은행에 어려움이 닥치자 은행장은 첫 번째 봉투를 뜯었다. 거기에는 전임 은행장의 잘못으로 이 지경이 되었다고 이야기하라고 쓰여 있었다. 얼마 후 외환위기로 자금을 조달하지 못하는 위기상황이 되자 두 번째 봉투를 뜯었다. 거기에는 다른 은행이나 정부의 탓으로 돌리라고 쓰여 있었다. 또다시 부동산버블붕괴로 어려움이 닥치자 은행장은 마지막 봉투를 뜯었다. 거기에는 당신도 나처럼 세 개의 봉투를 준비하고 다음 은행장에게 건네주라고 쓰여 있었다.

주택의 문제는 인류의 역사와 함께 한다. 인구증가와 인구의 도시집중으로 인해 주택부족 문제는 언제나 나타난다. 그리고 사람들은 인플레이션에 대항하려면 주택과 같은 부동산에 투자해야 한다는 것을 경험으로 알고 있다.

부동산버블붕괴를 미리 알려주는 지표로는 주택건설 착공이 있다. 먼 옛날 미국의 대공황기에 주택건설 착공이 1925년을 피크로 감소하기 시작한다. 그러더니 1929년, 드디어 시장이 붕괴되고 경기침체의 상태로 빠져든다(〈그림 3-60〉).

주택착공은 금융경제위기의 발생에 선행하여 감소하고 위기의 탈출과 함께 증가한다. 주택착공이 일정수준 이하로 떨어지면 경기가 나빠

〈그림 3-60〉 대공황 전 주택착공건수

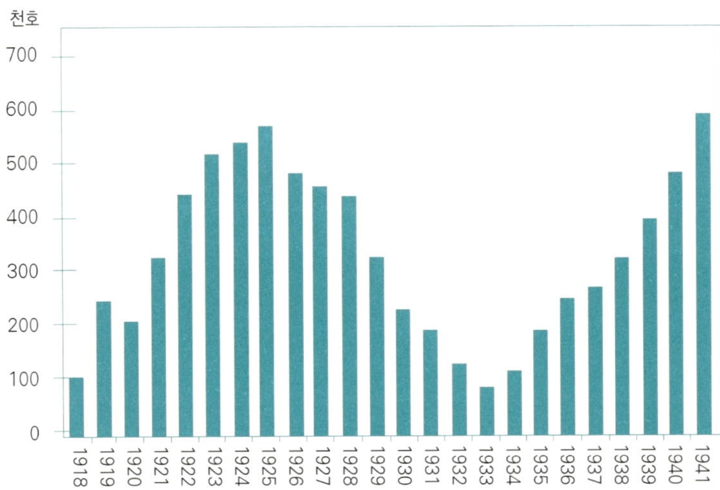


자료: U.S. Department of Commerce, Historical Statistics of the U.S.

<그림 3-61> 미국의 주택착공과 경기침체

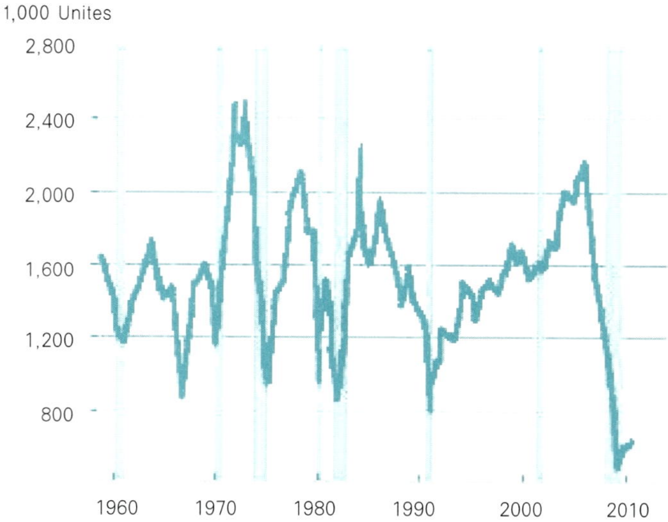


자료: U.S. Department of Commerce: Census Bureau.

<그림 3-62> 미국의 주택소유율

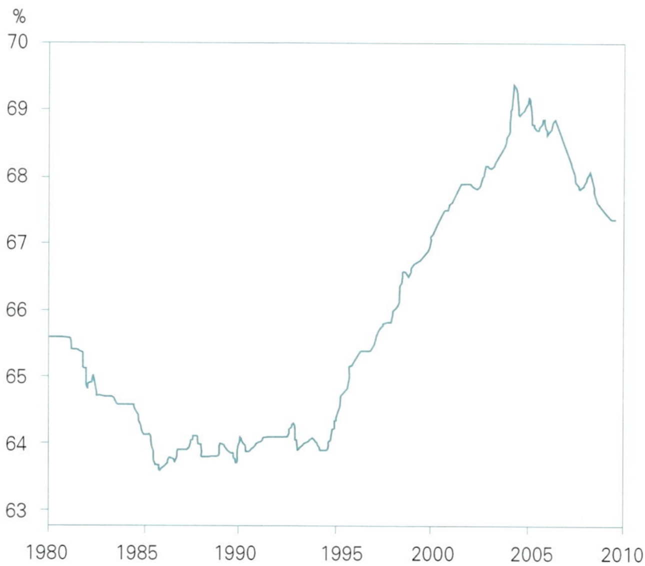


자료: U.S. Department of Commerce: Census Bureau.

질 거라고 예상할 수 있다. 다만, 2000년의 경기침체는 IT분야에서 발생하여 주택문제와는 관련이 없다(〈그림 3-61〉).

한편, 주택버블이 일어나면서 국민들의 주택소유비율이 상승한다. 이처럼 버블의 발생은 다른 긍정적 측면도 있다(〈그림 3-62〉).

버블붕괴나 금융위기는 기차를 달리게 하고 신기술을 낳으며 광회선을 깔고 집을 짓게 한다. 다만, 많은 사람들의 고통과 눈물 속에 핀 꽃이라는 데 가슴을 짓누르는 무언가가 있다. 리수구 선생님은 CD에 담아온 노래 '눈물 속에 핀 꽃'(*L'immensita*)을 들려주면서 강의를 마쳤다.

> 나는 믿어요. 지금 흘러내리는 눈물 눈물마다
> 새로운 꽃이 피어난다는 것을.
> 그리고 그 꽃잎 위에 나비가 찾아오리라는 것을.

### 그 후

나귀가 도쿄로 떠난 지 1개월이 넘었다. 호테는 사무실에서 자기가 만든 분석툴로 시장상황을 분석하여 보내온다. 나귀는 가끔 나와 호테에게 시장상황을 알려온다. 기대한 대로, 보내오는 내용이 점차 시장 움직임의 핵심에 가까워지고 알차다.

더위가 빨리 수그러들지 않는다. 소나기라도 흠뻑 내렸으면 좋겠다. 오늘의 시장상황 차트를 다시 꺼내들었다. 내일은 또다시 어떤 일들이 벌어지려나? 나도 이제 이 일에 몸과 마음이 지쳐간다. 요원과 반장을 하면서 많은 나날 한시도 마음을 놓지 못하고 살았다. 이제 이 자리를 다른 사람에게 맡기고 이도원 선생님처럼 강의담당으로 이동하고 싶다. 선생님의 금융시장 역사분석에 나의 실전경험을 합하면 아마도 불멸의 강의가 될 텐데…. 갑자기 졸음이 왔다.

그때 전화벨이 울렸다.

반장 네, 월드투어입니다.

소년 반장님이시죠?

반장 호텐가? 무슨 일이지?

소년 아닙니다. 우리시대의 기술적 문제로 유선전화로만 15초밖에 말씀드릴 시간이 없습니다. 얼마 있지 않아 나귀 씨 신변에 어려움이 있을 수 있으니 누가 곁에서 함께 일하도록 해야 합니다.

(젊은이의 목소리가 호테의 억양과 흡사했다.)

반장 누구십니까? 왜 위험해지는데요?

소년 저는 먼 미래에서 전화하고 있기 때문에 제가 누군지 설명해드려도 이해하실 수 없을 겁니다. 반장님께서는 그분들과 함께 강의받고 실습한 내용을 정리하고 계시니까 그걸 책으로 내서 많은 사람들이 읽도록 해야 합니다. 그래야만 우리들이 4~5년 내 일어날 시장의 혼돈에 적절히 대응할 수가 있습니다. 그리고 뉴욕 반, 도쿄 반, 베이징 반에 나가 계신 분들 모두 함께 '그들만의 언어'를 만들도록 해야 합니다. 그래야만 앞으로 아시아 시장에서 일어나게 될 사태를 사전에 이해하고 대처할 수 있게 됩니다.

반장 무슨 일이 일어나는데요?

묻는 도중 전화가 그만 끊어졌다.

장난전화인가? 나귀 이름까지 알고 있으니 분명 호테의 장난일 거다. 목소리도 비슷했으니 …. 근데 호테는 휴대폰으로만 연락하니 내 사무실 유선 전화번호는 모를 텐데. 내가 자료를 정리하고 있는 걸 어떻게 알았지? 휴대폰으로 호테에게 전화를 걸었다. 벨이 울려도 받질 않는다. 전화를 끊고 기다렸더니 호테에게 금방 전화가 왔다.

호테 통화중이어서 전화를 받지 못했습니다. 무슨 일이십니까?

반장 나한테 전화했었나?

호테 아니요. 이상한 전화를 받고 지금 찾아가려던 참이었습니다. 지금 기술로는 미래에서 유선전화로만 15초 정도밖에 이야기하지 못한답니다. 그리고 앞으로 한 달 동안은 나귀가 외출할 때는 꼭 동행을 해야 한답니다. 반장님의 글 '아마켓돈 Ⅰ'이 끝나면 저더러 '아마켓돈 Ⅱ'를 준비해야 된답니다. 연결기술이 더 발전하면 나중에 상세히 이야기하겠다며 다짜고짜 끊었습니다.

반장 누군데?

호테 저도 모르는 아가씨입니다. 저는 처음에 목소리가 비슷해서 나귀 씨인 걸로 생각했는데 억양이 좀 달라요. 그리고 매우 떨리는 목소리였습니다. 뭔가 할 말이 굉장히 많은데 매우 아쉬운 듯 …. 그런데 '아마켓돈'이란 게 뭡니까?

반장 아마겟돈이 아니고? 인류 최후의 전투가 벌어지는 곳 아닌가? 지구를 구출하는 내용으로 영화로 상영된 적도 있고 ….

사무실 문을 노크하는 소리에 그만 잠에서 깨어났다. 호테는 여느 때와 마찬가지로 미소를 머금고 들어왔다. 그리고 시장상황 보고서를 나에게 내밀었다. 보고서를 대충 읽어본 다음 호테에게 사무실에서 잠깐 기다리라고 말했다.

호테가 작성한 시장상황 보고서를 들고 실장의 방에 들어갔다. 보고가 끝나고 나서 호테를 도쿄로 내보내겠다고 했다. 돌아오는 답변은 예나 지금이나 마찬가지다. 반장이 판단해 알아서 하라는 것. 어떤 위험에도 지지 않으려는 사람들로 가득 찬 이곳에서는 이 답변이 정답이라는 것을 누구나 다 안다. 돌아오는 길에 서무담당부서에서 신형 휴대폰 두 개를 수령했다. 새 기능이 추가되어 위치추적이 되지 않도록 전파를 교란시키는 휴대폰이다. 호테가 내 사무실에서 기다리고 있었다.

반장 지금 내가 말하는 대로 내 휴대폰으로 나귀에게 문자메시지를 하나 보내줄래? (그러면서 내 휴대폰을 건넸다.)

반장 당분간 토끼처럼 살아라. 달팽이가 다시 찾아올 때쯤 동키가 그곳으로 갈 것임. 대한민국 만세. 다 치면 보내!

(호테의 얼굴에 불안한 표정이 얼핏 스쳤지만 아무것도 묻지 않았다. 우리들만의 언어를 익히 알고 있기 때문이다. 호테는 문자메시지를 보낸 다음, 나에게 읽어보란 듯이 휴대폰을 닫지 않은 채로 건넸다.)

호테 '다 치면 보내!' 라는 말씀은 치지 않았습니다.

당분간 토끼처럼 살아라. 달팽이가 다시 찾아올 때쯤 아침에 일어나 된장국을 얻어먹고 싶은 동키가 그곳으로 갈 것임. 대한민국 만세.

## ※ 금융위기연대

### ■ 17세기

| | |
|---|---|
| 1600년 | 영국 East India Company 설립 |
| 1602년 | 네덜란드 East India Company 설립 |
| 1637년 | 암스테르담 증권거래소 튤립 버블붕괴 |

### ■ 18세기

| | |
|---|---|
| 1720년 | 프랑스 Mississippi Company 버블붕괴 |
| | 영국 South Sea Company 버블붕괴 |
| 1773년 | 영국 East India Company 버블붕괴 |
| 1775년 | 미국 독립전쟁(~1783년) |
| 1776년 | 미국 독립선언 |
| 1787년 | 미국 연방헌법 제정 |
| 1793년 | 영국운하 버블붕괴 |
| 1799년 | 나폴레옹 전쟁(~1815년) |

### ■ 19세기

| | |
|---|---|
| 1812년 | 영미전쟁(~1814년) |
| 1816년 | 영국 금은복본위제에서 금본위제 채용(독일 1871년, 프랑스 1873년, 러시아 1896년, 일본 1897년, 미국 1900년 금본위제 채택) |

| | |
|---|---|
| 1819년~1824년 | 미국 최초 금융경제위기 |
| 1825년 | 영국 주식회사형 은행설립 |
| | 영국 투자의 남미 채권, 철광, 면화 버블붕괴 |
| 1837년 | 영국 미국 프랑스 면화 버블붕괴 |
| 1846년 | 멕시코 전쟁(~1948년) |
| 1848년 | 미국 영국 철도와 밀 버블붕괴 |
| 1849년 | 미국 캘리포니아 골드러쉬 |
| 1850년 | 영국 주식회사 형태로 회사 설립 |
| 1853년 | 크리미아 전쟁(~1856년) |
| | 영국 East India Company 해산 |
| 1857년 | 영국 미국 철도 버블붕괴 |
| 1857년~1860년 | 미국 영국 독일 금융위기 |
| 1864년~1866년 | 영국 프랑스 이탈리아 면화 버블붕괴 |
| 1861년 | 미국 남북전쟁(~1865년) |
| 1866년 | 영국 인도에 자본투자 확대 |
| 1869년 | 미국 대륙횡단철도 완성 |
| | 9월 미국 뉴욕 및 프랑스 공항 발생 |
| | 수에즈운하 개통 |
| 1870년 | 보불전쟁 |
| 1871년 | 독일제국 성립 |
| | 에디슨 전신기 발명 |
| | 독일 캐나다 금본위제 채용 |
| 1873년 | 미국 금단본위제 채용 |
| | 5월 빈 증권거래소 공황발생 |
| | 미국 독일 철도 버블붕괴 |
| | 9월 뉴욕 주식거래소 10일간 폐쇄 |
| 1873~1896년 | 영국 Long Depression |

| | |
|---|---|
| 1875년 | 노르웨이 덴마크 스웨덴 통화동맹 |
| 1876년 | 벨 전화기 발명(1877년 보스턴 전화개통) |
| | 영국 수에즈운하 주식매입 |
| 1878년 | 토마스 제강법 발명 |
| 1882년 | 한국의 미국 영국 독일 간 통상조약 체결 |
| 1884년 | 미국 뉴욕 금공황 발생 |
| 1885년 | 청국 영국 간 아편협정 조인 |
| 1890년 | 아르헨티나 증권시장 붕괴 |
| | 11월 미국 공황발생 |
| 1892년 | 영국 탄광 미국 철광 스트라이크 발생 |
| 1893년 | 4월 오스트리아 금융공황 발생 |
| | 7월 미국 주가 대폭락 금융공황 발행 |
| | 12월 이탈리아 금융공황 발생 |
| 1894년 | 미국 산업생산량 세계 제 1위로 도약 |
| | 세계적 곡물가격 폭락 |
| 1895년 | 한국 금본위제 채택 |

## ■ 세계대전 이전

| | |
|---|---|
| 1904년 | 일본 러시아 전쟁 |
| 1907년 | 뉴욕 주식시장 대폭락(3월, 8월, 10월) |
| | 미국 구리 버블붕괴 |
| | 독일 금융공황 |
| 1908년 | 미국 T형 포드발매 |
| 1911년 | 중국 신해혁명 |
| 1913년 | 12월 연방준비법 공표(1914년 FRB 설립) |
| 1914년 | 사라예보 사건 |

| | |
|---|---|
| | 제 1차 세계대전(~1918년) |
| | 7월 런던 뉴욕 증권거래소 폐쇄 |
| | 각국 금본위제 정지(8월) |
| | 파나마운하 개통 |
| 1917년 | 미국 금본위제 정지, 전시정부채 발행 |
| | 러시아 10월 혁명 |
| 1919년 | 제 1차 세계대전으로 정지된 금본위제 복귀(~1930년) |
| 1920년 | 국제연맹 발족 |
| | 4월 미국 공황발생 |
| | 5월 런던 뉴욕 은시장 폭락 |
| 1921년 | 연합국 배상위원회 독일에 대해 1,320억금 마르크 배상 결정 |
| 1922년 | 소련 USSR 성립 |
| | 독일 마르크 급락 인플레 앙등(1923년 11월 독일 1조 지폐마르크=10/42달러 교환비율 결정) |
| 1925년 | 미 플로리다 부동산 버블 |
| 1929년 | 2월 미 연방준비국 주식 붐에 대해 이례적 경고 |
| | 3월 독일 배상문제전문위원회 BIS설립안 가결 |
| 1929년~1933년 | 미국 대공황 |
| 1929년 | 10월 24일 뉴욕증권시장 대폭락(11월 1차 금융위기, 31년 3월 2차 금융위기, 33년 1월 3차 금융위기) |
| 1930년 | BIS 업무개시 |
| 1931년 | 런던 금시장 붕괴 |
| | 9월 영 금본위제 탈퇴(미국 1933년 4월, 프랑스 1936년 9월) |
| 1933년 | 미국 Glass-Steagall Act 및 증권법 제정 |
| 1931년~1936년 | 붕괴 세계 대공황 |

| | |
|---|---|
| 1934년 | 미국 예금보호법 실시 |
| | 미국 증권거래법 제정(SEC 설립) |
| 1939년 | 독일 폴란드 침공(영국과 프랑스 독일에 선전포고) |
| | 제 2차 세계대전(~1945년) |

### ■ 세계대전 이후~1960년대까지

| | |
|---|---|
| 1944년 | IMF 창설 및 금환본위제(금과 달러 태환제) 도입 |
| 1945년 | 세계대전 후 패전국 독일과 일본 주식 대폭락 |
| 1945년 | 12월 브레턴우즈 협정(달러중심의 고정환율제) 발효 |
| 1946년 | 세계은행 업무개시 |
| 1947년 | 마셜플랜 |
| | IMF 업무개시 |
| | GATT 무역협정 조인 |
| 1948년 | 서독 중앙은행 설립 |
| 1949년 | NATO 성립 |
| | 중국 공산화 |
| 1950년 | 한국전쟁(~1953년) |
| 1953년 | 미국 신용 버블붕괴 |
| 1960년 | 런던 금시장 금가 폭등 |
| | IMF 미국에 금매각 |
| 1961년 | 미국 개인과 기업의 해외 금 보유 금지 |
| 1962년 | 5월 뉴욕 주식 대폭락 |
| 1963년 | 미국 달러 방위책 발표 |
| 1964년 | 베트남 전쟁(~1973년) |
| 1966년 | 미국 신용수축 |
| | ADB 개업 |

| | |
|---|---|
| 1967년 | EC 발족 |
| | 골드러쉬(금매입) 발생 |
| 1968년 | 1월 달러방어책 발표(기업의 대외 직접투자 및 은행의 대외대출 규제, 정부의 해외지출 삭감) |
| | 석유수출국기구 OAPEC 결성 |
| | 3월 미국 25%의 법정 금준비 철폐 |
| | 3월 런던 금시장 패쇄 금풀제 폐지 |
| | 3월 IMF SDR 창설 |
| | EEC 관세동맹 발족 |
| | 11월 런던 파리 프랑크푸르트 외환시장 폐쇄 |
| 1969년 | 8월 프랑스 프랑 11.1% 평가절하 |
| | 9월 서독 변동환율제 이행 결정 및 10월 고정환율제 복귀 |
| | 인터넷 Arpanet 이용 |

## ■1970년대

| | |
|---|---|
| 1971년 | 5월 서독 등 유럽국 달러유입 격화로 외환시장 폐쇄 (국제통화 불안) |
| | 5월 런던 엔투기 격화 |
| | 8월 닉슨 쇼크 및 각국 변동환율제로 이행 |
| | 8월 금태환 정지 |
| | 12월 스미소니언 체제 이행 및 고정환율제로 일시 복귀 |
| 1972년 | 영국 EC 가맹 |
| 1973년 | 2월~3월 구주 외환시장에서 달러매각 격화(외환시장 폐쇄) |
| | 3월 달러불안으로 각국 변동환율제로 이행 |
| | 5월 런던시장 금가격 1온스당 100달러 돌파(달러매각 격화) |

| | |
|---|---|
| | 10월 제 4차 중동전쟁 |
| | 제 1차 석유위기(OPEC 유가 21% 인상 및 석유감산 결정) |
| 1974년 | 미국의 기업과 은행에 대한 대외투융자 규제 폐지 |
| | 5월 미국 프랭클린 내셔날 은행 파산 |
| | 6월 서독 헤르슈타트은행 파산 |
| | 12월 미국 개인 금보유 자유화 |
| 1974년~1975년 | 세계 스태그플레이션 |
| 1976년 | 킹스턴체제 및 SDR 베이스 통화체제 |
| | IMF 보유금 매각 |
| 1978년 | 11월 미국 달러방어책 발표 |
| 1979년 | 1월 미중국교 수립 |
| | 3월 EMS 발족 |
| | 제 2차 석유위기 |
| 1979년~1982년 | 세계 스태그플레이션 |

## ■1980년대

| | |
|---|---|
| 1980년 | 1월 22일 뉴욕 금선물 1온스당 1천 달러 돌파 |
| | 4월 중국 IMF 가입 |
| | 6월 G7 인플레 억제 대체에너지 개발 발표 |
| | 미국 고금리 정책(~1981년) |
| | 재정적자와 경상적자 하에서 인플레억제와 강한 달러를 위해 고금리정책 |
| | 12월 미 프라임 레이트 21.5%로 상승 |
| 1981년 | 미 FRB의 IBF 설립 승인 |
| | 미국 금위원회설치 및 금본위제 복귀 검토 |
| 1982년 | 3월 금위원회가 의회에 금본위 복귀 반대의견 표명 |

| | |
|---|---|
| | 4월 런던 금선물시장 발족 |
| | 8월 멕시코 폐소 위기 |
| | 9월 멕시코 전은행 국유화 |
| 1984년 | 콘티넨탈 일리로이즈은행 파산 |
| 1985년 | 9월 브라질, 아르헨티나, 멕시코 채무조정 |
| | 9월 G-5(미국, 서독, 프랑스, 영국, 일본) 재무장관 플라자합의 |
| 1986년 | 6월 폴란드 약 20억 달러 서방 민간은행과 채무재조정 |
| | GATT 우루과이 라운드 |
| | 영국 빅뱅(10월 런던증권거래소 증권매매수수료 자유화) |
| 1987년 | 2월 Louvre 합의 |
| | 6월 그린스펀 연준의장 취임 |
| | 10월 19일 블랙먼데이 |
| 1988년 | 주가지수 옵션상품 도입 |
| | BIS Basle Accord 발표 |
| | 11월 한국 IMF 8조국 이행 |
| 1989년 | 3월 브래드 재무장관 채무재조정의 공동분담 강조 |
| | 6월 천안문 사건 |
| | 미국 상업은행에 투자 자회사 설립 허용 |
| | 11월 베를린 벽 붕괴(동서독 통합) |
| | 12월 일본은행 미에노 신임총재 부동산대출 제동, 정책금리 인상 |

## ■1990년대

| | |
|---|---|
| 1990년 | 1월 일본 버블붕괴 시작 |
| | 5월 태국 IMF 8조국 이행 |

| | |
|---|---|
| | 걸프전쟁(~1991년) |
| | 12월 중국 상해증권거래소 개시 |
| 1991년 | 1월 미국 뱅크오브뉴잉글랜드 도산 |
| | 소련연방 해체 |
| 1991~1993년 | CSFB, 태국바트화 바스켓 연계채권 발행 |
| 1991년 | 영국 ERM 참가 |
| 1992년 | 퀀텀(조지소로스) 파운드 공격 |
| 1993년 | 살로먼 내부시스템 점검 결과 가공익 발견 |
| | 독일 메탈게젤샤프트 원유파생상품 손실 |
| | Procter & Gamble 사태 |
| | 쇼와셸 사건 |
| 1994년 | 2월 미 연준 금리인상 시작 |
| | 3월 키더 피바디 회계상 결함 발견 |
| | 오린지 카운티 인버스플로터 손실 및 법적 파산신청 |
| | Gibson Greetings 금리스왑 손실 |
| | 12월 멕시코 페소 위기 |
| 1994년~1995년 | 멕시코 Tequila crisis 후 국제투자가들은 아시아 지역으로 투자전환 |
| 1995년 | 다이와 사건 |
| | 2월 닉 리슨 투기거래로 베어링스은행 파산 |
| 1996년 | 스미토모상사 사건 |
| 1997년 | Natwest Bank 사건 |
| | 3월 Fed 금리 인상 |
| | 아시아 금융위기(IMF 구제금융 태국 8월5일, 인도네시아 10월31일, 한국 12월3일) |
| | 7월 태국 금융위기 및 바트화의 달러화 연계 중지 |
| | 10월 홍콩 항생지수 4일간 23% 폭락 |

브라질, 아르헨티나, 멕시코 증권시세 동반 하락
다우존스지수 7,161로 7.2% 하락
11월 일본 산와증권과 홋카이도 탁쇼쿠은행 폐쇄
11월 니케이지수 15,000대로 추락
12월 한국 원화시세 3일 동안 10%씩 폭락

1998년 6월 인도네시아 1만 6천 루피아까지 하락
한국 다이아몬드 펀드 등 손실
러시아 위기 및 정부채 디폴트(8월 GKO 이자율 70%까지 상승, 8월17일 루블화 평가절하 GKO 채무불이행 선언)
7월 IMF 러시아은행에 170억 달러 대출
브라질 위기
8월 신흥국 주가폭락 및 LTCM사태
여름과 가을에 FRB가 3회에 걸쳐 금리 인하
9월 23일 LTCM에 36억 2,500만 달러 투입 결정
9월 금융위기 브라질 등 중남미 지역으로 확산

1999년 1월 브라질 레알화 하루에 30% 폭락
도이체 뱅크 BTC 인수합병
EURO화 탄생(유럽자본이 미국의 증권시장으로 대거 이동)

## ■ 2000년대

2000년 IT 버블붕괴

2001년 6월 미국 조세감면으로 재정적자 상태 전환
12월 중국 WTO 가맹
12월 엔론사태
9월 11일 9·11사태로 증권시장 폐쇄(~9월16일)

| | |
|---|---|
| 2002년 | 7월 월드컴 사태 |
| 2005년 | 미국 HIA제도 시행 |
| 2007년 | 2월 중국발 주가하락 |
| | 5월 쿠웨이트가 미 달러 페그에서 이탈 |
| | 7월 미 서브프라임 사태 |

## (서브프라임 사태 이후)

### ▪ 2007년

| | |
|---|---|
| 4월 | 미국 주택대출회사 뉴센추리 파산법 적용 |
| 7월 | 베어스턴스 산하의 펀드파산 |
| | 미국, 영국 및 호주 투자회사에서 펀드해약 정지속출 |
| | ABCP 발행 스프레드 급등 및 잔액 급락으로 주택대출회사 자금핍박 |
| 8월 | 서브프라임론 문제가 본격적으로 유럽으로 확산 |
| | 프랑스 BNP 파리바 산하 펀드해약 동결 |
| | Libor 금리 급등 및 ECB와 FRB가 유동성 공급 |
| | 17일 FRB 정책금리 인하(6.25%→5.75%) |
| 9월 | 18일 FRB 금융시장 혼란방지 위해 정책금리 인하(5.25%→4.75%), 영국 노던록은행 구제 |
| 10월 | 19일 NY 다우 사상최고치 14,164달러 기록 |
| 12월 | GIC가 UBS에 118억 달러 출자 |
| | 미국 4분기 주택대출 연체율 5.82%(서브프라임 17.3%)로 1985년 이래 최악 |
| | 6일 미국정부가 서브프라임 론 상환지원 대책(지불금리 동결) 발표 |
| | 17일 달러 공급을 위해 FRB가 ECB등과 통화스왑 실시 |

## ■2008년

| | |
|---|---|
| 1월 | GIC와 아부다비투자청 등이 씨티그룹에 125억 달러 출자<br>피치가 모노라인 암박의 등급을 하향조정<br>11일 BOA가 주택대출회사 컨트리와이드를 매수<br>22일 세계 동시 주가급락 및 FRB 긴급 금리인하 4.25%→3.5% |
| 2월 | 영국 노던록은행 국유화<br>14일 Moody's 모노라인(증권신용보증) FGIC 등급 6단계 인하 |
| 3월 | 1분기 주택차압 역사적 기록(주택대출의 0.99%)<br>17일 JP모건 베어스턴스 매수-FRB 담보제공<br>미국 달러환율 급락(연초 1달러110엔→3월17일 97엔, 1유로 1.47달러→1.58달러) |
| 7월 | GSE 2개사의 경영위기 표면화-주택공사지원법 책정<br>7일 동야호(洞爺湖) 서미트<br>30일 정부계 주택금융회사(Fannie Mae와 Freddie Mac) 구제를 위해 2008년 주택 경제재생법 성립 |
| 8월 | 미국 금융기관 4~6월이 결산 대폭 적자 |
| 9월 | 7일 폴슨 재무장관이 GSE에 자본주입 등 구제개시 발표<br>Fannie Mae와 Freddie Mac 정부관리<br>15일 리만브라더스 파산, BOA가 메릴 린치 매수<br>16일 FRB가 AIG 구제(정부의 주식취득과 FRB 융자) 발표<br>21일 골드만삭스 모건스탠리 은행지주회사 전환승인<br>22일 노무라HD가 리만브라더스의 아시아부문 매수<br>MUFG가 모건스탠리 주식취득 발표 |

26일 워싱턴 무추얼(최대 저축은행으로 2006년말 주택 대출잔액 제 3위) 파산 JP모건이 자산계승

28일 베네룩스 3국이 포티스은행 구제

29일 금융안정화법안 부결로 NY주가 778달러하락 (사상 최대하락) 은행간거래 Libor, CP, 사채금리 급등

29일 시티그룹 와코비아 매수발표 후 웰스파고에 의한 매수로 변경

히퍼 레알 에스테트(독일)에 대한 지원책 발표

30일 포티스(베네룩스) 자본주입 결정

데그시아(프랑스 벨기에) 자본주입 결정

30일 아일랜드 예금 전액보호 발표

10월 3일 미국 의회 수정 금융안정화법안(총액 7,000억 달러) 가결

7일 아이슬란드 비상사태선언 후 모든 민간은행 국유화

8일 AIG에 대한 최대 378억 달러 추가지원조치 발표

8일 FRB, ECB, BOE 등 주요국 6 중앙은행이 협조 금리인하, FF금리 2.0% → 1.5%

10일 G7 재무장관 금융기관에 공적자본 주입 등 표명

12일 유로지역 긴급 수뇌회의에서 '공동행동계획' 채택 금융위기대책(유동성공급, 은행자본주입, 은행채무보증, 예금보증, 불량자산매수 등)

13일 영국정부 주요 3개 행에 370억 파운드 자본주입 표명

13일 FRB가 ECB, BOE 등을 통해 달러 무제한 공급

14일 재무성과 FRB가 금융안정화법에 따라 공적자본 투입(2,500억 달러) 예금보호 확대 등 발표

16일 스위스정부 UBS에 60억 스위스프랑 자본주입 발표

27일 일경평균주가 7,162, 유로환율 1.23 달러까지 하락

29일 IMF 단기적 유동성지원을 위해 신용자제도(SLF) 발표

융자액은 쿼터 500%까지, 기간 3개월과 12개월로 최대 3회 인출 가능

29일 IMF와 EU 헝가리에 대해 251억 달러 구제책 합의

11월 3일 한국정부 14조원 규모 경제대책 발표

5일 독일정부 500억 유로 규모 경제대책 발표

9일 중국정부 4조원 규모 경제대책 발표

14~15일 워싱턴 G20 긴급 금융서미트 개최

23일 미국정부 시티그룹에 대한 지원책 발표

24일 영국정부 200억 파운드 규모 경제대책 발표

25일 미국 추가금융대책 8,000억 달러

FRB 주택대출과 증권화상품 매입

IMF 금융지원: 우크라이나(5일 110억 달러)

헝가리(6일 105억 달러),

아이슬란드(19일 14억 달러),

파키스탄(24일 52억 달러)

26일 구주위원회(EC) 2,000억 유로 규모 경제대책 발표

12월 2일 미국 자동차회사 정부에 최대 340억 달러 지원요청

4일 프랑스정부 260억 유로 규모 경제대책 발표

8일 EU 구주위원회 가맹국 은행구제책 책정

11일 스위스 실질제로 금리정책 실시(3개월 금리 0.0~1.0%)

12일 일본 개정금융기능강화법 가결

16일 FRB 정책금리 인하로 실질제로금리정책 채용

FRB 실질제로 금리정책실시(FF 금리 0.0~0.25%)

19일 미국정부 GM과 크라이슬러에 174억 달러 지원

발표
19일 일본은행이 콜유도 목표를 0.1%로 인하
IMF 금융지원: 라트비아(23일 15억 달러)

## ▪2009년

1월 8일 오바마 미국 대통령 당선자 2년간 7,750억 달러(300만 인 고용창출) 경기대책 발표
8일 영국 BOE 정책금리 1694년 창설 이래 최저 1.5%로 인하
15일 미국 의회 문제자산 매입 프로그램 잔액 3,500억 달러 이용승인
19일 영국정부 추가 은행구제대책 발표

2월 10일 미국 재무장관 신금융안정화대책 발표
17일 미국 7,870억 달러 규모 경제대책 성립
18일 미국정부 주택시장지원대책 발표

3월 18일 미 FRB는 FOMC회의에서 Federal Funds 목표금리 범위를 현 수준(0.0~0.25%)에서 유지하고 장기국채 등을 매입하기로 결정
18일 러시아정부는 6.7조 루블(1,950억 달러) 규모의 추경을 편성
일본은행 국채 매입규모를 월 1.4조에서 1.8조 엔(연 16.8조 엔→21.6조 엔)으로 늘린다고 발표
23일 미 재무부는 금융권 부실자산 정리를 위한 1조 달러 규모 민관 합동투자펀드의 세부계획 발표

4월 1일 멕시코 정책당국 IMF에 470억 달러 규모의 자금지원 신청

| | |
|---|---|
| | 2일 G20 정상들은 IMF 재원을 7,500억 달러로 확충, SDR 배분규모를 2,500억 달러로 확대, 다자간개발은행 대출규모를 1,000억 달러 확대하는 등 1.1조 달러 규모의 지원 프로그램 마련 |
| | 2일 유럽중앙은행(ECB)은 정책금리를 25bp 인하 (1.50%→1.25%) |
| | 6일 미 연준은 4.6일 BOE, ECB, BOJ, SNB 등 4개 중앙은행과 통화스왑 계약체결(파운드화 300억, 유로화 800억, 엔화 10조, 스위스프랑화 400억) |
| 6월 | 17일 미 금융규제개혁법안 발표 |
| 9월 | 5일 G20 재무장관 중앙은행 총재회의 개최 |

## ※ 도움을 받은 책과 보고서


- BIS, Annual Report
- BIS, Quarterly Review
- IMF, Global Financial Stability Report
- IMF, World Economic Outlook
- IMF, International Financial Statistics
- OECD, Economic Outlook
- OECD, Bank Profitability: Financial Statements of Banks
- 한국은행, 국제금융·외환시장 모니터링 업무정보
- 한국은행, 외환·국제금융정보
- 한국은행, 금융안정보고서
- 금융감독원, 금융리스크 분석
- ECB, Financial Stability Review
- Bank of England, Financial Stability Report
- 日本銀行, 金融システムレポート
- 日本總合研究所, Business & Economic Review
- 國際投資信託顧問, グローバル時代の投資戰略
- EIA, Annual Energy Outlook
- International Center for Monetary and Banking Studies & Center for Economic Research, International Financial stability
- International Financial Services London, Fund Management
- Mckinsey Global Institute, Debt and Deleveraging: the Global Credit Bubble and its economic consequences
- U. S. Department of Commerce, アメリカ歷史統計, 原書房, 1987.

- 日本経済研究センタ, デフレ·円高·長期金利の経済分析, 2004.
- 日本経済新聞社, 歐州單一通貨 ユーロ, 日本経済新聞社, 1998.
- 日本経済新聞社, 検証バブル 犯意なき過ち, 日本経済新聞社, 2000
- 日本経済新聞社, 歷史から讀む現代経済, 日本経済新聞社, 2005.
- みずほ總合研究所, サブプライム金融危機, 日本経済新聞出版社, 2007.
- 野村證券金融研究所, グローバル マネーシフト, 東洋経済新報社, 2000.
- 金融再生研究會, 金融監督廳, 宝島社, 1999.
- 김대웅, 《머니쇼크》, 이마고, 2008.
- 김용덕, 《반복되는 금융위기》, 삼성경제연구소, 2010.
- 우태희, 《세계경제를 뒤흔든 월스트리트 사람들》, 새로운 제안, 1994.
- 임석민, 《돈의 철학》, 나남, 2010.
- 장득수, 《투자의 유혹》, 흐름출판, 2006.
- 최혁, 《글로벌 금융위기》, K-books, 2009.
- Alan D. Morrison and William J. Wilhelm, *Investment Banking: Institution, Politics, and Law*, Oxford, 2007.
- Barry Eichengreen and Marc Flandreau1, *the Rise and Fall of the Dollar, or When did the Dollar Replace Sterling as the Leading Reserve Currency*?, April 2008.
- Barton Biggs, *Hedgehogging*, John Wily & Sons, Inc., 2006(투자전쟁, 이경식 옮김).
- Brian R. Mitchell, *British Historical Statistics*, Cambridge University Press, 1988.
- Burton G. Malkiel, *A Random Walk Down Wall Street*, W.W. Norton Company, 1990.
- Charles P. Kindleberger, *Manias, Panics and Crashes*, John Wily & Sons, Inc., 2000(《광기, 패닉, 붕괴 금융위기의 역사》, 김홍식 옮김).
- Daniel Burstein, *Euroquake*, Simon & Schuster, 1991.
- David C. Wheelock, Lessons Learned? *Comparing the Federal Reserve's Responses to the Crises of 1929~1933 and 2007~2009*, FRB of ST. Louis Review, March/April 2010.

- Doug Henwood, *How It Works and for Whom*, Verso, 1997(《월스트리트 누구를 위해 어떻게 움직이나》, 이주명 옮김).
- Diana B. Henriques, *Fidelity's World*, Touch Stone, 1997.
- Dominic Barton, Roberto Newell, and Gregory Wilson, *Dangerous Markets: Managing in Financial Crises*, John Wiley & Sons Inc., 2003(《위험한 시장》, 강남규 옮김).
- Edward Chancellor, *Devil Take the Hindmost: a History of Financial Speculation*, Plume, 1999.
- Elias Papaioannou, Richard Portes and Gregorios Siourounis, *Optimal Currency Shares in International Reserves the Impact of the EURO and the Prospects for the Dollar*, NBER, 2006.
- Francis E. Warnock and Veronica Cacdac Warnock, *International Capital Flows and U.S. Interest Rates*, 2005. 9.
- Gerad Caorio & Daniela Klingebiel, *Episodes of systemic and Borderline Financial Crises*, World Bank, 2003.
- Harold James, *the End of Globalization*, the President & Fellows of Harvard College, 2001
- Harry S. Dent, Jr., *The Next Great Bubble Boom*, Free Press, 2004
- Jacques Attali, *Une Breve Histoire De L'avenir*, French & European Pubns, 2006.
- John B. Caouette, Edward I. Altman, Paul Narayanan, *Managing Credit Risk*, John Wiley & Sons, Inc., 1998.
- John Calverley, *Bubbles and How to Survive Them*, Nicholas Brealey Publishing, 2004.
- Kurt Eichenmald, *Conspiracy of Fools*, Broadway Books, 2005.
- Malone, samuel W, *Macro-financial Risk Analysis*, John Wiley & Sons, 2009.
- Marc Faber, *Tomorrow's Gold*, CLSA Ltd., 2002.
- Mariko Hatase and Mari Ohnuki, *Did the Structure of Trade and Foreign Debt Affect Reserve Currency Composition? Evidence from Inter-war*

*Japan*, Institute for Monetary and Economic Studies, Bank of Japan, 2009.

- Markus K. Brunnermeier, *Deciphering the Liquidity and Credit Crunch 2007~2008*, Journal of Economic Perspectives, Winter 2009.
- Michael J. Mandel, *the Coming Internet Depression*, Basic Books, 2000.
- Mohamed A. El-Erian, *When Markets Collide*, McGraw-Hill, 2009.
- Niall Ferguson, *the Cash Nexus*, Gillon Aitken Associates, 2001(《현금의 지배》, 류후규 옮김).
- Nicholas Dunbar, *Inventing Money*, John Wiley & Sons, Inc., 2000.
- Patricia Aburdene, *Megatrends 2010*, Hampton Roads, 2005.
- Paul Roberts, *the End of Oil*, Houghton Mifflin Co., 2004(石油の終焉, 久保恵美子 譯).
- Paul Volcker and Toyoo Gyohten, *Changing Fortunes*, Random House, Inc., 1992.
- Peter H. Lindert, *Key Currencies and Gold 1900~1913*, Umi Research Pr, 1976.
- Peter L. Bernstein, *Against the Gods*, John Wily & Sons, Inc., 1996.
- Peter Temin, *Lessons from the Great Depression*, MIT press, 1999.
- Richard Duncan, *the Dollar Crisis*, John Wiley & Sons Inc., 2005(《달러의 위기 세계경제의 몰락》, 김석중 옮김)
- Robert J. Shiller, *Historic Turning Points in Real Estate*, Cowles Foundation Discussion Paper, 2007.
- Robert J. Shiller, *Irrational Exuberance*, Princeton University Press, 2000.
- Robert Sobel, the Big Board, *a History of New York Stock Market*, the Free Press, 1965.
- Roger Lowenstein, *When Genius Failed*, 2000(最强ヘッジファンドLTCMの興亡, 東江一紀&瑞穂のりこ 譯).
- Stephen D. Slifer & W. Stansbury Carnes, *By The Numbers(A Survival Guide To Economic Indicators)*, International Financial Press,

Ltd., 1995.
- Sydney Homer & Richard Sylla, *a History of Interest Rates*, John Wiley & Sons, Inc. 2005.
- Toru Iwami, *the Bretton Woods System as a Gold Exchange Standard*, the University of Tokyo, 1992.
- Willwam N. Goetzmann, Andrey D. Ukhov, *British Investment Overseas 1870~1913: A Modern Portfolio Theory Approach-National Bureau Of Economic Research*, Inc., 2005. 4.
- Wolfgang Munchau, *the Meltdown Years*, McGraw-Hill, 2010.
- 加野忠, 金融再編, 文藝春秋, 1999.
- 岡崎良介, 相場ローテーションを讀んでお金を增やそう, 日本經濟新聞出版社, 2008.
- 高橋篤史, 兜町コンフィデンシャル, 東洋濟新報社, 2009.
- 高橋乘宣, 通貨の興亡, PHP研究所, 1999.
- 菊地正俊, 外國人投資家, 洋泉社, 2007.
- 鬼塚英昭, 金の値段の裏のウラ, 成甲書房, 2007.
- 堀內昭義, 金融システムの未來, 岩波新書, 1998
- 吉川元忠, マネー敗戰, 文藝春秋, 1999.
- 門倉貴史, 恐慌第2波, 角川SSC新書, 2009.
- Benjamin Fulford, アメリカが隱し續ける 金融危機の眞實, 青春出版社, 2009.
- 本山美彦, ドル化(Dollarization) 一米國金融覇權の道, シュプリンガー・フェアラーク, 2001.
- 浜田和幸, ヘッジファンド, 文藝春秋, 1999.
- 森佳子, 米國通貨戰略破綻, 東洋経濟新報社, 2001.
- 森永卓郎, バブルとデフレ, 搆談社, 1998.
- 上川孝夫 & 矢後和彦, 國際金融史, 有斐閣, 2007.
- 船橋洋一, 通貨烈烈, 朝日文庫, 1992.
- 小口幸伸, 外爲市場血風錄, 集英社, 2003.
- 水野和夫, 人々はなぜグローバル經濟の本質を見る誤のか, 日本經濟新聞社, 2007.
- 水野和夫, 金融大崩壞, NHK出版, 2008.

- 岩崎日出俊, リーマン恐慌, 廣濟堂出版, 2008.
- 若林秀樹, ヘッジファンドの眞實, 洋泉社, 2007.
- 櫻川昌哉, 金融立國試論, 光文社, 2005.
- おおばともみつ, 世界ビジネスジョーク集, 中央公論新社, 2006.
- 永見野良三, BIS規制と日本, 金融財政事情研究會, 2003.
- 奧田宏司, ドル體制とユーロ, 円, 日本經濟新聞社, 2002.
- 有森隆, ネットバブル, 文藝春秋, 2000.
- 竹森俊平, 1997年一世界を変えた金融危機, 朝日新聞社, 2007.
- ジャック アタリ, 金融危機後の世界, 作品社, 2009(林昌宏 譯).
- 田中素香, 岩田健治, 現代國際金融, 有斐閣, 2008
- 田中弘, 時價會計不況, 新潮社, 2003.
- 津田和夫, 巨大機關投資家, 構談社, 1990.
- 淺羽良昌, アメリカ経濟200年の興亡, 東洋経濟新報社, 1996.
- 春山昇華, サブプライム問題とは何か, 宝島社, 2007.
- 太田康夫, 金融消滅, 日本經濟新聞, 2009.
- 平田潤, 21世紀金融危機とIMF, 東洋経濟新報社, 1999.
- 鐊見誠良, 試論「バジョットの原則」再考－現代金融危機と日本銀行, 法政大學, 2009.
- 向壽一, 金融ビツグバン, 構談社, 1997.
- 海野廣, 「米國一極集中」の投資リスク, 東洋経濟新報社, 2000.